Andreas Hüttemann · Determinismus Kausalität Freiheit

Andreas Hüttemann

Determinismus Kausalität Freiheit

Wissenschaftstheoretische Überlegungen zur Willensfreiheitsdebatte

Klostermann RoteReihe

Bibliografische Information der Deutschen Nationalbibliothek

Die Deutsche Nationalbibliothek verzeichnet diese Publikation in der Deutschen Nationalbibliografie; detaillierte bibliografische Daten sind im Internet über *http://dnb.dnb.de* abrufbar.

Originalausgabe

© Vittorio Klostermann GmbH · Frankfurt am Main 2024
Alle Rechte vorbehalten, insbesondere die des Nachdrucks und der Übersetzung. Ohne Genehmigung des Verlages ist es nicht gestattet, dieses Werk oder Teile in einem photomechanischen oder sonstigen Reproduktionsverfahren oder unter Verwendung elektronischer Systeme zu verarbeiten, zu vervielfältigen und zu verbreiten.
Gedruckt auf Eos Werkdruck von Salzer,
alterungsbeständig ⊗ ISO 9706 und PEFC-zertifiziert.
Druck und Bindung: docupoint GmbH, Barleben
Printed in Germany
ISSN 1865-7095
ISBN 978-3-465-04634-9

Inhalt

Vorbemerkung

Die Arbeit an diesem Band ist aus einem Projekt zur Willensfreiheit hervorgegangen, das Teil der Forschungsgruppe „Induktive Metaphysik" war und von der DFG gefördert wurde (FOR 2495). Der DFG sei gedankt.

Vor allem aber danke ich Christian Loew, mit dem ich dieses Projekt durchführen durfte. Auch den anderen Mitgliedern der Forschungsgruppe möchte ich für die konstruktive Kritik an früheren Versionen einiger Kapitel danken.

Jacob Rosenthal hat einige Kapitel des Manuskripts gelesen, was mir sehr geholfen und mich vor manchen Irrtümern bewahrt hat. Profitiert habe ich auch von einem Seminar über den Determinismus, das ich mit meinem Kölner Physikkollegen Claus Kiefer veranstalten konnte.

Schließlich sei den Teilnehmern und Teilnehmerinnen meines Forschungskolloquiums gedankt, die manche der hier vorgestellten Überlegungen diskutiert haben. Das gilt insbesondere für Anastasja Petrovic, Kian Salimkhani und Martin Voggenauer, die große Teile des Manuskripts gelesen und kommentiert haben. Thomas Blanchard danke ich für hilfreiche Diskussionen und Hinweise, Ursula Heister für die Durchsicht des Manuskripts und dem Verlag Vittorio Klostermann für die angenehme Zusammenarbeit.

Kapitel 2 ist eine überarbeitete und ergänzte Fassung des Aufsatzes „Determinismus – eine empirische These", der in der *Zeitschrift für philosophische Forschung* (76) 2022 erschienen ist.

In Kapitel 5 verwende ich Abschnitte aus einem gemeinsamen Aufsatz mit Christian Loew („Are we Free to Make the Laws?", *Synthese* 200, 2022) und aus dem Aufsatz „The Problem of Radical Freedom – How Different Conceptions of Laws Affect our Accounts of Moral Practice", in: Anna Marmodoro, Christopher Austin & Andrea Roselli (Hrsg.), *Time, Law and Free Will*, Dordrecht: Springer 2022.

Den Verlagen und Christian Loew danke ich für die Erlaubnis, diese Texte verwenden zu dürfen.

Einleitung

Wir verstehen uns in manchen Situationen als Handelnde, die für das, was sie tun, verantwortlich sind. Auch anderen schreiben wir für das, was sie tun, gelegentlich Verantwortung zu, z. B. wenn jemand eine Vase von einem Sockel stößt. Sollte allerdings die fragliche Person gerempelt worden sein und nur deshalb die Vase vom Sockel gestoßen haben, werden wir sie entschuldigen. Im Folgenden werde ich die Frage untersuchen, ob dann, wenn unser Verhalten unter Naturgesetze fällt, ein universeller Entschuldigungsgrund für alles, was wir tun, vorliegt.

Worauf beruht der Verdacht, hier könnte ein universeller Entschuldigungsgrund vorliegen? Naturgesetze sind entweder deterministisch oder indeterministisch. In beiden Fällen, so der erste Eindruck, ist unser Verhalten entschuldigt. Denn es scheint so, als könnten wir im Falle deterministischer Gesetze uns nicht anders verhalten, als wir uns tatsächlich verhalten. Im Falle indeterministischer Gesetze scheint es so, als seien nicht wir selbst Urheber dieses Verhaltens, weil es vom Zufall abhängt, wie wir uns verhalten. Im Zentrum der folgenden Untersuchungen steht also eine Spannung zwischen der naturwissenschaftlichen Charakterisierung der Welt einerseits und der Charakterisierung von Menschen, die für ihr Verhalten verantwortlich sind, andererseits.

Seit der frühen Neuzeit wird zur Charakterisierung dessen, was in der Natur geschieht, anstelle älteren scholastischen Vokabulars der Naturgesetzbegriff herangezogen. So bemerkt Newton mit Blick auf Descartes zu Beginn seiner *Principia*, dass

[...] die Neueren, nachdem sie die substantiellen Formen und die verborgenen Eigenschaften aufgegeben haben, es unternommen haben, die Naturerscheinungen auf mathematische Gesetze zurückzuführen [...]. (Newton 1988, 9)

Für Descartes allerdings, der den menschlichen Geist als eine von der übrigen Natur ganz verschiedene Substanz verstand, fielen z. B. menschliche Entscheidungsprozesse nicht unter Naturgesetze. Spinoza fand diese Ausnahme wenig überzeugend:

Die meisten, die über die Affekte und über die Lebensweise der Menschen geschrieben haben, behandeln, so sieht es aus, nicht natürliche Dinge, die den allgemeinen Gesetzen der Natur folgen, sondern Dinge, die außerhalb der Natur liegen; […] Denn sie glauben, dass der Mensch die Ordnung der Natur mehr stört als befolgt und dass er über seine Handlungen eine unbedingte Macht hat und von nichts anderem als von sich selbst bestimmt wird. (Spinoza 2007, 209)

Ich werde im Folgenden von der Annahme ausgehen – und in dieser Hinsicht an Spinoza anschließen –, dass das Verhalten aller Systeme, sofern es überhaupt festgelegt ist, durch fundamentale Naturgesetze festgelegt ist. Das gilt auch für Menschen und ihr Verhalten (einschließlich ihrer Entscheidungsprozesse). Philosophische Thesen wie den Substanzendualismus oder die These, dass es genuine psychologische Gesetze gibt, derart, dass menschliches Verhalten von den fundamentalen physikalischen Gesetzen ausgenommen ist, werde ich im weiteren Verlauf nicht berücksichtigen.

Die Frage, mit der ich mich im Weiteren beschäftigen werde, kann deshalb genauer so formuliert werden: Was folgt unter der Annahme, dass menschliches Verhalten ganz und gar unter fundamentale Naturgesetze fällt (also unter der Annahme, dass das Verhalten, sofern es überhaupt festgelegt ist, durch die fundamentalen Naturgesetze festgelegt ist), für die Frage, ob Menschen für dieses Verhalten (moralisch) verantwortlich sind? Für die Wahrheit der Antezedensbedingung, also der Annahme, dass menschliches Verhalten ganz und gar unter fundamentale Naturgesetze fällt, werde ich hier nicht argumentieren. Hier soll nur untersucht werden, was folgen würde, wenn die Bedingung wahr wäre.

Die Beantwortung der soeben formulierten Frage erfordert erstens eine Konzeption dessen, was es heißt, dass Menschen für ihr Verhalten (moralisch) verantwortlich sind. Zweitens – und darauf wird mein Hauptaugenmerk liegen – müssen die einschlägigen naturwissenschaftlichen Charakterisierungen der Welt wissenschaftstheoretisch analysiert werden, um deren genaue Bedeutung für die Frage, ob man für sein Verhalten verantwortlich sein kann, überhaupt beantworten zu können. Insbesondere hängt die Beantwortung der Frage, ob Menschen für ihr Verhalten verantwortlich sind, davon ab, was unter Determinismus, Kausalität, Naturgesetz und (vielleicht etwas überraschender) Reduktion verstanden wird. Diese Zusammenhänge sollen in den folgenden Kapiteln untersucht werden.

Im Verlaufe der Untersuchung wird sich zeigen, dass der bloße Umstand, dass menschliches Verhalten unter fundamentale Naturgesetze fällt (also unter der Annahme, dass das Verhalten, sofern es überhaupt festgelegt ist, durch die fundamentalen Naturgesetze festgelegt ist), nicht schon zur Folge hat, dass wir unsere Zuschreibungspraxis revidieren müssen. Man muss allerdings den Gedanken, dass es allein die Naturgesetze sind, die unser Verhalten charakterisieren, radikal zu Ende denken, um zu zeigen, dass weder der Determinismus noch der Indeterminismus zu grundsätzlichen Einwänden gegen unsere Praxis des Verantwortung Zuschreibens führen.[1]

Überblick

Die beiden ersten Kapitel sind der Klärung der grundlegenden Begriffe gewidmet. In Kapitel 1 werde ich der Frage nachgehen, welche Bedingungen erfüllt sein müssen, damit eine Person für ihr Verhalten verantwortlich ist. (Den Ausdruck „freier Wille" betrachte ich als eine abkürzende Rede für das Erfülltsein dieser Bedingungen.) Allerdings werde ich hier keine anspruchsvolle Theorie vorstellen, sondern einige unkontroverse notwendige Bedingungen benennen. Für die Frage der Verantwortungszuschreibung relevant sind vor allem zwei Bedingungen, erstens die Forderung, dass die fragliche Person sich anders hätte verhalten können müssen, und zweitens die sogenannte Urheberschaftsbedingung, d.h. die Forderung, dass sie Urheberin ihres Verhaltens sein muss.

Im weiteren Verlauf des Buches untersuche ich dann, ob der Umstand, dass menschliches Verhalten unter Naturgesetze fällt, dazu führt, dass das Erfülltsein dieser Bedingungen ausgeschlossen ist. Für den Fall deterministischer und indeterministischer Gesetze soll dies getrennt untersucht werden. Dazu ist zunächst erforderlich zu definieren, was unter Determinismus (und damit auch unter seiner Negation, dem Indeterminismus) genau verstanden werden soll. Dieser Frage ist Kapitel 2 gewidmet. Da der Ausdruck „Determinismus" ein *terminus technicus* ist, dessen Definition zunächst in

---

[1] Jennan Ismael (2016), Michael Esfeld (2019) und Barry Loewer (2023) verfolgen ebenfalls Ansätze, die von wissenschaftstheoretischen Überlegungen ausgehend zur Willensfreiheitsdebatte beitragen.

unser Belieben gestellt ist, werde ich als erstes für bestimmte Kriterien werben, die eine solche Definition erfüllen sollte, um dann eine Determinismusdefinition vorzuschlagen, die diese Kriterien besonders gut erfüllt. Anschließend werde ich diskutieren, wie man eine daran anschließende Determinismusthese empirisch überprüfen kann, und werde mich insbesondere mit einer Reihe von möglichen Einwänden auseinandersetzen.

Der Determinismus ist eine empirisch überprüfbare These. Allerdings wird für eine solche Überprüfung eine *Theory of Everything* vorausgesetzt, die es noch nicht gibt. Auch wenn wir die *Theory of Everything* nicht kennen und unklar ist, wie sehr sie gegenwärtigen Theorien ähneln wird, lohnt sich ein Blick auf die gegenwärtigen Theorien, weil es einige ganz allgemeine Beobachtungen zu machen gilt: Erstens zeigt sich, dass die Frage, ob eine Theorie deterministisch oder indeterministisch ist, von einer Reihe von Zusatzannahmen abhängig ist. Zweitens zeigt sich, dass Theorien auf sehr unterschiedliche Weise indeterministisch sein können (falls sie es denn sind). Kapitel 3 stellt skizzenhaft den Forschungsstand zu der Frage vor, ob die grundlegenden Theorien der Physik deterministisch oder indeterministisch sind.

Auf der Grundlage der begrifflichen Klärungen werde ich in den Kapiteln 4 bis 7 untersuchen, ob dann, wenn das menschliche Verhalten, wie andere Dinge auch, vollständig durch Naturgesetze charakterisiert wird, die Zuschreibung von Verantwortung revidiert werden muss. Es geht also um die Frage, ob Verantwortungszuschreibung und naturwissenschaftliche Charakterisierung inkompatibel sind.

In Kapitel 4 und 5 setze ich mich mit der Frage auseinander, ob wir an der Zuschreibung von Verantwortung festhalten können, falls die Welt deterministisch ist. Kapitel 4 beschäftigt sich mit dem Einwand, dass der Determinismus mit der Urheberschaftsbedingung unverträglich ist. Verschiedene Argumente, darunter auch so genannte Manipulationsargumente, zielen darauf ab zu zeigen, dass in deterministischen Universen diese Bedingung niemals erfüllt sein kann. Keines dieser Argumente vermag zu überzeugen.

Kapitel 5 beschäftigt sich mit dem Konsequenzargument, das darauf abzielt zu zeigen, dass sich in deterministischen Universen niemand anders verhalten kann, als er sich tatsächlich verhält. Wenn man akzeptiert, dass die Bedingung *sich anders verhalten zu können* eine notwendige Bedingung ist, die erfüllt sein muss, damit man einer Person zuschreiben kann, dass sie für ihr Verhalten verantwortlich ist (dafür, dass sie einen „freien Willen" hat), dann ist dies ein Argument dafür, dass Determinismus und moralische Verantwortung inkompatibel sind. Ich werde zeigen, wie das Argument von wissenschaftstheoretischen Auffassungen über Naturgesetze und Asymmetrien in der Zeit abhängt, und diskutieren, unter welchen Bedingungen das Konsequenzargument zurückgewiesen werden kann.

Kapitel 6 ist der Frage gewidmet, was wäre, wenn der Indeterminismus wahr wäre. Es zeigt sich, dass der Indeterminismus – wenn man deterministische Welten als Vergleichsmaßstab zugrunde legt – in vielen Fällen irrelevant ist. In diesen Fällen sind alle Voraussetzungen, von denen das Konsequenzargument (oder ein analoges Argument) ausgeht, weiterhin gegeben. Nur dann, wenn eine Reihe zusätzlicher empirischer Bedingungen erfüllt ist (Lokalität, Häufigkeit, Relevanz der Verzweigungen für Verantwortungszuschreibung und Ähnliches), können mit Verweis auf den Indeterminismus die Voraussetzungen des Konsequenzarguments (oder eines analogen Argumentes) als nicht gegeben zurückgewiesen werden.

Umgekehrt muss man sich in solchen Fällen mit dem Einwand auseinandersetzen, dass man für Entscheidungen oder Handlungen, die wesentlich auf dem Zufall beruhen, nicht verantwortlich sein kann. Auch derartige Argumente werde ich als nicht überzeugend zurückweisen.

In Kapitel 7 möchte ich abschließend der Frage nachgehen, warum es so schwerfällt, die Kompatibilität einer naturwissenschaftlichen Charakterisierung der Welt einerseits und die Charakterisierung von Menschen, die für das, was sie tun, verantwortlich sind, andererseits zu akzeptieren. Trotz aller Argumente bleibt die Intuition, dass in vollständig naturwissenschaftlich charakterisierbaren Welten – seien sie deterministisch oder indeterministisch – Personen für ihr Verhalten nicht verantwortlich sind. Der Grund scheint darin zu liegen, dass es nicht ganz leicht ist, uns in einer allein durch Naturgesetze charakterisierten Welt wiederzufinden. Wenn mein Entscheiden und Tun durch das Ineinanderwirken von Zuständen und Prozessen, die in irgendein Verhalten münden, charakterisiert wird, dann scheine ich als Akteur dabei aus dem Spiel genommen zu sein. Diese Einschätzung liegt dem so genannten *It Ain't Me*-Argument zu Grunde. Mein Ziel ist es hier zu zeigen, dass diese

Einschätzung sich falschen Annahmen darüber verdankt, was reduktive Erklärungen leisten. Ist dieses Missverständnis ausgeräumt, gibt es keinen Grund, das *It Ain't Me*-Argument aufrechtzuerhalten. Wir haben durch den Hinweis auf das – wie mir scheint – weit verbreitete Fehlverständnis reduktiven Erklärens zugleich eine Diagnose dafür, weshalb inkompatibilistische Intuitionen so beharrlich verbleiben.

Damit sind dann die wesentlichen Hindernisse für die These ausgeräumt, dass die naturwissenschaftliche Charakterisierung der Welt einerseits und die Zuschreibung von Verantwortung andererseits miteinander verträglich sind.

1 Freier Wille

Die in der Einleitung benannte Spannung zwischen der naturwissenschaftlichen Charakterisierung der Welt einerseits und der Charakterisierung von Menschen, die für ihr Verhalten verantwortlich sind, andererseits wird üblicherweise als die Frage nach dem Verhältnis des freien Willens zum Determinismus thematisiert. Sowohl beim freien Willen wie auch beim Determinismus stellt sich die Frage, wie diese Begriffe zu verstehen sind. Allgemein akzeptierte Definitionen gibt es nicht. Die beiden ersten Kapitel dienen daher dem Zweck, diese Begriffe so weit zu klären, wie es die spätere Untersuchung erfordert.

Beginnen wir mit dem Ausdruck „freier Wille", den ich im Folgenden weitestgehend vermeiden werde, da er zu spekulativen Unterstellungen einlädt. Das lässt sich durch einige, zugegebenermaßen willkürlich herausgegriffene Textpassagen illustrieren. So schreibt z. B. die Physikerin Sabine Hossenfelder in ihrem Wissenschaftsblog unter dem Eintrag *Free Will is dead, let's bury it* (10. Januar 2016):

Nach unserem besten derzeitigen Verständnis der grundlegenden Naturgesetze ist alles, was in unserem Universum geschieht, auf nur vier verschiedene Kräfte zurückzuführen: die Schwerkraft, den Elektromagnetismus sowie die starke und schwache Kernkraft. Diese Kräfte sind sehr gut erforscht, und sie lassen keinen Raum für den freien Willen.

Das liest sich so, als sei der freie Wille (wenn es ihn gäbe) eine Kraft, die mit den physikalischen Grundkräften konkurriere. Die Charakterisierung des freien Willens als einer Kraft findet sich ebenso bei Philosophen, z. B. bei John Locke (*Essay Concerning Human Understanding*, Buch 2, Kapitel 21 (1975)), aber auch bei zeitgenössischen Autoren. So schreibt etwa Robert Kane:

Free Will [...] is *the power of agents to be the ultimate creators (or originators) and sustainers of one's own ends and purposes.* (Kane 1996, 4).

Vielleicht ist es die Konsequenz einer derartigen Reifizierung des freien Willens, wie wir sie in den zitierten Textpassagen finden, dass sich manche Autoren außerstande sehen, eine solche Kraft in der Natur aufzufinden. Der freie Wille, aufgefasst als eine Kraft, die in den Verlauf der Welt eingreift, kann dann nicht Teil der naturwissenschaftlich beschreibbaren Welt sein. Der Hirnforscher Wolf Singer charakterisiert den freien Willen deshalb als etwas, das wesentlich durch die Erste-Person-Perspektive (im Gegensatz zur naturwissenschaftlichen Dritte-Person-Perspektive) charakterisiert ist:

Zum einen sind da die Attribute unseres Menschseins, die sich uns aus der Ersten-Person-Perspektive erschließen, unsere Gefühle, Wahrnehmungen und Selbsterfahrungen. Die Rede ist von Phänomenen, die wir nur selbst wahrnehmen können, die erst durch unser Erleben in die Welt kommen. Glück, Schmerz, Leid, Stolz und Kränkung sind nicht, wenn sie nicht erfahren werden. (Singer 2004, 33).

Zu den Dingen, die nur durch die Selbstwahrnehmung existieren, so Singer, gehört auch der freie Wille:

Wir sprechen vom freien Willen und wissen, was wir darunter zu verstehen haben. Wir begreifen uns als Wesen, die über Intentionalität verfügen, die fähig sind zu entscheiden, initiativ zu werden und zielbewußt in den Ablauf der Welt eingreifen. Wir erfahren uns als freie und folglich als autonome Agenten. Es scheint uns, als gingen unsere Entscheidungen unseren Handlungen voraus und wirkten auf Prozesse im Gehirn ein, deren Konsequenz dann die Handlung ist. (Singer 2004, 33).

Der freie Wille ist etwas, das Singer zufolge nur aus der Erste-Person-Perspektive zugänglich ist, ein „immaterielles Phänomen", das wir als real erleben.

Wie soll mit derart unterschiedlichen Vorschlägen, was unter „freier Wille" verstanden werden soll, umgegangen werden? Dazu ist es nützlich, sich in Erinnerung zu rufen, was eigentlich der Ausgangspunkt unserer Fragestellung war.

Die Fragestellung, die in der Einleitung vorgestellt wurde, betraf keine spekulativen Annahmen. Es ging weder um die Frage, irgendwelche Kräfte zu identifizieren, noch darum, eine Erste-Person-Perspektive einzunehmen. Die Fragestellung betrifft etwas viel Handfesteres: unsere Praxis der Verantwortungszuschreibung (einschließlich der Praxis des Entschuldigens). Menschliches Verhalten wird manchmal gelobt, vielleicht sogar ausgezeichnet, manchmal wird es getadelt und vielleicht sogar bestraft. Wir sind für manches Verhalten dankbar, anderes finden wir empörend. Es kommt aber auch gelegentlich vor, dass wir unsere ursprünglichen Einstellungen zu oder Reaktionen auf solches Verhalten revidieren. Vielleicht tadeln wir eine Person zunächst dafür, dass sie eine Vase umgestoßen hat, revidieren diesen Tadel aber, wenn uns klar wird, dass die Person gerempelt wurde und das Umstoßen der Vase gar nicht mehr verhindern konnte. Der Umstand, dass sie gerempelt wurde, ist ein Entschuldigungsgrund. Wir machen die fragliche Person nicht mehr für das Umstoßen verantwortlich. Es stellt sich nun die Frage, ob der Determinismus (oder der Indeterminismus) ein *universeller* Entschuldigungsgrund für unser Verhalten sein könnte. Sind wir, wenn die These des Determinismus (oder die These des Indeterminismus) wahr ist, niemals für unser Verhalten verantwortlich? Um diese Frage beantworten zu können, muss eine vorläufige Konzeption des entsprechenden Verhaltens entwickelt werden.

Im Folgenden geht es also um *Verhalten, für das man verantwortlich ist*.[1] Was sind nun die Bedingungen, die erfüllt sein müssen, damit das Verhalten einer Person als Verhalten, für das sie verantwortlich ist, gelten kann? Was sind die Bedingungen, deren Erfülltsein durch den Determinismus oder den Indeterminismus möglicherweise bedroht ist?

Diese Bedingungen werde ich in diesem Kapitel nur grob skizzieren. Ob der Determinismus oder der Indeterminismus droht, diese Bedingungen unerfüllbar zu machen, hängt auch von dem genauen Verständnis dieser Bedingungen ab. Es ist sinnvoll, diese genaueren Verständnisse der Bedingungen dann zu erwägen, wenn die Herausforderungen des Determinismus und des Indeterminismus diskutiert werden.

---

[1] Eine terminologische Anmerkung: Mit dem Ausdruck „Verhalten, für das man verantwortlich ist" meine ich mehr als „zurechenbares Verhalten". Das Umstoßen der Vase in dem obigen Beispiel ist der fraglichen Person zurechenbar (sie war es, die die Vase umgestoßen hat), aber sie ist möglicherweise nicht dafür verantwortlich, weil sie durch das Rempeln entschuldigt ist. Verhalten, für das man verantwortlich ist, kann gelobt, getadelt oder als empörend klassifiziert werden.

Das Ziel ist deshalb, an dieser Stelle lediglich eine Liste vorzu-
stellen, die dem Zweck dient, untersuchen zu können, an welchen
Stellen der Determinismus oder der Indeterminismus dem Erfülltsein der Bedingungen für Verhalten, für das man verantwortlich ist,
im Wege stehen könnte.

Am einfachsten lässt sich eine solche Liste von Bedingungen
durch Beispiele motivieren.

Diplomkauffrau: Die Diplomkauffrau Anna ist auf dem Weg ins Büro zu
einer wichtigen Besprechung. Unterwegs wird sie Zeugin eines Unfalls und
muss abwägen, ob sie nun die Polizei verständigt, abwartet, bis diese eintrifft, und so die Besprechung verpasst, oder ob sie die Polizei nicht verständigt und pünktlich zur Besprechung kommt. Sie entscheidet sich dazu,
die Polizei zu verständigen.

Schlotterbeck: Während eines Fußballländerspiels am 26.03.2022 zwischen
Israel und Deutschland bringt der Spieler N. Schlotterbeck einen gegneri-
schen Spieler durch ungeschicktes Verhalten zu Fall und verursacht damit
einen Elfmeter.[2]

Fälle wie derjenige der Diplomkauffrau Anna werden in der einschlägigen Literatur oft als paradigmatische Fälle freien Handelns
diskutiert (Kane 1996, 126; McKenna und Pereboom 2016, 10, 39,
42, 126). Die Diplomkauffrau hat verschiedene Handlungsoptionen, sie erwägt die verschiedenen Optionen und bewertet sie im
Lichte der Konsequenzen, die sich aus ihnen ergeben. Sie entscheidet sich für eine der Optionen aus freien Stücken. Ihr Verhalten
kann ihr zugerechnet werden, sie ist für ihre Entscheidung und ihr
Tun verantwortlich, niemand hat sie zu ihrem Tun gezwungen. Sie
erfüllt also eine Reihe von Bedingungen, die dafür maßgeblich sind,
dass sie für ihr Verhalten verantwortlich ist. Sie hat verschiedene
Optionen, sich zu verhalten, d.h. sie hat erstens die Fähigkeit, die
dazu erforderlich ist, die Besprechung rechtzeitig zu erreichen, wie
auch die Fähigkeit, die Polizei zu verständigen, und sie hat zweitens

---

[2]   In der Zeitschrift *Kicker* wurde die Situation wie folgt beschrieben:
„Doch in der dritten Minute der Nachspielzeit unterlief Schlotterbeck doch
noch eine Unachtsamkeit: Zu viel Zeit ließ er sich im eigenen Strafraum
beim Abspiel, Yonatan Cohen pirschte sich heran und spitzte den Ball weg.
Schlotterbeck traf nur noch den Fuß des Israelis und verursachte so den
fälligen Strafstoß." (Kicker 2022).

die jeweils dazu erforderlichen Gelegenheiten (das Handy, um die Polizei zu rufen, funktioniert). Sie besitzt die kognitive Fähigkeit, die Handlungsoptionen im Lichte ihrer Konsequenzen zu bewerten, abzuwägen und zu einer Entscheidung zu gelangen. Sie hat einen solchen Abwägeprozess tatsächlich durchgeführt. Sie selbst ist Urheberin dessen, was sie entscheidet und tut.

Das Beispiel Schlotterbecks führe ich hier deshalb an, weil es deutlich macht, dass Vieles, was wir mit dem Ausdruck „freier Wille" verbinden, für die Zuschreibung von Verantwortung nicht relevant ist. Der Tadel für das Verhalten Schlotterbecks (und damit unsere Zuschreibung von Verantwortlichkeit zu seinem Tun) bleibt bestehen, unabhängig davon, ob er zwischen zwei Verhaltensalternativen hin und her gerissen war, ob es in ihm einen identifizierbaren Willensakt gegeben hat, ob er sich in dem Moment dessen, was er tat, bewusst war, ob er die Absicht hatte, seinen Gegenspieler am Fuß zu treffen usw. Gleichwohl sollte auch in diesem Fall eine Reihe von Bedingungen erfüllt sein. Wir unterstellen, dass Fußballspieler oder Fußballspielerinnen, deren Verhalten wir loben oder tadeln, über die kognitiven Fähigkeiten verfügen, die dazu erforderlich sind, das Ziel des Spiels zu erkennen (mehr Tore zu schießen als der Gegner); dass sie grundsätzlich beurteilen können, welches Verhalten diesem Ziel zuträglich ist usw. Wir nehmen weiterhin an, dass N. Schlotterbeck sich in der Situation auch anders hätte verhalten können – er hätte den Ball z. B. zu einem Mitspieler spielen können. Wir nehmen auch an, dass Schlotterbeck in dieser Situation nicht ferngesteuert wird, etwa durch geniale Neurowissenschaftler, die sein Verhalten von außen manipulieren.

Was zeigen die Beispiele? Die Frage, ob jemand für sein Verhalten verantwortlich ist und deshalb vielleicht gelobt oder getadelt werden sollte, setzt einen Rahmen voraus, der bestimmtes Verhalten als (eher) richtig und anderes als (eher) falsch klassifiziert. Diese normative Bewertung muss nicht moralischer Natur sein, es kann auch um die Frage gehen, ob ein Spielzug dazu dient, das Ziel des Spiels zu erreichen. (Von moralischer Verantwortung sprechen wir, wenn die normative Bewertung sich an moralischen Normen orientiert.) Die Person, um deren Verhalten es geht, muss über kognitive Fähigkeiten verfügen, die es ihr grundsätzlich erlauben, die verschiedenen Verhaltensoptionen im Lichte des vorausgesetzten normativen Rahmens zu bewerten, ohne dass eine solche Bewertung oder Abwägung im Falle habitualisierten Verhaltens tatsächlich durchgeführt werden muss. Häufig schreibt man der Person, um deren Verhalten es geht, auch Absichtlichkeit zu, für einen Tadel scheint dies aber nicht immer erforderlich zu sein. (Da ich mich in dieser Angelegenheit nicht festlege, verwende ich im Folgenden den anspruchslosen Begriff des *Verhaltens* und nicht den Begriff des *Handelns*, der vielleicht allerhand Bedingungen impliziert, die hier nicht diskutiert werden müssen.)

Die soeben genannten Bedingungen mögen zwar notwendig sein, um unsere Praxis des Verantwortungszuschreibens verständlich machen zu können. Sie werden aber im Folgenden keine zentrale Rolle spielen, da ihr Erfülltsein nicht durch die Annahme, dass menschliches Verhalten unter Naturgesetze fällt, in Frage gestellt wird.

Die Beispiele legen darüber hinaus nahe, dass eine Person nur dann für ihr Verhalten verantwortlich ist, wenn sie auch die beiden folgenden Bedingungen erfüllt:

(1) *Sich anders verhalten können*: Die fragliche Person hat verschiedene Optionen, sich zu verhalten.

(2) *Urheberschaft*: Die Person selbst ist Urheberin oder Prinzip ihres Verhaltens.

Zu (1): Wenn die Kauffrau nicht die Option hat, die Polizei zu verständigen (weil etwa das Handy nicht funktioniert), würden wir sie nicht dafür verantwortlich machen, die Polizei nicht verständigt zu haben, denn sie hatte nicht die Möglichkeit, sich anders zu verhalten.

Zu (2): Sollte irgendjemand der Kauffrau einen Chip implantiert haben, mit Hilfe dessen ihr Verhalten herbeigeführt wird, würden wir sie weder für ihre Entscheidungsfindung noch für das sich daran anschließende Verhalten verantwortlich machen wollen, weil sie nicht selbst Urheberin ihres Verhaltens ist. (Den Begriff des Verhaltens werde ich so weit fassen, dass auch mentale Prozesse, wie z. B. Entscheidungsfindungen, darunterfallen, denn man kann auch für schlecht durchdachte Argumentationen oder eine kluge Einschätzung gelobt oder getadelt werden, d.h. verantwortlich gemacht werden.)

Der Ausdruck „freier Wille" kann nun als eine abkürzende Bezeichnung für die Gesamtheit der Bedingungen verstanden werden, die erfüllt sein müssen, damit eine Person für ihr Verhalten verantwortlich ist (vgl. auch: McKenna und Pereboom 2016, 6). Wenn also in den folgenden Kapiteln von „Herausforderungen für die Willensfreiheit" die Rede ist, dann geht es um die Frage, ob die hier genannten Bedingungen (insbesondere die unter (1) und (2) aufgeführten) erfüllt sein können.

In der neueren Literatur wird die Bedingung (1) oft „Spielraumkonzeption von Freiheit" (*leeway freedom*) und Bedingung (2) „Quellkonzeption von Freiheit" (*source freedom*) genannt, je nachdem, welche der beiden Bedingungen im Zentrum einer Freiheitskonzeption steht (siehe dazu z. B. McKenna und Pereboom 2016, 38/39). Diese beiden Bedingungen sind in der Willensfreiheitsdebatte immer wieder als notwendige Bedingungen für freien Willen oder Verantwortlichkeit genannt worden (siehe dazu die Diskussion in Kane 1996, Kap. 3). Allerdings haben einige im Anschluss an Überlegungen von Frankfurt (1969) in Frage gestellt, ob das Erfülltsein von Bedingung (1) für Verantwortlichkeit erforderlich ist. Wenn Frankfurt Recht hätte, wäre mein Argumentationsziel viel einfacher zu erreichen. Um mir die Argumentation aber nicht zu einfach zu machen, werde ich die Überlegungen Frankfurts nicht berücksichtigen und gehe davon aus, dass (1) tatsächlich eine notwendige Bedingung ist und dass sich deshalb die Frage stellt, ob das Erfülltsein von (1) mit dem Determinismus vereinbar ist (vgl. dazu Kap. 4).

Wie schon erwähnt ist mein Ziel an dieser Stelle nicht, diese beiden Bedingungen weiter zu präzisieren. In den weiteren Kapiteln wird es vielmehr darum gehen, ausgehend von einem präzisen Verständnis davon, was die These des Determinismus (oder die These des Indeterminismus) besagt, zu untersuchen, ob (möglicherweise präzisierte Formulierungen der) Bedingungen 1) und 2) mit dem Determinismus oder dem Indeterminismus verträglich (oder unverträglich) sind.[3]

---

[3] Im Rahmen dieses Buches beschäftige ich mich nicht mit der Frage, ob man sich selbst im Prozess des Abwägens und Entscheidens als determiniert betrachten kann. Diese Frage wird ausführlich von Jacob Rosenthal (2017, Teil II) diskutiert.

2 Determinismus

Die Willensfreiheitsdebatte betrifft die Spannung zwischen der naturwissenschaftlichen Charakterisierung der Welt einerseits und der Charakterisierung von Menschen, die für ihr Verhalten verantwortlich sind, andererseits. Viele Positionen innerhalb dieser Debatte werden durch ihr Verhältnis zum Determinismus charakterisiert. Der Kompatibilismus wird üblicherweise als die These verstanden, dass der Determinismus mit der Willensfreiheit, d.h. mit dem Erfülltsein jener Bedingungen, die notwendig dafür sind, dass jemand für sein Verhalten verantwortlich ist, vereinbar ist. Der Inkompatibilismus ist die These, die genau dies in Abrede stellt. Der Libertarismus (eine spezifische inkompatibilistische Position) behauptet unter anderem, der Indeterminismus sei wahr. Für ein Verständnis dieser Positionen ist es deshalb zentral, den Begriff des Determinismus zu klären. Dass eine solche Klärung vonnöten ist, sieht man daran, dass nicht einmal ein Konsens hinsichtlich der Frage besteht, ob der Determinismus eine wissenschaftliche These ist. Von einer Antwort auf diese Frage hängt aber ab, welche Art von Gründen es für oder gegen den Determinismus geben kann.

Das Ziel dieses Kapitels ist es zu klären, wie der Determinismusbegriff, der für die Willensfreiheitsdebatte einschlägig ist, verstanden werden sollte. Als erstes werde ich einen Blick auf die Geschichte der Verwendungsweise des Ausdrucks „Determinismus" werfen, denn die Geschichte der Verwendung von Ausdrücken liefert oft Anhaltspunkte dafür, wie sich ein Ausdruck sinnvoll definieren lassen könnte (Abschnitt 2.1). Es zeigt sich aber, dass dies im Falle von „Determinismus" nur sehr eingeschränkt zutrifft. Vielmehr sollten wir den Ausdruck „Determinismus" als einen *terminus technicus* begreifen, dessen Definition zumindest partiell in unser Belieben gestellt ist. Ich werde für bestimmte Kriterien werben, die eine solche Definition erfüllen sollte (Abschnitt 2.2). Anschließend werde ich Definitionsvorschläge, die sich auf den Begriff der Vorhersagbarkeit und den der Kausalität stützen, diskutieren und zeigen, dass sie die genannten Kriterien nicht gut erfüllen (Abschnitt 2.3), um dann eine Determinismusdefinition vorzuschlagen, die diese Kriterien besonders gut erfüllt (Abschnitt 2.4). In Abschnitt 2.5 werde ich untersuchen, wie man eine daran anschließende Determinismusthese empirisch überprüfen kann, und mich schließlich mit einer Reihe von möglichen Einwänden gegen die These, der Determinismus lasse sich empirisch überprüfen, auseinandersetzen (Abschnitt 2.6).

2.1 Eine kurze und unvollständige Geschichte des Ausdrucks „Determinismus"

Ausdrücke wie „Wissen" oder „Ursache" spielen in alltäglichen Kontexten eine wichtige Rolle und sind in unserer Alltagssprache gut verankert. Weil diese Voraussetzung im Falle von „Ursache" und „Wissen" erfüllt ist, darf man erwarten, dass es stabile semantische Intuitionen gibt, die einen Ausgangspunkt der Analyse des Begriffs des Wissens oder des Begriffs der Ursache bilden können. Dagegen ist der Ausdruck „Determinismus" nicht in der Alltagssprache verankert. Es ist daher wenig aussichtsreich, bei dem Versuch einer Definition von einem geteilten Alltagsverständnis oder semantischen Intuitionen auszugehen. Für die Klärung des Begriffs des Determinismus muss also ein anderer Weg eingeschlagen werden.

In diesem Abschnitt möchte ich untersuchen, welche Anhaltspunkte die Geschichte der Verwendungsweise des Ausdrucks uns für unser Vorhaben, den Begriff des Determinismus zu definieren, geben kann. Auch hier zeigt sich ein deutlicher Unterschied zum Ausdruck „Ursache" (oder „Wirkursache"). Dieser hat eine lange Geschichte, die sich mindestens bis zu Aristoteles zurückverfolgen lässt (vgl. dazu die Beiträge in Schmaltz 2014). Die Geschichte des Ausdrucks „Determinismus" ist dagegen sehr kurz. Und die Verwendungsweisen des Ausdrucks sind erstaunlich unterschiedlich.

Der Ausdruck „Determinismus" (das gleiche gilt für entsprechende englische, französische oder italienische Ausdrücke) wird recht spät, vermutlich erst gegen Ende des 18. Jahrhunderts geprägt, obwohl Verben wie „determinare" in der philosophischen Fachliteratur durchaus üblich waren (ich folge hier der

Darstellung von Ian Hacking (1983)). Das erste Vorkommnis des Ausdrucks in einem philosophischen Buchtitel findet sich wohl im Deutschen in Christian Wilhelm Snells *Über Determinismus und moralische Freiheit* (1789). Snell erläutert darin:

Determinismus, d.i. Anwendung des Prinzips vom zureichenden Grunde und der hieraus folgenden hypothetischen Nothwendigkeit aller Weltveränderungen auf unsere Seelenwürkungen. (Snell 1789, 15)

Snell erwähnt Kants Auffassung zur Willensfreiheit zwar lobend, lässt diese aber letztlich zugunsten einer kompatibilistischen Position, die an Hume anknüpft, beiseite. Kant wiederum nimmt zu Positionen, wie der von Snell verteidigten, einige Jahre später in einer Fußnote der Schrift *Die Religion innerhalb der Grenzen der bloßen Vernunft* Stellung:

Die, welche diese unerforschliche Eigenschaft [die Willensfreiheit, A.H.] als ganz begreiflich vorstellen, machen durch das Wort Determinismus (dem Satze der Bestimmung der Willkür durch innere hinreichende Gründe) ein Blendwerk, gleich als ob die Schwierigkeit darin bestände, diesen mit der Freiheit zu vereinigen, woran doch niemand denkt. (Kant 1983a, 701, A 54, Fn)

Snell und Kant verstehen den Determinismus als eine These über das Prinzip des zureichenden Grundes, insofern es auf die Zustände der Seele angewandt wird. Die These lautet, dass es für Seelenzustände, insbesondere auch für Vorkommnisse von Entscheidungen (innere) Gründe gibt, die hinreichend sind. Von Naturgesetzen oder von Weltzuständen ist hier nicht die Rede.

Dieses Verständnis des Ausdrucks „Determinismus" scheint nicht sehr einflussreich gewesen zu sein, wie zwei Einträge in das *Dictionnaire de L'Academie Française* (1836) dokumentieren, die hier vollständig zitiert sind:

Deterministen: Name einer Sekte, die in Deutschland wenig bekannt ist und dort wenig Einfluss hat.
Determinismus: System, Prinzipien, Lehre der Deterministen (zitiert in Hacking 1983, 455, meine Übersetzung).

Eine solch lapidare Definition des Determinismus in einem französischen Wörterbuch aus dem Jahre 1836 ist deshalb zunächst überraschend, weil als eine der frühesten Formulierungen des Determinismus, ja sogar als paradigmatische Formulierung einer „streng ‚deterministischen' Auffassung des Weltgeschehens" (vgl. dazu Cassirer 2004, 9ff.), oft die folgende, deutlich früher – nämlich 1814 – erschienene Passage von Laplace zitiert wird:

Wir müssen also den gegenwärtigen Zustand des Weltalls als die Wirkung seines früheren und als die Ursache des folgenden Zustands betrachten. Eine Intelligenz, welche für einen gegebenen Augenblick alle in der Natur wirkenden Kräfte sowie die gegenseitige Lage der sie zusammensetzenden Elemente kennte, und überdies umfassend genug wäre, um diese gegebenen Größen der Analysis zu unterwerfen, würde in derselben Formel die Bewegungen der größten Weltkörper wie des leichtesten Atoms umschließen; nichts würde ihr ungewiß sein und Zukunft wie Vergangenheit würden ihr offen vor Augen liegen. (Laplace 1932, 1–2)

Diese Passage ist einem Vorwort zu einer Abhandlung über die Wahrscheinlichkeitstheorie entnommen, in der Laplace unser menschliches Wissen, das auf probabilistische Überlegungen angewiesen ist, mit dem Wissen eines Geistes kontrastiert, der nicht den Beschränkungen des menschlichen Erkenntnisvermögens unterliegt. In diesem Textabschnitt ist – anders als bei Snell oder Kant – von Zuständen der Seele nicht die Rede. Stattdessen geht es um die Welt als Ganzes und die Zustände, in denen sich diese befindet. Die früheren Zustände sind *Ursachen* der späteren Zustände und die späteren können – einen entsprechenden Geist vorausgesetzt – aus den früheren *vorhergesagt* werden. Es geht um Kausalität, Vorhersage und die Zustände der Welt.

Für die Frage, wann und wie der Ausdruck „Determinismus" geprägt wurde, ist diese Stelle aber zunächst einmal gar nicht relevant, denn Laplace verwendet den Ausdruck „Determinismus" nicht (auch wenn er vielleicht der Sache nach über etwas, was später mit dem Ausdruck „Determinismus" bezeichnet wird, redet). Wie konnte dieser Passus dann zu einer paradigmatischen Formulierung werden, so dass auch heute noch oft vom „Laplace'schen Determinismus" die Rede ist?

Ernst Cassirer, der ein einflussreiches Buch über *Determinismus und Indeterminismus in der klassischen Physik* (1936) geschrieben hat, meinte, die Laplace'sche Formulierung sei kaum mehr als eine geistreiche Metapher, die erst durch Emil Du Bois-Reymond vernünftig ausbuchstabiert worden sei:

Der Anspruch, dieser Metapher eine weitere Ausdehnung und Geltung zu geben – der Anspruch, sie zum Ausdruck eines allgemeinen erkenntnistheoretischen Prinzips zu machen liegt ihm [Laplace] soviel ich sehe, noch völlig fern. Diese Verwendung vollzieht sich erst in einer weit späteren Epoche, und ihr Zeitpunkt lässt sich genau bezeichnen. In seiner berühmten Rede „Über die Grenzen des Naturerkennens" (1872) hat Emil Du Bois-Reymond die Laplacesche Formel zuerst wieder ihrer langen Vergessenheit entrissen und sie in den eigentlichen Brennpunkt der erkenntnistheoretischen und naturphilosophischen Thesen gerückt. (Cassirer 2004, 10)

Interessanterweise verwendet aber auch Du Bois-Reymond den Ausdruck Determinismus in der erwähnten Rede von 1872 nicht, sondern erst in der späteren Rede „Über die sieben Welträtsel" (1880), in der er sich unter anderem mit der Kritik einiger französischer Mathematiker an seinen Überlegungen beschäftigt.

Gleichwohl lohnt es sich, Du Bois-Reymonds Formulierung dessen, worauf er später mit dem Ausdruck „Determinismus" Bezug nimmt, genauer anzusehen. In der Rede „Über die Grenzen des Naturerkennens" führt er, auf Laplace Bezug nehmend, aus:

Denken wir uns alle Veränderungen in der Körperwelt in Bewegungen von Atomen aufgelöst, die durch deren konstante Zentralkräfte bewirkt werden, so wäre das Weltall naturwissenschaftlich erkannt. Der Zustand der Welt während eines Zeitdifferentiales erschiene als unmittelbare Wirkung ihres Zustandes während des vorigen und als unmittelbare Ursache ihres Zustandes während des folgenden Zeitdifferentiales. Gesetz und Zufall wären nur noch andere Namen für mechanische Notwendigkeit. Ja, es läßt eine Stufe der Naturerkenntnis sich denken, auf welcher der ganze Weltvorgang durch eine mathematische Formel vorgestellt würde, durch ein unermeßliches System simultaner Differentialgleichungen, aus dem sich Ort, Bewegungsrichtung und Geschwindigkeit jedes Atoms im Weltall ergäbe. (Du Bois-Reymond 1872, 55ff.)

Diese Passage, die – wie die Laplace'sche – später als Charakterisierung des Determinismus aufgefasst werden wird, ist aus folgenden Gründen interessant: Erstens geht es Du Bois-Reymond weniger um eine Charakterisierung der Welt als vielmehr um eine Charakterisierung einer bestimmten Form der Naturerkenntnis. Du Bois-Reymond nennt sie auch die „astronomische Kenntnis materieller Systeme". Der Determinismus als ein „Erkenntnisprinzip" (Cassirer) wird zumindest in der Rede von 1872 deshalb auch (noch) nicht mit Willensfreiheit kontrastiert, sondern es geht Du Bois-Reymond darum abzustecken, was durch die so charakterisierte Form der Naturerkenntnis zwingend unerkannt bleiben muss. Das ist einerseits die Natur der Materie und andererseits die des Bewusstseins. Zweitens ist es für Du Bois-Reymond selbstverständlich, die Naturgesetze, die die zeitlichen Verläufe der Systeme beschreiben, durch Differentialgleichungen zu charakterisieren. Das spiegelt die Entwicklung der Physik wider, die diese im Verlaufe des späten 18. und des 19. Jahrhunderts genommen hat. Drittens ist schließlich auf den Begriff der Berechenbarkeit bzgl. Vergangenheit und Zukunft, den er etwas später in der Rede (1872, 68) einführt, hinzuweisen. Astronomische Naturerkenntnis liegt dann vor, wenn eine solche Berechenbarkeit möglich ist. Berechenbarkeit bzw. Vorhersagbarkeit wird auch später von vielen Autoren zur Charakterisierung des Determinismus herangezogen.

In seiner Rede „Über die sieben Welträtsel", die er einige Jahre später hält (1880), nimmt Du Bois-Reymond die Frage nach den Grenzen der Naturerkenntnis erneut auf. Dort nennt er nun explizit als siebentes Welträtsel die Willensfreiheit und benutzt die Ausdrücke „Determinismus" und „Indeterminismus", um Positionen in der Willensfreiheitsdebatte zu charakterisieren. Zum Ende seiner Überlegungen kommt er auf neuere Bestrebungen zu sprechen, Willensfreiheit und mechanische Weltordnung miteinander zu versöhnen. Damit sind Untersuchungen der französischen Mathematiker Poisson, Cournot, Boussinesq und de Saint-Vernon gemeint, die sich mit singulären Lösungen von Differentialgleichungen beschäftigt haben, und auf diesem Wege hoffen, „die Bande des mechanischen Determinismus ... zu sprengen" (Du Bois-Reymond 1880, 181), und zwar durch den Nachweis, dass die Bewegungsgleichungen der Mechanik indeterministisch sind.

Der französische Mathematiker Joseph Boussinesq, der eine Reihe von Schriften mit Titeln wie „Sur la conciliation de la liberté morale avec le déterminisme scientifique" verfasst hat und auf den Du Bois-Reymond in seiner Rede Bezug genommen hat, definierte den Determinismus auf die Gesetze der klassischen Mechanik Bezug nehmend wie folgt:

Dieses große Gesetz ist der Ausdruck des mechanischen Determinismus [...]. Es gibt für jeden Augenblick, als Funktion des gegenwärtigen statischen Zustandes, die zweite Ableitung desselben Zustandes nach der Zeit, und nur auf diese beschränkte Weise verbindet es die Zukunft mit der Gegenwart und der Vergangenheit. (Boussinesq 1879, 46, meine Übersetzung)

In den Schriften Boussinesqs finden wir nicht nur die Annahme, dass Determinismus und Willensfreiheit *prima facie* zueinander in Spannung stehen, sondern auch einen Determinismusbegriff, der im Rekurs auf Naturgesetze die zeitlichen Verläufe von Systemen durch Differentialgleichungen beschreibt.[1]

Dieser Blick auf die Geschichte einiger Verwendungen des Ausdrucks „Determinismus" im 19. Jahrhundert kann zwar keinen Anspruch auf Vollständigkeit erheben, zeigt aber, dass unter „Determinismus" ganz Unterschiedliches verstanden werden konnte. Wie sich gezeigt hat, wurde der Ausdruck unter anderem auf folgende Weisen verstanden:

- als Anwendungsfall des Prinzips des zureichenden Grundes auf Zustände der Seele
- als Behauptung über das Kausalverhältnis verschiedener Zustände der Welt
- als Behauptung über die Möglichkeit, verschiedene Zustände der Welt vorherzusagen
- als eine Stufe der Naturerkenntnis

---

[1] Interessanterweise bezieht sich Boussinesq in seiner eigenen Darstellung des mechanischen Determinismus an keiner Stelle auf Laplace, und auch in einem philosophischen Vorbericht von Paul Janet ist zwar von Descartes und sehr viel von Leibniz, von Rousseau, Voltaire und Lavoisier die Rede, aber nicht von Laplace. Es war wohl wirklich erst Du Bois-Reymond, der das Laplace'sche Diktum zu einem Referenzpunkt für den Begriff des Determinismus gemacht hat.

- als eine These innerhalb der Willensfreiheitsdebatte
  (die man heute als Inkompatibilismus bezeichnen
  würde)
- als eine These über die Lösungen von Differentialgleichungen.

Ohne Frage hängen diese Thesen miteinander zusammen, aber
sie bleiben doch zunächst sehr verschiedene Thesen.

Ein weiterer wichtiger Gesichtspunkt kommt durch einen
einflussreichen Definitionsversuch William James' ins Spiel, der
am Ende des 19. Jahrhunderts folgende Charakterisierung des
Determinismus vorschlägt:

Was besagt der Determinismus? Er besagt, dass die Teile des Universums, die bereits bestehen, absolut bestimmen und festlegen, was die
anderen Teile sein werden. Die Zukunft hat keine zweideutigen Möglichkeiten in ihrem Schoß; der Teil, den wir Gegenwart nennen, ist nur
mit einer Gesamtheit vereinbar. Jede andere zukünftige Ergänzung als
die von Ewigkeit her festgelegte ist unmöglich. (James 2004, 150)

Diese zugegebenermaßen etwas blumige Formulierung ist deshalb von Bedeutung, weil hier noch ein weiterer Aspekt genannt
wird, der in den vorangegangenen Zitaten nicht diskutiert wurde,
aber für heutige Debatten relevant ist. Der Determinismus wird
hier als eine *modale* These verstanden, als eine These darüber,
welche Zukünfte – gegeben die Gegenwart – möglich sind und
welche nicht möglich sind.

2.2 Adäquatheitsbedingungen für Determinismusdefinitionen

Diese unterschiedlichen Vorschläge (eine Liste divergierender
Definitionen ließe sich problemlos bis in die Gegenwart fortset-
zen – vgl. dazu auch die Zitate in Abschnitt 2.3) werfen die Frage
auf, wie der Ausdruck „Determinismus" heute verstanden werden sollte. Insbesondere hängt die Frage, ob der Determinismus
eine empirisch überprüfbare These ist, davon ab, welche Determinismusdefinition vorausgesetzt wird.

Es kann (vor dem Hintergrund der unterschiedlichen Verwendungsweisen) im Folgenden weder darum gehen, eine

deskriptive Definition zu geben, d.h. den tatsächlichen Sprachgebrauch bezüglich des Ausdrucks „Determinismus" so genau wie möglich abzubilden, noch darum, eine beliebige Definition zu *stipulieren*. Vielmehr sollte versucht werden, eine sinnvolle, reformierende Definition anzugeben, also darum, den Begriff – um mit Rudolf Carnap zu reden – zu *explizieren*. Aber was heißt hier sinnvoll? Carnap hat für reformierende Definitionen oder Explikationen eine Reihe von Anforderungen aufgestellt: Der explizierte Begriff (das explicatum) sollte so bestimmt werden, dass er an Einfachheit und Präzision gewinnt, er sollte in den relevanten wissenschaftlichen Kontexten fruchtbar sein, insbesondere sollte er aber auch dem zu explizierenden Begriff (dem explicandum) ähneln (Carnap 1950, 7).

Carnaps Kriterium der Ähnlichkeit wirft vor dem Hintergrund der disparaten Verständnisse von Determinismus Schwierigkeiten auf. Anstelle der Ähnlichkeit mit vorgefundenen Verständnissen von „Determinismus" schlage ich vor, die Forderung treten zu lassen, dass der explizierte Begriff eine ganz bestimmte *argumentative Rolle* spielen sollte. Innerhalb der Willensfreiheitsdebatte wird der Determinismus als eine Herausforderung für Verhalten, für das man verantwortlich ist, aufgefasst. Wenn wir uns also im Kontext der Willensfreiheitsdebatte befinden, so die Forderung, sollte eine Determinismusdefinition eine Grundlage dafür schaffen zu verstehen, dass und wie der Determinismus eine echte Herausforderung für die Willensfreiheit, d.h. für das Erfülltsein jener Bedingungen, die notwendig dafür sind, dass jemand für sein Verhalten verantwortlich ist, sein kann. Was heißt das genau?

Spätestens seit Augustinus und Boethius beschäftigt sich die Philosophie mit der Frage, ob Verhalten, für das man selbst verantwortlich ist, damit vereinbar ist, dass es Faktoren wie das Vorherwissen und die Vorsehung Gottes gibt, die wir einerseits nicht beeinflussen können, die aber andererseits unser Handeln derart festzulegen scheinen, dass uns keine anderen Handlungsoptionen als die tatsächlich durchgeführten bleiben. Seit der Frühen Neuzeit entwickelt sich die Vorstellung, dass alles Geschehen unter Naturgesetze fällt. Damit nimmt die Herausforderung ein neues Gewand an: Es stellt sich die Frage, ob unser Verhalten durch *Naturgesetze* und *Anfangsbedingungen*, auf die wir keinen Einfluss nehmen können, derart festgelegt ist, dass wir keine andere als die tatsächliche Verhaltensoption haben. Dies ist die Herausforderung des naturgesetzlichen Determinismus für die Willensfreiheit.

Die wesentliche Anforderung an eine Explikation des Begriffs Determinismus besteht demnach darin, dass sie es ermöglichen muss, die Herausforderung, die für die Willensfreiheit entsteht, wenn alles Geschehen unter Naturgesetze fällt, zu artikulieren.

Konkret bedeutet diese Forderung, dass die Definition/das explicatum erkennbar machen muss,

(1)   dass hier tatsächlich eine Herausforderung für die Willensfreiheit vorliegt, die sich dem Determinismus verdankt (diese Forderung hat auch Helen Steward kürzlich erhoben (Steward 2021)), derart, dass die Herausforderung vorliegt, wenn der Determinismus wahr ist und dass erkennbar wird, wie der Indeterminismus, wenn er wahr ist, dazu beitragen kann, dass diese Herausforderung verschwindet.

(2)   dass die Quelle dieser Herausforderung die Naturgesetze bzw. Theorien der Naturwissenschaften insbesondere der Physik sind (vgl. dazu Butterfield (2005)).

Die Adäquatheitsbedingungen (1) und (2) werden die wesentlichen Anforderungen an Determinismusdefinitionen sein, die ich im Folgenden (neben den von Carnap genannten Forderungen nach Präzision u.Ä.) diskutieren werde.

2.3 Wie man Determinismus nicht definieren sollte

Vor dem Hintergrund der genannten Anforderungen lassen sich nun einige einflussreiche Definitionsvorschläge – zumindest für den Kontext der Willensfreiheitsdebatte – als unzureichend zurückweisen.

2.3.1 Vorhersagbarkeit

Karl Popper definiert den Determinismus im Rückgriff auf den Begriff der Vorhersagbarkeit. Determinismus, so Popper, sei die These, dass die Struktur der Welt so beschaffen ist, dass jedes Ereignis mit einem beliebigen Präzisionsgrad rational vorhergesagt werden kann, wenn wir eine hinreichend genaue Beschreibung vergangener Ereignisse sowie aller Naturgesetze haben. (Popper 1982, 1/2)

Diese Definition von Determinismus genügt nicht der Adäquatheitsbedingung (1). Bedingung (1) fordert, dass verständlich wird, wie der Indeterminismus, wenn er wahr ist, dazu beitragen kann, die Herausforderung, die durch den Determinismus generiert wird, zu beseitigen. Das ist aber für den im Sinne Poppers definierten Determinismus nicht der Fall. Aus der Popperschen Definition ergibt sich, dass die Welt dann indeterministisch ist, wenn sich ihr Verhalten nicht beliebig genau vorhersagen lässt. Es ist aber unklar, wie die bloße Nichtvorhersagbarkeit die ursprüngliche Herausforderung beseitigen kann. Denn auch wenn es nicht rational voraussagbar sein sollte, was passieren wird, kann das, was passiert, durch Faktoren, auf die wir keinen Einfluss haben, eindeutig festgelegt sein. Diese Herausforderung wird nicht dadurch kleiner oder beseitigt, dass niemand in der Lage ist, rational vorherzusagen, wie ich mich entscheiden werde. Nur deshalb, weil bestimmte Faktoren nicht mit beliebiger Genauigkeit spezifiziert werden können, ist ja nicht ausgeschlossen, dass es Faktoren sind, die mein Verhalten festlegen und auf die ich keinen Einfluss habe. (Die hier geschilderte Option wird durch Theorien des deterministischen Chaos illustriert (vgl. dazu Earman 2007, 1388–1391).) Eine Explikation, die sich auf den Vorhersagebegriff stützt, genügt daher der Adäquatheitsbedingung (1) nicht.

2.3.2 Kausalität

Häufig wurde oder wird der Determinismus mit dem so genannten Kausalgesetz oder -prinzip in Verbindung gebracht.

Determinismus heißt die Lehre von der Determination (Bestimmtheit, Bedingtheit) des Handelns und Wollens durch äußere und innere Ursachen (Motive), im engeren Sinne die Anschauung, daß es eine (absolute) Willensfreiheit nicht gebe, weil das Wollen wie alles andere Geschehen dem Kausalgesetze unterworfen sei. (Eisler 1904)

[Der Determinismus ist] die Annahme eines allgemeinen Kausalprinzips (Kausalität), dem zufolge alles Geschehen Wirkung einer vorlaufenden Gesamtgeschichte ist (kausaler D). (Sandkühler 2010, 383)

Was auch immer man genau unter „Kausalgesetz" oder „Kausalprinzip" verstehen mag, man wird auf die Begriffe Ursache und Wirkung zurückgreifen müssen, um sie zu erläutern. Das heißt aber letztlich, den Determinismusbegriff durch kausales Vokabular zu definieren. John Earman kommentierte diesen Versuch wie folgt: „it seeks to define a vague concept – determinism – in terms of a truely obscure one – causation" (Earman 1986, 5). Diese Einschätzung muss man nicht mehr teilen, denn sowohl die kontrafaktische Theorie der Kausalität wie auch der Interventionismus (um nur zwei Ansätze zu nennen) haben in den letzten Jahrzehnten dazu beigetragen, ein gutes Verständnis davon zu gewinnen, was Ursachen sein können und unter welchen Bedingungen Kausalbeziehungen vorliegen. Allerdings gelingt diese Klärung vor allem für Alltagskontexte und makroskopische Theorien, wie z. B. im Kontext der Sozialwissenschaften. Die Frage, ob Kausalbegriffe sinnvoll im Kontext fundamentaler Theorien der Physik angewendet werden können, ist dagegen sehr umstritten.[2] Insbesondere im Zusammenhang mit so genannten Verschränkungen und dem EPR-Paradoxon in der Quantenmechanik wird diskutiert, ob die Annahmen, die typischerweise mit Kausalbegriffen assoziiert werden, auf quantenmechanische Systeme zutreffen. (Diese Kontroverse wird z.B. in Näger und Stöckler 2015 aufgearbeitet.)

Das Adäquatheitskriterium, das Definitionen, die sich auf kausale Terminologie stützen, verletzen, ist also nicht zwangsläufig das der Präzision (wie Earmans Formulierung nahelegt), sondern die oben genannte Anforderung (2), dass eine Determinismusdefinition deutlich machen muss, wie die Naturgesetze oder Theorien die Quelle der Herausforderung für die Willensfreiheit sein können. Da der Begriff der Ursache weder in

---

[2] Vgl. dazu z. B. Falkenburg 2012, 276–282. Anders als Falkenburg bin ich allerdings der Meinung, dass eine Definition von Determinismus nicht auf den Kausalbegriff angewiesen ist und dass deshalb eine Kritik am Kausalbegriff nicht zugleich eine Kritik am Determinismusbegriff sein muss.

Naturgesetzen vorkommt noch klar ist, wie der Zusammenhang zwischen fundamentalen Naturgesetzen und Ursachen aussieht, ist der Ursachebegriff kein guter Kandidat, um die Herausforderung des naturgesetzlichen Determinismus zu artikulieren.

2.4 Definitionen[3]

2.4.1 Theoriendeterminismus

Adäquatheitsbedingung (2) fordert, dass eine Determinismusdefinition erkennbar machen sollte, dass die Herausforderung für die Willensfreiheit von Naturgesetzen oder Theorien herrührt, unter die alles Geschehen (einschließlich des menschlichen Verhaltens) fällt. Eine solche Definition muss mit Begriffen operieren, die an Naturgesetze oder Theorien anschließen.

Naturgesetze beschreiben die zeitliche Entwicklung von Systemen in der Regel durch Bewegungsgleichungen, die bestimmen, wie sich der Zustand eines Systems von einem Zeitpunkt zu einem anderen verändert. Um den Determinismus genauer charakterisieren zu können, muss zunächst bestimmt werden, was in diesem Zusammenhang mit „Zustand" gemeint ist.

Seit der frühen Neuzeit, insbesondere seit Newton, wird das Verhalten von physikalischen Systemen durch ihren Zustand und durch dynamische Bewegungsgleichungen, die die zeitliche Veränderung dieser Zustände charakterisieren, beschrieben. Der Zustand $Z_S(t)$ eines Systems s zu einem Zeitpunkt t lässt sich dabei als die Gesamtheit jener Merkmale des Systems zu diesem Zeitpunkt charakterisieren, die zu einer vollständigen Charakterisierung des Systems zu diesem Zeitpunkt erforderlich sind. In der Physik und in der Wissenschaftstheorie wird der Begriff des Zustands fast immer anhand von Beispielen eingeführt.[4] So ist der Zustand eines Systems der klassischen Mechanik durch Ort und Impuls gegeben. Damit ist gemeint, dass andere Größen,

---

[3] Abschnitt 2.4 ist eine Überarbeitung von Teilen eines Aufsatzes, der demnächst erscheinen wird (Loew und Hüttemann 2024).

[4] Eine Ausnahme bildet Peter Mittelstaedt: „Die in der Gesamtheit A_1, A_2 ... aller möglichen Messwerte enthaltene Kennzeichnung des Objekts wollen wir dessen Zustand nennen." (Mittelstaedt [6]1981, 100).

die zu einer vollständigen Charakterisierung des Systems gehören, wie z. B. die kinetische Energie, durch Ort und Impuls festgelegt sind. In der Thermodynamik ist der Zustand eines Systems durch Größen wie Druck, Temperatur etc. gegeben, durch die mittels makroskopischer Zustandsgleichungen weitere Größen bestimmt werden können. Es sei noch erwähnt, dass in der Physik der Begriff des Zustands manchmal auch in einem engeren Sinne verwendet wird, so dass er nur Eigenschaften umfasst, die sich über die Zeit hinweg verändern. Dieser engere Begriff ist aber im gegenwärtigen Kontext nicht relevant.[5]

Von dem Zustand_S, in dem sich ein reales physikalisches System befindet, möchte ich den Zustand_T unterscheiden, den eine Theorie einem System zuschreibt. Falls wir es mit einer finalen Theorie zu tun haben, die alle Systeme vollständig beschreibt, fallen diese beiden Zustandsbegriffe zusammen. In anderen Fällen ist das aber nicht so. Die Thermodynamik beispielsweise interessiert sich für die mikrophysikalischen Zustände von Gasen nicht, obwohl sie zu einer vollständigen Charakterisierung eines Systems dazugehören würden. Hier fallen also Zustand_S und Zustand_T auseinander.

Was als Zustand_T eines Systems gilt, ist zunächst relativ zu einem bestimmten Gesetz oder einer Theorie zu verstehen. Es handelt sich um all jene Eigenschaften eines Systems zu einem bestimmten Zeitpunkt, über die man Informationen haben muss, um die relevanten Gleichungen lösen zu können, z. B. um die Entwicklungen des Systems so genau vorherzusagen, wie es das relevante Gesetz zulässt. Für die zeitliche Entwicklung bzw. die Bewegungsgleichungen eines Fadenpendels müssen Ort und Impuls gegeben sein, die Farbe des Pendels ist irrelevant. Im Falle thermodynamischer Systeme sind die genauen Mikrozustände irrelevant. Da also die Zustände_T nicht notwendigerweise eine vollständige Charakterisierung realer physikalischer Systeme geben, können sie sich von den Zuständen_S unterscheiden.

Diese Charakterisierung der Zustände_T (oder auch der Zustände_S) ist verträglich damit, dass sich in manchen Fällen aus dem Lösen der Bewegungsgleichungen mit Hilfe von Informationen über den Zustand keine exakte Vorhersage ergibt. In

---

5   Zu einigen Schwierigkeiten, die mit dem Zustandsbegriff verbunden sind, siehe Earman 1986, 14–16 oder Hoefer 2016, Abschnitt 2.2.

solchen Fällen gibt es mehr als eine Lösung oder die Lösung liefert nur eine Wahrscheinlichkeit für das Verhalten des Systems. Die entsprechenden Informationen charakterisieren den Zustand des Systems aber dennoch insofern vollständig, als man selbst mit zusätzlichen Informationen über die Eigenschaften des Systems zum entsprechenden Zeitpunkt keine genaueren Vorhersagen aus der Theorie ableiten könnte. (Der Begriff des vollständigen Zustands lässt also offen, ob das fragliche System deterministisch oder indeterministisch ist.)

Welche Eigenschaften des Systems relevant sind, um die entsprechenden Bewegungsgleichungen lösen zu können, ist je nach Theorie unterschiedlich und gewissermaßen Teil der jeweiligen Hypothese. Der Zustand$_T$ eines Masseteilchens in der klassischen Mechanik umfasst, wie bereits erwähnt, seine Masse, seinen Ort und seine Geschwindigkeit (oder Ort und Impuls). Die Newtonschen Bewegungsgleichungen erlauben uns dann — bei gegebener Masse —, von dem Ort und der Geschwindigkeit eines isolierten Masseteilchens zu einer Zeit seinen Ort und seine Geschwindigkeit zu anderen Zeiten abzuleiten. In anderen Theorien, etwa in der Quantenmechanik, benötigt man hingegen andere Informationen über die Eigenschaften eines Systems zu einem Zeitpunkt, um die relevanten Bewegungsgleichungen zu lösen. Zustände$_T$ werden hier also relativ zu diesen Theorien verstanden und können je nach Theorie unterschiedliche Eigenschaften umfassen.

Mit Hilfe des Begriffs eines Zustands$_T$ können wir nun fragen, ob ein Naturgesetz oder eine Theorie, die mehrere Naturgesetze und Annahmen umfasst, deterministisch ist. (Es ist nicht immer klar, was genau Teil einer Theorie ist. Darauf werden wir im nächsten Kapitel noch genauer eingehen). Unter „Theoriendeterminismus" soll im weiteren Verlauf Folgendes verstanden werden:

Theoriendeterminismus: Eine Theorie oder ein Naturgesetz ist deterministisch$_T$ genau dann, wenn für alle (aktualen oder möglichen) Systeme, auf die die Theorie oder das Naturgesetz zutrifft, gilt: Wenn zwei dieser Systeme zu irgendeinem Zeitpunkt hinsichtlich ihres Zustands$_T$ übereinstimmen, dann stimmen sie zu allen Zeitpunkten hinsichtlich ihrer Zustände$_T$ überein. (Vgl. Butterfield 2005.)

Jede Theorie trifft auf eine Vielzahl tatsächlicher oder bloß möglicher Systeme zu. Die Newtonsche Mechanik kann z.B. benutzt werden, um zu beschreiben, wie sich die Welt als Ganzes über die Zeit hinweg entwickelt. Sie trifft aber auch auf ein einzelnes, von seiner Umgebung isoliertes Fadenpendel zu oder auf eine hypothetische Welt, die nur aus einem einzelnen Masseteilchen besteht.

Laut obiger Definition gilt für alle Systeme, auf die eine deterministische Theorie (oder ein deterministisches Naturgesetz) zutrifft, dass, wenn sie zu einem Zeitpunkt in ihrem Zustand$_T$ übereinstimmen, sie dann auch zu allen Zeitpunkten in ihrem Zustand$_T$ übereinstimmen. Es folgt also, dass eine deterministische Theorie (oder ein deterministisches Naturgesetz), gegeben den Zustand$_T$ eines Systems zu einem einzigen Zeitpunkt, alle anderen Zustände$_T$ des Systems eindeutig festlegt. Wenn keine solche Festlegung bestünde, dann müsste es möglich sein, dass zwei Systeme zu einem Zeitpunkt in demselben Zustand$_T$ sind, aber zu einem anderen Zeitpunkt in verschiedenen Zuständen$_T$. Dies schließt die obige Definition aber aus.

In welchem Sinne ist hier von „Festlegung“ die Rede? Man könnte glauben, dass, wenn ein Zustand eines Systems andere Zustände im Sinne des Determinismus festlegt, es sich dabei um eine besondere Art von Erzwingung oder Hervorbringung eines Zustands durch einen anderen handelt. Was genau die metaphysische Relation zwischen den relevanten Zuständen ist, wird durch die obige Definition aber offengelassen. Alles, was die Definition besagt, ist, dass aus einer Beschreibung des Systems zu einem Zeitpunkt und der deterministischen Theorie *logisch folgt*, welche Zustände das System zu allen anderen Zeitpunkten einnimmt. Damit eine Theorie oder ein Gesetz deterministisch ist, muss diese Eindeutigkeit, die sich der logischen Folgerung verdankt, *für alle möglichen Zustände*, die die Gleichung zulässt, gelten – sie muss für alle Lösungen der Gleichung gelten.

Ob eine Theorie (oder ein Naturgesetz) deterministisch$_T$ ist, hängt somit allein vom *Inhalt* der Theorie oder des Gesetzes ab: davon nämlich, ob für jedes System, auf welches die Theorie zutrifft, aus einer Beschreibung des Systems zu einem Zustand und den mathematischen Gleichungen, die Teil der Theorie sind, der Zustand des Systems zu allen anderen Zeitpunkten eindeutig abgeleitet werden kann. Ob eine Theorie (oder ein Naturgesetz) deterministisch ist, ist damit insbesondere unabhängig davon, ob man Naturgesetze (zum Beispiel) als bloße Generalisierungen wie in der an Hume anschließenden Regularitätstheorie, im Armstrongschen Sinne als Instantiierungen einer Erzwingungsrelation oder im Sinne des dispositionalen Essentialismus als in dispositionalen Eigenschaften gegründet auffasst. Der modale Status von Naturgesetzen ist demnach für die Frage, ob ein Gesetz deterministisch ist, irrelevant. (Dieser Fall ist analog zu der Frage, ob Gesetze zeitsymmetrisch sind. Auch die Zeitasymmetrie hängt allein vom Inhalt, nicht vom modalen Status von Naturgesetzen ab.)

2.4.2 Systemdeterminismus

Der Theoriendeterminismus, so wie er in 2.4.1 definiert wurde, ist eine Eigenschaft von Theorien (oder Naturgesetzen). Häufig – insbesondere im Kontext der Willensfreiheitsdebatte – interessieren wir uns aber dafür, ob ein bestimmtes *System* und insbesondere *unsere Welt* als Ganzes deterministisch ist, also für Determinismus als eine Eigenschaft von Systemen. Butterfield (2005) hat davor gewarnt, umstandslos vom Determinismus von Theorien auf einen Determinismus von Systemen zu schließen. Gleichwohl gibt es einen Zusammenhang zwischen beiden, den es zu spezifizieren gilt.

John Earman hat in seiner einflussreichen Monographie Determinismus als eine Eigenschaft von Systemen (oder Welten) definiert (vgl. Earman 1986, 13). Daran knüpfe ich an und stütze mich nun auf den Begriff des Zustands$_S$:

Systemdeterminismus: Eine Welt w ist deterministisch$_S$ genau dann, wenn jede Welt mit den gleichen Gesetzen wie w, die mit w zu irgendeinem Zeitpunkt hinsichtlich ihres Zustands$_S$ übereinstimmt, mit w zu allen Zeitpunkten hinsichtlich ihres Zustands$_S$ übereinstimmt.

Die Definition sagt, dass in deterministischen Welten die in ihnen geltenden Naturgesetze einen eindeutigen zeitlichen Verlauf der Welt festlegen. Wenn unsere Welt derart ist, dass, gegeben wie die Welt zu irgendeinem Zeitpunkt ist (ihr Zustand$_S$),

die Naturgesetze eindeutig festlegen, wie sie zu allen anderen
Zeitpunkten ist, dann handelt es sich um eine deterministische
Welt. Andernfalls gäbe es Welten mit den gleichen Naturgeset-
zen, die mit unserer Welt zu einem Zeitpunkt hinsichtlich ihrer
Zustände$_S$ übereinstimmen, aber nicht zu einem späteren (oder
früheren) Zeitpunkt.[6]

Theoriendeterminismus und Systemdeterminismus, das
wurde schon angedeutet, sind nicht äquivalent. Erstens kann es
sein, dass eine Theorie deterministisch$_T$ ist (der Theoriendeterminismus ist erfüllt), aber ein von dieser Theorie beschriebenes
System den Systemdeterminismus nicht erfüllt, also indetermi-
nistisch$_S$ ist. Ein solcher Fall kann eintreten, wenn eine deterministische Theorie zwar auf ein System zutrifft, es aber *nicht vollständig* beschreibt (Zustand$_T$ und Zustand$_S$ stimmen nicht überein). Angenommen, es gilt das Gesetz der Energieerhaltung.
Dieses Gesetz ist deterministisch$_T$, denn für jedes abgeschlos-
sene System, das unter dieses Gesetz fällt, gilt, dass, wenn zwei
Systeme zu einem Zeitpunkt bezüglich ihrer Energie übereinstimmen, sie auch zu allen anderen Zeitpunkten hinsichtlich dieser Größe übereinstimmen. Aber daraus folgt nicht, dass eine
Welt, auf die dieses Gesetz zutrifft, deterministisch im Sinne des
Systemdeterminismus ist. Selbst wenn die Energie von Systemen

---

6　Auch wenn ich weiter oben die These vertreten habe, dass eine
Explikation des Determinismusbegriffs durch kausale Terminologie für
uns wenig hilfreich ist, sei an dieser Stelle darauf hingewiesen, dass es
unter den zahlreichen Versuchen, das so genannte Kausalprinzip zu erläutern, auch solche gab, die der Definition des Systemdeterminismus
ähneln. Moritz Schlick formuliert 1920: „[…] sind die ‚Anfangsbedingungen‘ und die ‚Grenzbedingungen‘ gegeben, so ist alles Geschehen in
dem betrachteten Gebiet durch die Differentialgleichungen der Physik
eindeutig bestimmt und zu berechnen. Das ist also die nunmehr ein-
wandfreie und erfahrungsmäßig prüfbare Form, in welcher der Kausal-
satz in der exaktesten Wissenschaft erscheint [...]." (Schlick 1920, 462)
Die Frage, ob die neue Quantenmechanik deterministisch ist, wurde im
Sinne dieser Erläuterung oft als Frage danach, ob das Kausalprinzip gilt,
aufgefasst. Interessant ist zweierlei: Erstens, dass Schlick in seiner Definition des Kausalprinzips auf die Begriffe Ursache und Wirkung ver-
zichtet, die hält er nämlich für problematisch. Zweitens hat Schlick das
Kausalprinzip nicht als ein apriorisches Prinzip aufgefasst, sondern für
empirisch überprüfbar gehalten.

sich deterministisch entwickelt, muss dies nicht für andere Eigenschaften der Systeme der Fall sein.

Zweitens kann es deterministische$_S$ Systeme geben, ohne dass die auf sie zutreffenden Gesetze oder Theorien deterministisch$_T$ sind. Für diese Überlegung ist unerheblich, dass Zustand$_T$ und Zustand$_S$ auseinanderfallen können. (Deshalb lasse ich diese Unterscheidung hier außen vor.) Der Grund ist vielmehr, dass im Rahmen des Theoriendeterminismus für deterministische Gesetze/Theorien gefordert wird, dass für *jedes System*, auf das die Gesetze/Theorien zutreffen, *jeder mögliche* Zustand dieses Systems die Zustände des Systems zu allen anderen Zeitpunkten eindeutig festlegt. Wenn wir uns aber für die Frage interessieren, ob *unsere* Welt oder ein anderes bestimmtes System deterministisch im Sinne des Systemdeterminismus ist, dann fragen wir uns nur, ob jeder *tatsächliche* Zustand *dieses* Systems oder unserer Welt die Zustände zu allen anderen Zeitpunkten eindeutig festlegt. Theoriendeterminismus und Systemdeterminismus unterscheiden sich also nicht nur hinsichtlich des Zustandsbegriffs, sondern auch im Blick auf den Kreis der Systeme, für die eindeutige zeitliche Entwicklungen gefordert werden.

In Kapitel 3 wird ausführlich die so genannte Nortonkuppel diskutiert werden. Die Nortonkuppel ist ein idealisiertes System, anhand dessen man zeigen kann, dass die klassische Mechanik möglicherweise indeterministisch$_T$ ist. Da es aber gute Gründe für die Annahme gibt, dass Nortonkuppeln in unserer Welt nicht vorkommen können, ist der Fall für die Frage, ob unsere Welt (wenn sie durch die klassische Mechanik vollständig beschrieben würde) deterministisch$_S$ ist, irrelevant.

Kurzum: Ohne weitere Zusatzannahmen impliziert weder der Systemdeterminismus den Theoriendeterminismus noch der Theoriendeterminismus den Systemdeterminismus. Gleichwohl lässt sich spezifizieren, welche Art von Zusatzannahmen erforderlich sind.

Bisher haben wir den Theoriendeterminismus und den Systemdeterminismus definiert. Definitionen als solche sind aber keine Behauptungen, die wahr oder falsch sein können. Der Determinismus wird aber häufig als eine solche These aufgefasst. Gestützt auf unsere Definitionen lässt sich die im Kontext der

Willensfreiheitsdebatte relevante These des Determinismus wie
folgt charakterisieren:
  Determinismus: Unsere Welt ist systemdeterministisch.[7]

2.4.3 Logische Folgebeziehung oder metaphysischer Zwang?

Zum Abschluss dieser Überlegungen dazu, wie man die These
des Determinismus am sinnvollsten formuliert, möchte ich mich
noch mit einem kürzlich formulierten Einwand von Helen Steward (2021) auseinandersetzen. Sie kritisiert Definitionen wie die
des Theoriendeterminismus und des Systemdeterminismus, weil
sie der in Abschnitt 2.2 formulierten Adäquatheitsbedingung (1)
nicht genügten.
Steward unterscheidet den „entailment"-Determinismus,

(ED) For any given time, a complete statement of the [nonrelational]
facts about that time, together with a complete statement of the laws of
nature, entails every truth as to what happens after that time. (Steward
2021, 18)

der den Begriff des logischen Folgerns in den Mittelpunkt stellt,
von dem, was sie „metaphysischen Determinismus" nennt:

(MD): For any given time, the total set of [nonrelational] facts about
that time, causally or physically or naturally necessitates every fact about
what happens after that time. (Steward 2021, 20)

Der wesentliche Punkt ist, dass in dieser zweiten Definition an-
statt von logischer Folgerung davon die Rede ist, dass bestimmte
Tatsachen spätere auf irgendeine Weise *erzwingen*. Steward meint,
dass allein eine solche modale Formulierung die Herausforderung, die der Determinismus darstelle, erkennbar mache. Weil

---

[7]   Der Determinismus wird als die These definiert, dass der Zustand unserer Welt zu einem Zeitpunkt sowohl die Vergangenheit als
auch die Zukunft eindeutig festlegt. Man könnte die Determinismusthese auch auf die eindeutige Festlegung der Zukunft einschränken,
weil dies für die Willensfreiheitsdebatte entscheidend sei. Aus Gründen,
die später deutlich werden (Abschnitt 5.3), ist es für unsere Belange
sinnvoller, mit der hier vorgeschlagenen Definition zu arbeiten.

beim entailment-Determinismus von einem Zwang nicht die Rede ist, sei ja offensichtlich, dass (ED) mit freiem Willen kompatibel sei. Dieser Einwand betrifft auch den soeben definierten Theorien- und den Systemdeterminismus, denn auch in diesen Definitionen wird lediglich eine logische Folgerungsbeziehung unterstellt, die genaue metaphysische Beziehung zwischen den unterschiedlichen Zuständen aber offengelassen (vgl. Abschnitt 2.4.1).

Stewards Argumentation scheint mir nicht überzeugend zu sein. Zwar ist ihr zuzustimmen, dass, um die Herausforderung des Determinismus zu artikulieren, modale Begriffe, die über logische Folgerung hinausgehen, erforderlich sind. Das bedeutet aber nicht, dass der Determinismus selbst durch derartige modale Begriffe definiert werden muss. Die Herausforderung des Determinismus besteht darin, dass der Determinismus dann, *wenn sehr plausible weitere Annahmen wahr sind*, unser Verhalten unabänderlich macht und in diesem Sinne erzwingt. Die geforderte Modalität wird durch die Zusatzannahmen beschrieben, nicht durch den Determinismus selbst. Es ist gerade ein Vorteil von (ED), diese unterschiedlichen Annahmen unterscheidbar machen zu können.

Genau daran knüpft das in Kapitel 5 ausführlich diskutierte Konsequenzargument an. Wenn man die *prima facie* sehr plausiblen Annahmen, dass wir weder an der Vergangenheit noch an den Naturgesetzen etwas ändern können (das sind modale Thesen), akzeptiert, dann führt der Determinismus (im Sinne von (ED)) dazu, dass unser gegenwärtiges und zukünftiges Handeln unabänderlich feststeht.

Der Vorteil einer Definition wie (ED) besteht also gerade darin, die Herausforderung analysieren zu können und verschiedene Aspekte der Herausforderung (die in den Prämissen des Konsequenzarguments aufgelistet werden) einzeln benennen zu können.[8]

---

[8] Stewards Sorge besteht darin, dass man dann, wenn man Naturgesetze humeanisch im Sinne von Regularitätstheorien versteht, der Herausforderung für die Willensfreiheit, die im Konsequenzargument formuliert wird, mit Leichtigkeit entgehen kann. In Kap. 5 wird gezeigt, dass dieser Ausweg zwar grundsätzlich besteht, die argumentativen Folgelasten diese Lösung aber wenig attraktiv machen.

Halten wir also fest: Definitionen, wie die des Theoriendeterminismus und des Systemdeterminismus, die sich auf den Begriff des logischen Folgerns stützen und keine Begriffe ins Spiel bringen, die irgendeinen metaphysischen Zwang beschreiben, ermöglichen sehr wohl, die Herausforderung des Determinismus für die Willensfreiheit zu artikulieren, wenn – wie im Konsequenzargument – auf *prima facie* plausible modale Zusatzannahmen zurückgegriffen werden darf.[9]

2.5 Empirische Überprüfbarkeit

In einigen deutschsprachigen Beiträgen zur Willensfreiheitsdebatte wird zuweilen unterstellt oder behauptet, der Determinismus sei keine empirisch überprüfbare These. So meint Peter Bieri, man müsse den Determinismus präsupponieren, um die Welt als eine verstehbare zu begreifen. Der Determinismus wäre dann keine empirische These, sondern eine Bedingung, ohne die die Verstehbarkeit der Welt nicht gedacht werden kann (Bieri 2001, 15/16). Geert Keil schreibt, der Determinismus ließe „sich experimentell weder verifizieren noch falsifizieren und deshalb [sei der] Determinismus eine metaphysische These, keine wissenschaftliche" (Keil 2018, 58).

Im Gegensatz zu diesen beiden Behauptungen werde ich die These vertreten, dass der Determinismus am sinnvollsten als eine empirische These aufgefasst wird, deren Überprüfung sich allerdings manchen Schwierigkeiten ausgesetzt sieht. Diese Schwierigkeiten unterscheiden sich aber nicht grundsätzlich von solchen, mit denen auch andere empirische Thesen zu tun haben. Der Determinismus – und folglich auch seine Negation, der Indeterminismus – ist also, so die Behauptung, die ich hier verteidigen werde, eine empirisch überprüfbare These. Dass der Determinismus deshalb nicht überprüfbar sei, weil wir gar nicht anders können, als ihn für wahr zu halten, oder aber deshalb, weil es sich um eine transzendentale oder metaphysische Frage handele, die sich grundsätzlich der empirischen Überprüfbarkeit

---

[9] Eine interessante und formal anspruchsvolle Diskussion verschiedener Determinismusdefinitionen findet sich bei Müller und Placek (2018).

entziehe, und ähnliche Thesen werde ich als nicht gut begründet zurückweisen.

Natürlich ist die empirische Überprüfung des Determinismus keine einfache Angelegenheit, aber das ist die empirische Überprüfung von wissenschaftlichen Hypothesen selten. Bei der Überprüfung des Determinismus treten aber keine grundsätzlich anderen Herausforderungen auf als in anderen Fällen.

Weder werde ich allerdings behaupten, dass eine solche Überprüfung erfolgreich schon stattgefunden hat noch dass sie erfolgreich schon jetzt stattfinden könnte.

Uns interessiert, ob unsere Welt deterministisch ist. Es sei daher noch einmal an die Definition aus Abschnitt 2.4 erinnert:

Systemdeterminismus: Eine Welt w ist deterministisch$_S$ genau dann, wenn jede Welt mit den gleichen Gesetzen wie w, die mit w zu einem Zeitpunkt übereinstimmt, mit w zu allen Zeitpunkten übereinstimmt.

Entscheidend ist, ob diejenige Theorie, die unsere Welt vollständig beschreibt, für Zustände unserer Welt nur eindeutige zeitliche Verläufe zulässt. Ob eine gegebene Theorie deterministisch ist, ist eine Frage des Theoriendeterminismus:

Theoriendeterminismus: Eine Theorie oder ein Naturgesetz ist deterministisch$_T$ genau dann, wenn für alle (aktualen oder möglichen) Systeme, auf die die Theorie oder das Naturgesetz zutrifft, gilt: Wenn zwei dieser Systeme zu einem Zeitpunkt hinsichtlich ihres Zustands übereinstimmen, dann stimmen sie zu allen Zeitpunkten überein.

Um überprüfen zu können, ob unsere Welt als Ganzes deterministisch ist, benötigen wir eine Theorie, die die Zustände der Welt *vollständig* beschreibt. Wenn die fragliche Theorie die Zustände der Welt nicht vollständig beschriebe, also etwas ausließe, dann bliebe selbst bei einem Theoriendeterminismus der fraglichen Theorie unbestimmt, wie sich das nicht berücksichtigte Etwas verhalten würde. Das bedeutet nicht nur, dass sie z. B. alle physikalischen Grundkräfte umfassen muss, sondern auch, dass jedes Detail auf makroskopischer Ebene unter diese Theorie fällt oder zumindest durch sie festgelegt ist. Ein Substanzendualismus, wie Descartes ihn sich vorgestellt hat, oder ein Emergentismus, der auf einer nicht-physikalischen, emergenten Ebene kausale Fähigkeiten zulässt, die nicht unter physikalische Gesetze fallen (die also nicht durch die Gesetze „fixiert" sind), sind mit dieser Voraussetzung unvereinbar. Wenn in einem solchen Fall die *physikalische* Welt durch deterministische Gesetze beschrieben würde, dann wäre die Welt als Ganzes vielleicht gleichwohl indeterministisch, weil im mentalen Bereich der denkenden Substanzen oder der mentalen kausalen Kräfte verschiedene zeitliche Verläufe zulässig wären.

Der naturgesetzliche Determinismus, wenn er als Herausforderung für die Willensfreiheit verstanden werden soll, verlangt also, dass unsere Welt durch eine Theorie (oder eine Menge von Naturgesetzen), die die Zustände der Welt vollständig erfasst, charakterisiert wird. Diese Forderung lässt sich durch einen Rückgriff auf frühere Formen des Determinismus plausibilisieren. Gottes Vorsehung ist nur dann ein Problem für die Willensfreiheit des Menschen, wenn die Vorsehung sich auf vollständige Zustände der Welt bezieht, insbesondere auch auf das, was Menschen tun. Wenn das menschliche Verhalten von der göttlichen Vorsehung ausgenommen wäre, gäbe es keinen Konflikt mit der Willensfreiheit und wir müssten die Herausforderung des (theologischen) Determinismus gar nicht erst ernst nehmen. Ganz entsprechend ist die Situation im Falle des naturgesetzlichen Determinismus. Eine Spannung zur Willensfreiheit ergibt sich nur dann, wenn angenommen wird, dass die Naturgesetze auch auf das Verhalten von Menschen zutreffen.

Es muss nicht angenommen werden, dass eine solche Theorie in ihrem eigenen Vokabular alle makroskopischen Phänomene bis hin zur Ästhetik der 12-Ton-Musik erklären kann, wohl aber, dass die allumfassende Theorie alle makroskopischen Phänomene, d.h. alle makroskopischen Verläufe *fixiert*. Alles, was geschieht, superveniert auf dem, was die allumfassende Theorie beschreibt. Insbesondere bedeutet das, dass, gegeben eine *theory of everything*, Zustand$_T$ und Zustand$_S$ zusammenfallen.

Der Determinismus, so wie wir ihn definiert haben, kann nur wahr sein, wenn es Gesetze oder eine allumfassende Theorie gibt, unter die alles Geschehen in der Welt fällt. Wenn es eine solche Theorie nicht gibt, ist *per definitionem* der (naturgesetzliche) Indeterminismus wahr. Die Voraussetzung für die Wahrheit des

Determinismus ist allerdings nur, dass es eine solche Theorie oder solche Naturgesetze *gibt*, nicht dass wir sie auch kennen.

Wollen wir allerdings überprüfen, ob der Determinismus wahr ist, dann müssen wir überprüfen, ob eine solche *theory of everything* auf unsere Welt zutrifft und ob diese deterministisch ist.

Die empirische Überprüfung des Determinismus bzw. des Indeterminismus erfordert die folgenden Schritte:

(1) Eine empirische Fragestellung: Trifft eine bestimmte Theorie T, die die Zustände der Welt vollständig erfasst und ihre zeitliche Entwicklung beschreibt, auf die Welt als Ganzes zu?

(2) Eine Fragestellung, die eine solche des logischen Folgens ist: Falls eine solche Theorie T gefunden wurde: Ist diese Theorie deterministisch$_T$?

(3) Falls die Theorie indeterministisch$_T$ ist, d.h. die Theorie Welten zulässt, derart, dass sie zu einem Zeitpunkt bezüglich ihres Zustandes übereinstimmen, zu anderen aber nicht, ist zu fragen, ob wir gute Gründe haben anzunehmen, dass unsere Welt eine dieser Welten ist.

Wie oben bereits erwähnt, impliziert der Theoriendeterminismus für solche Welten, die durch die Theorie vollständig beschrieben werden, den Systemdeterminismus. Wenn eine solche Theorie allerdings indeterministisch ist, folgt der Systemindeterminismus für unsere Welt nur dann, wenn die nicht-eindeutigen Lösungen (Welten) „physikalische Lösungen" sind. Damit ist Folgendes gemeint:

Im Abschnitt 2.4.2 wurde erläutert, dass ohne weitere Zusatzannahmen weder der Systemdeterminismus den Theoriendeterminismus noch der Theoriendeterminismus den Systemdeterminismus impliziert. Das gilt natürlich auch für die Negationen dieser Thesen. Aus einem Theorienindeterminismus folgt nicht ohne weiteres ein Systemindeterminismus.

Bewegungsgleichungen lassen oft Lösungen zu, die auf der Grundlage von induktiv gestützten Zusatzannahmen als physikalisch unplausibel ausgeschlossen werden können. Solche Lösungen (Welten) sind dann zwar mathematisch möglich, aber „unphysikalisch". Ein Beispiel sind die Maxwell-Gleichungen, die mathematisch sowohl so genannte „avancierte" als auch so genannte „retardierte" Lösungen zulassen. Diese entsprechen

einlaufenden und auslaufenden elektromagnetischen Wellen.
Erstere werden als unphysikalisch verworfen, weil sie, so die übliche Formulierung, bestimmten Kausalannahmen widerspre-
chen (vgl. Frisch 2014, Kap. 7 für eine Diskussion dieser Strategie). Wichtig ist, dass solche Zusatzannahmen, mittels derer bestimmte Lösungen (Welten) als unphysikalisch ausgeschlossen
werden, selbst empirisch gestützt sind (das gilt auch für die
soeben erwähnten so genannten Kausalannahmen). Ein anderes
Beispiel für eine mathematisch mögliche, aber unphysikalische
Lösung hatte ich im Zusammenhang mit der Nortonkuppel erwähnt. In diesem Fall hatten wir es mit einem Fall von Theorienindeterminismus zu tun, weil aber der betrachtete Fall als „unphysikalisch“ eingeschätzt wird, folgt dann kein Systemindeterminismus. (Die Nortonkuppel wird noch ausführlich in Abschnitt 3.2.1 diskutiert.)

Kurzum, für die Frage, ob bestimmte Systeme oder Welten
(in)deterministischs sind, spielen auch Zusatzannahmen eine
Rolle. Das unterscheidet die Überprüfung des Determinismus
aber nicht von der Überprüfung anderer empirischer Hypothesen.[10]

---

[10] Eine interessante Frage ist, ob der Determinismus, wenn er als
eine metaphysische These verstanden würde, empirisch überprüft werden kann. Das hängt davon ab, was man unter „metaphysisch“ versteht.
Wenn man darunter „spekulativ“ oder „nicht-empirisch“ versteht, dann
ist sie definitionsgemäß nicht empirisch überprüfbar. Wenn man dagegen so etwas wie die oben zitierte These MD im Blick hat, dann gilt
Folgendes: Ist der Determinismus die These, dass der Zustand Z_1 den
Zustand Z_2 mithilfe der Gesetze irgendwie metaphysisch erzwingt,
dann wäre die These sicherlich falsifizierbar. Denn wenn bezogen auf
ein System auf den Zustand Z_1 der Zustand Z_2 nicht folgt, dann ist er
auch sicherlich nicht erzwungen worden. Ob sich auch hinreichende
positive Belege für die These finden lassen, hängt dann davon ab, was
unter „erzwingen“ verstanden wird. Wenn man hier „Erzwingen“
durch den Begriff der Invarianz ausbuchstabiert, sollte das „Erzwingen“ auch positiv empirisch bestätigt werden können (vgl. dazu
Woodward 2018 oder Hüttemann 2021, Kap. 1).

2.6 Einwände

Manche Autoren behaupten das Gegenteil dessen, wofür ich bisher argumentiert habe:

Der Determinismus ist keine wissenschaftliche Theorie über einen bestimmten Gegenstandsbereich, sondern eine empirisch nicht überprüfbare These über den Weltverlauf als Ganzes. (Keil 2018, 63)

Was könnte für eine solche Behauptung sprechen? Ich werde zwei Überlegungen näher betrachten.

(1) Der Determinismus kann deshalb keine empirische These sein, weil er eine Präsupposition für unser Verständnis der Welt ist.

(2) Der Determinismus kann deshalb keine empirische These sein, weil eine solche Überprüfung unüberwindbaren Hindernissen ausgesetzt wäre.

2.6.1 Determinismus als Präsupposition

Peter Bieris Buch *Das Handwerk der Freiheit* beginnt mit einem Argument, das zeigen soll, dass wir eine Welt, in der der Determinismus nicht gilt, nicht denken können:

Unsere Idee der Welt ist die Idee einer verständlichen Welt. Es ist die Idee einer Welt, in der wir verstehen können, *warum* etwas geschieht. Zwar gibt es darin vieles, was wir nicht verstehen, und vermutlich wird das immer so bleiben. Trotzdem denken wir, ist die Welt eine Gesamtheit von Phänomenen, in die wir Licht bringen können, indem wir uns erklären, warum die Phänomene so sind wie sie sind. Selbst wenn dieser Gedanke eine Täuschung wäre: Anders können wir nicht über die Welt denken. … Der Gedanke, dass eine verständliche Welt eine Welt ist, in der es Bedingungen und Gesetze gibt, die festlegen, wann was geschieht, hat eine wichtige Konsequenz: Die Vergangenheit legt in einer solchen Welt eine einzige, eindeutig bestimmte Zukunft fest. (Bieri 2001, 15/16)

Bieri präsentiert uns hier so etwas wie ein transzendentales Argument für die These, dass eine Welt gar nicht anders als eine deterministische begriffen werden kann. Wäre das der Fall, wäre es natürlich müßig, nach empirischen Belegen für den Determinismus oder den Indeterminismus zu suchen.[11]

Aber warum sollte man Bieris Argument akzeptieren? Wir erklären Phänomene mithilfe probabilistischer Gesetze, die keine eindeutig bestimmte Zukunft erfordern. Die Physiker und Physikerinnen, die sich davon überzeugt hatten, dass die Quantenmechanik indeterministisch sei, haben keineswegs aufgehört, die Welt erklären zu wollen. Es mag durchaus so sein, dass sich – etwa mittels transzendentaler Argumente – Bedingungen für die Verständlichkeit der Welt angeben lassen, aber der Determinismus ist sicherlich keine solche Bedingung. Das legt zumindest die Geschichte der Physik nahe.

2.6.2 *Hindernisse für die empirische Überprüfung des Determinismus*

Geert Keil hält den Determinismus für eine „spekulative Doktrin" (Keil 2018, 133). Ich werde eine Reihe von Überlegungen anführen, die sich mit Hindernissen für die empirische Überprüfbarkeit auseinandersetzen, und die, wenn sie zuträfen, die These, dass der Determinismus eine spekulative Doktrin sei, motivieren könnten.

Hindernis 1:
Der Determinismus setzt voraus, dass es zeitliche Verlaufsgesetze gibt. Die fundamentalen Gesetze der Physik, so Keil, sind aber keine zeitlichen Verlaufsgesetze:

---

[11] Marij van Strien hat darauf hingewiesen, dass unter den französischen Mathematikern, die sich im 19. Jahrhundert mit nicht-eindeutigen Lösungen von Differentialgleichungen beschäftigt haben, die Auffassung verbreitet war, dass der Determinismus als wahr vorausgesetzt werden muss: „whereas in the contemporary literature on determinism in classical physics, determinism is usually taken to be a property of the equations of physics, in the nineteenth century determinism was primarily taken to be a presupposition of theories in physics." (van Strien 2014, 167) Gab es mehr als eine Lösung einer Differentialgleichung, die zur Beschreibung physikalischer Systeme verwandt wurde, wurde deshalb nach zusätzlichen Gründen gesucht, die es ermöglichen, eine bestimmte Lösung als die „richtige" Lösung auszuzeichnen.

Die fundamentalen Naturgesetze, auf deren Entdeckung die Physiker mit Recht stolz sind, sind aber überhaupt keine Sukzessionsgesetze über Ereignisse, sondern Koexistenzgesetze über Universalien, Erhaltungssätze, Aussagen über Kräftegleichgewichte und Symmetriegesetze. (Keil 2018, 56)

Diese Behauptung scheint mir schlicht unzutreffend zu sein. Das zweite Newtonsche Gesetz, die Maxwellschen Gleichungen und die Schrödingergleichung sind allesamt erstens fundamentale Gesetze bzw. Gleichungen innerhalb der jeweiligen Theorien und zweitens sind es Differentialgleichungen, in denen Ableitungen nach der Zeit vorkommen, und erlauben daher, zeitliche Verläufe der Zustände von Systemen zu beschreiben. Insofern handelt es sich um Verlaufsgesetze. Wenn es derartige zeitliche Verlaufsgesetze nicht gäbe, wäre die Physik auch gar nicht in der Lage, das Verhalten von Systemen vorauszuberechnen und vorherzusagen.

Hindernis 2[12]:
Wir benötigen eine Theorie, die die Welt als Ganzes beschreibt. Alle unsere empirischen Belege sind jedoch Belege für das Verhalten von (kleinen) Teilen der Welt. Selbst wenn sich das Verhalten *dieser* Systeme mit Hilfe deterministischer (oder indeterministischer) Theorien beschreiben lässt, stellt sich die Frage, ob wir auf die Welt als Ganzes extrapolieren dürfen.

Wie dieses Problem gelöst werden kann, möchte ich anhand des Beispiels der Quantenmechanik erläutern. Entscheidend ist, dass wir empirische Belege für zwei unterschiedliche Arten von Gesetzen haben. Erstens gibt es für eine große Zahl unterschiedlicher Systeme Belege dafür, dass sich ihr Verhalten mittels der Schrödingergleichung beschreiben lässt — im Grunde für alle Systeme, von denen wir hinreichend genaue Kenntnis haben, um Kräfte etc. zu bestimmen. (Die Schrödingergleichung selbst ist so etwas wie ein zeitliches Verlaufsschema, das zu präzisen empirischen Vorhersagen nur dann führt, wenn man Annahmen über die wirkenden Kräfte/Potentiale und über Anfangszustände macht (die natürlich ihrerseits empirisch gestützt sein

---

[12] Diese Frage wird oft von Studierenden aufgeworfen.

sollten).) All diese Belege betreffen Teilsysteme des Universums. Das zweite, das wir haben, sind Zusammensetzungsgesetze. Diese Gesetze erlauben uns, wenn wir das Verhalten zweier Teilsysteme kennen, das Verhalten des zusammengesetzten Systems zu beschreiben. In der Quantenmechanik gilt z. B. das folgende Zusammensetzungsgesetz, das vorschreibt, wie ein zusammengesetztes System charakterisiert wird, wenn die Charakterisierungen der Teilsysteme gegeben sind:

IVa. Let one physical system be described by an algebra of operators, A_1, in the space R_1, and the other physical system by an algebra A_2 in R_2. The direct-product space $R_1 \otimes R_2$ is then the space of physical states of the physical combinations of these two systems, and its observables are operators in the direct-product space. The particular observables of the first system alone are given by $A_1 \otimes I$, and the observables of the second system alone are given by $I \otimes A_2$ (I = identity operator). (Bohm 1986, 147)

Es zeigt sich, dass wir erfolgreich vorhersagen können, wie sich zusammengesetzte Systeme verhalten werden, wenn wir die Teilsysteme und die möglichen Wechselwirkungen derselben kennen, und deshalb gibt es auch für diese Zusammensetzungsgesetze unzählige Belege. Die empirischen Belege erlauben uns induktiv zu schließen, dass diese Zusammensetzungsgesetze ganz allgemein gelten, d.h. für beliebig komplexe quantenmechanische Teilsysteme. Entscheidend ist also, dass wir nicht nur empirische Belege dafür haben, dass sich alle möglichen Systeme in der Welt gemäß der Schrödingergleichung verhalten, sondern auch dafür, wie sich mittels empirisch ebenfalls getesteter Zusammensetzungsgesetze Beschreibungen für zusammengesetzte Systeme auch für die Welt als Ganzes generieren lassen, die dann ebenfalls der Schrödingergleichung genügen.

Mit Blick auf die Überprüfung des Determinismus oder des Indeterminismus bedeutet das, dass wir empirische Belege für den Determinismus (oder für den Indeterminismus) sammeln können, weil aus den Zusammensetzungsgesetzen und den Verlaufsgesetzen, die wir an Teilen des Universums überprüfen, folgt, welche Gleichungen (und Lösungen) für das Universum als Ganzes gelten.

Hindernis 3:
Ein weiterer Einwand ist der folgende:

Um den Determinismus auf den Prüfstand zu stellen, müsste man das Universum zweimal in exakt denselben Zustand versetzen können. Solange man dies nicht kann, lässt sich das unterschiedliche Verhalten eines Systems bei der Wiederholung eines Experiments stets den minimal unterschiedlichen Anfangs- oder Randbedingungen zuschreiben. Die Welt ist eben nur einmal da und besitzt keine Neustarttaste. (Keil 2018, 57/8)

Antwort: Zunächst einmal sei zugegeben, dass nichts dafürspricht, dass wir die Fähigkeit besitzen, das Universum zweimal in denselben Zustand zu versetzen. Das liegt u.a. daran, dass es *grundsätzlich* ausgeschlossen zu sein scheint, jemals irgendein System in ganz genau denselben Zustand zu versetzen. Wiederholungen von Experimenten scheinen daher ausgeschlossen zu sein. Diese Art von Replikationsproblem betrifft empirische Überprüfungen ganz grundsätzlich und ist daher kein spezifisches Problem der Überprüfung des Determinismus. Da ich lediglich zeigen möchte, dass bei der Überprüfung des Determinismus keine grundsätzlich neuartigen Probleme auftauchen, kann ich die Frage, wie dieses Problem in den Naturwissenschaften praktisch gelöst wird, außen vorlassen.

Zuzugeben ist allerdings, dass den Zustand des Universums experimentell fixieren zu wollen vermutlich zu größeren praktischen Schwierigkeiten führen würde im Vergleich zu Versuchen der experimentellen Festlegung der Zustände vieler Teilsysteme des Universums.

Trotz dieses Zugeständnisses gilt aber auch: Das Universum zweimal in exakt denselben Zustand zu versetzen ist weder eine hinreichende noch eine notwendige Bedingung der Überprüfung des Determinismus. Angenommen, ich hätte es mit einer Münze zu tun und fragte mich, ob das Verhalten derselben deterministisch oder genuin indeterministisch ist. Wenn nun die Münze zweimal unter exakt denselben Bedingungen Kopf anzeigt, ist für die Frage, ob das System deterministisch ist, noch nicht viel gewonnen. (Wenn sich allerdings in sehr vielen Fällen niemals Zahl zeigen würde, wäre das etwas anderes, und wenn sich – unter exakt denselben Bedingungen – einmal Kopf und

einmal Zahl ergäbe, wäre dies hinreichende Evidenz für den Indeterminismus.)

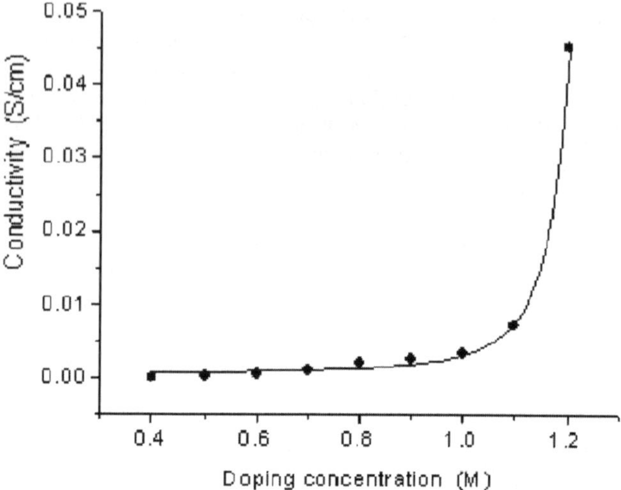

Abb. 2.1

Für die Betrachtung des Hindernisses wesentlicher ist aber, dass
das mehrmalige Versetzen des Universums in ein und denselben
Zustand auch nicht notwendig ist, um den Determinismus empirisch zu überprüfen, denn wir können gute empirische Belege
für das Bestehen von Sachverhalten haben, für die wir keine *di-
rekten* empirischen Belege haben.

Das Hindernis-3-Argument unterstellt, dass sich die Bestäti-
gung auf die Werte eines Gesetzes beschränkt, die experimentell
(oder auf andere Weise) realisiert wurden. Das ist aber in der
wissenschaftlichen Praxis nicht der Fall, wie der folgende (beliebige) Fall illustriert.

Die eingezeichneten Werte sind Belege für einen funktionalen Zusammenhang zwischen zwei mit Blick auf unsere Diskussion beliebige Größen (elektrische Leitfähigkeit eines Materials
und die Konzentration von so genannten Dotierungen in diesem
Material). Dieser Zusammenhang gilt nun nicht nur für die tatsächlich gemessenen Werte, sondern auch für die Werte zwischen den eigentlichen Messwerten. Die experimentellen Daten

für die Konzentrationen 0,4, 0,5, 0,6, usw. sind nicht nur Belege dafür, dass der funktionale Zusammenhang an genau diesen Stellen besteht, sondern auch dafür, dass er z.B. an der Stelle 0,55 oder 1,03 besteht. Es sind also Belege für den funktionalen Zusammenhang als Ganzes.

Es kann darüber hinaus sogar (hinreichend gute) empirische Belege für Vorgänge oder Sachverhalte geben, die experimentell nicht realisierbar sind. Folgendes Beispiel, das Salviati, der üblicherweise Galileis Position vertritt, in dessen *Unterredungen* vorträgt, mag dies verdeutlichen:

Wir sahen, dass die Differenz der Geschwindigkeiten verschiedener Körper von verschiedenem (spezifischem) Gewicht im allgemeinen größer war in den stärker widerstehenden Medien: aber im Quecksilber sinkt Gold nicht nur schneller als Blei, sondern Gold allein sinkt überhaupt, während alle anderen Metalle und Steine emporsteigen und schwimmen; andererseits aber fallen Gold, Blei, Kupfer, Porphyr und andere schwere Körper mit fast unmerklicher Verschiedenheit in der Luft; Gold von 100 Ellen Höhe kaum 4 Fingerbreit früher als Kupfer: angesichts dessen glaube ich, dass, wenn man den Widerstand der Luft ganz aufhöbe, alle Körper ganz gleich schnell fallen würden. (Galilei 1987, 344)

Es wird hier für die These argumentiert, dass Körper im Vakuum – unabhängig von ihrer spezifischen Dichte – gleich schnell fallen. Ein Vakuum lässt sich zwar nicht realisieren, aber aufgrund der vorliegenden Belege, wonach die Geschwindigkeitsdifferenz der unterschiedlich schweren Körper abnimmt, je weniger dicht das Medium ist, in dem sie fallen, lässt sich auf das Verhalten der Körper im Vakuum extrapolieren.

Auch im Falle der Überprüfung des Determinismus ist eine solche Extrapolation möglich, wie ich sie oben schon beschrieben habe: Wenn empirisch gut belegt ist, dass die Systeme, die wir für gewöhnlich untersuchen, deterministischen (oder indeterministischen) Verlaufsgesetzen genügen, und wir darüber hinaus empirische Belege für die Gültigkeit von Zusammensetzungsgesetzen haben, die uns zu charakterisieren erlauben, wie sich zusammengesetzte Systeme verhalten, wenn man das Verhalten der Teile kennt, dann können wir auch auf die Verlaufsgesetze schließen, die das Universum als Ganzes charakterisieren, selbst dann, wenn wir niemals den Zustand des Universums festlegen oder auch nur kennen können. Wenn die Differentialgleichungen, mittels derer diese Verlaufsgesetze den Gang des Universums beschreiben, nur eindeutige Lösungen bei gegebenen Anfangszuständen zulassen, dann dürfen wir schließen, dass sich das Universum, wenn es zweimal in demselben Anfangszustand wäre, exakt auf dieselbe Weise weiterentwickeln würde.

Hindernis 4:

Es gibt ein Argument, das unabhängig von dem Inhalt der Gesetze oder Theorie – gestützt allein auf die Form der Gesetze – zu zeigen scheint, dass der Indeterminismus wahr ist. Damit der Determinismus wahr ist, so das Argument, müssen die zeitlichen Verlaufsgesetze ausnahmslos gelten. Naturgesetze sind aber typischerweise *ceteris paribus*-Gesetze (Keil 2018, 55, Steward 2022 diskutiert diesen Einwand ebenfalls, ohne sich ihn aber zu eigen zu machen). Wenn die fundamentalen Verlaufsgesetze nur *ceteris paribus* gelten, dann gelten sie nicht universell und können insbesondere keinen eindeutigen Verlauf unserer Welt repräsentieren. („Der Grund dafür ist schnell genannt: Es kann jederzeit passieren, dass just in dem Moment, wo das A-Ereignis eingetreten ist und das B-Ereignis folgen müsste, etwas dazwischenkommt." (Keil 2018, 55)) Selbst dann, wenn der Inhalt eines solchen Gesetzes deterministisch wäre (also mit bestimmten Anfangsbedingungen nur ein zeitlicher Verlauf der weiteren Zustände kompatibel wäre), wäre gleichwohl kein Grund gegeben, den Determinismus für wahr zu halten. Denn das, was das Gesetz sagt, gilt ja nur, falls nichts dazwischenkommt – es sind so genannte *exklusive ceteris paribus*-Gesetze (diese Terminologie wird von Schurz (2002) diskutiert). Für den Fall, dass die Bedingung der Abwesenheit von Störfaktoren nicht erfüllt ist, macht das Gesetz keine Aussage. Insbesondere lässt sich dann nicht behaupten, dass die Verläufe der Systeme eindeutig festgelegt sind, denn was passiert, wenn etwas dazwischenkommt, bleibt offen. Es bleibt auch offen, ob überhaupt etwas dazwischenkommt. Der Indeterminismus wäre wahr. Eine weitere empirische Prüfung wäre nicht notwendig.

Die These, dass es *ceteris paribus*-Gesetze sogar „all the way down", also in allen wissenschaftlichen Bereichen, auch in der Physik, gibt, halte ich für gut begründet (vgl. Hüttemann 2014). Ein Beispiel ist das erste Newtonsche Gesetz:

Jeder Körper verharrt in seinem Zustand der Ruhe oder der gleichförmig-geradlinigen Bewegung, sofern er nicht durch eingedrückte Kräfte
zur Änderung seines Zustands gezwungen wird. (Newton 1988, 53)

Das erste Newtonsche Gesetz macht eine Aussage über die zeitliche Entwicklung eines Systems unter der Bedingung, dass es
keine externen Kräfte gibt. Das Gesetz lässt offen, was passiert,
wenn externe Kräfte wirken. Wenn aber offenbleibt, was in Zukunft passiert, liegt kein Determinismus vor, selbst wenn für all
jene Fälle, in denen die fraglichen Bedingungen erfüllt sind, ein
eindeutiger Verlauf vorhergesagt wird.

Dem Hindernis-4-Einwand ist entgegenzuhalten, dass aus
dem Umstand, dass es *ceteris paribus*-Gesetze „all the way down"
gibt, nicht folgt, dass die fundamentalen Theorien indeterministisch sind. Das kann man am Beispiel der klassischen Mechanik
deutlich machen.

Grundsätzlich impliziert das Zugeständnis, dass es auch in
der Physik *ceteris paribus*-Gesetze gibt, nicht, dass *alle* Gesetze der
Physik *ceteris paribus*-Gesetze sind. Insbesondere gibt es keinen
erkennbaren Grund, diejenigen Gesetze, die ich oben schon als
Beispiele für fundamentale Verlaufsgesetze angegeben habe, als
ceteris paribus-Gesetze zu klassifizieren. Das zweite Newtonsche
Gesetz (anders als das erste), die Schrödingergleichung und die
Maxwellgleichungen gelten allesamt ohne *ceteris paribus*-Vorbe-
halt (vgl. dazu auch Earman und Roberts 1999). Für den Fall der
klassischen Mechanik bedeutet das konkret, dass mit dem Umstand, dass das erste Newtonsche Gesetz offenlässt, was passiert,
wenn externe Kräfte wirken, verträglich ist, dass es ein weiteres
Gesetz gibt (das zweite Newtonsche Gesetz), das genau beschreibt, was bei der Einwirkung derartiger Kräfte passiert.

Das erste Newtonsche Gesetz (wie andere exklusive *ceteris paribus*-Gesetze auch) lässt offen, was passiert, wenn es Störfaktoren (in diesem Fall sind das externe Kräfte) gibt. Ein solches Gesetz, eine solche Beschreibung setzt voraus, dass es etwas gibt,
das in ihr nicht berücksichtigt wurde. Das zweite Newtonsche
Gesetz, angewandt auf die Welt als Ganzes, verlangt nun aber,
dass nichts ausgelassen wird, dass insbesondere alle wirkenden
Kräfte berücksichtigt werden. Es gibt dann (anders als bei exklu-
siven *ceteris paribus*-Gesetzen) zu einem Zeitpunkt t, der als Ausgangspunkt für die weitere Entwicklung des Systems herange-

zogen wird, keine externen Kräfte oder Störfaktoren. Die Anwendung des zweiten Newtonschen Gesetzes (gleiches gilt für die Schrödingergleichung) auf das Universum als Ganzes schließt aus, dass es zum Zeitpunkt *t* Faktoren gibt, die später als Störfaktoren wirken können – schließt also aus, dass es sich um ein im gewöhnlichen Sinne exklusives *ceteris paribus*-Gesetz handelt.[13]

Kurzum: Es mag – auch in der Physik – zahlreiche *ceteris paribus*-Gesetze geben. Das ist aber für unsere Fragestellung irrelevant, solange die fundamentalen Theorien, wie z. B. die klassische Mechanik oder die Quantenmechanik, mit ihren jeweiligen Bewegungsgleichungen, angewandt auf den Gesamtzustand der Welt zu einem Zeitpunkt *t*, keine *ceteris paribus*-Vorbehalte benötigen.

Hindernis 5: Unterbestimmtheit

Patrick Suppes hat bestritten, dass die Frage, ob die Welt deterministisch ist, empirisch geklärt werden kann. „Deterministic metaphysicians can comfortably hold to their view knowing that they cannot be empirically refuted, but so can indeterministic ones as well." (Suppes 1993, 254)

Sein Ausgangspunkt ist die Frage, wie wir bei einem System, dessen Verhalten wir beobachten, entscheiden können, ob die beobachteten Messdaten durch ein zugrunde liegendes deterministisches oder indeterministisches Verhalten des Systems generiert wurden. Suppes verweist auf ein Theorem, das von dem

---

[13] Es sei an dieser Stelle explizit darauf hingewiesen, dass mit der vorangegangenen Überlegung die so genannten „space invaders", die gerade im Kontext der klassischen Mechanik viel diskutiert wurden, nicht ausgeschlossen werden (space invaders werden später noch ausführlich in Abschnitt 3.2.2 diskutiert). Space invaders sind Störfaktoren, die *nach* dem von uns betrachteten Zeitpunkt *t* Teil des Universums werden. Ob solche space invaders möglich sind, hängt von der jeweiligen Theorie ab (vgl. dazu Earman 2008). Die Frage hängt demnach von dem *Inhalt* der Gesetze bzw. Theorien ab. Wir sind damit aber wieder bei der Frage, ob eine Theorie im Sinne des Theoriendeterminismus deterministisch ist. Der Einwand bezüglich der *ceteris paribus*-Vorbehalte betraf aber nicht den Inhalt der Gesetze oder Theorien, sondern ihre Form – genauer: ihre Qualifikation durch *ceteris paribus*-Vorbehalte.

Mathematiker Donald Ornstein bewiesen wurde (Diskussion z.
B. in Ornstein und Weiss 1991, 39/40 und 93–96) und von Suppes folgendermaßen zusammengefasst wird:

There are processes which can equally well be analyzed as deterministic systems of classical mechanics or as indeterministic semi-Markov processes, no matter how many observations are made. (Suppes 1993, 254)

Deterministische und indeterministische Prozesse oder deterministische und indeterministische Systeme können demnach also dieselben Beobachtungsdaten generieren. Auf empirischem Wege, so Suppes, lasse sich deshalb nicht entscheiden, ob die Welt deterministisch oder indeterministisch ist.

Suppes' Argument wurde in der Folge kontrovers diskutiert (Werndl 2009, 2013 & 2016, Winnie 1997 und Wüthrich 2011). Charlotte Werndl (2016) führt zwei hilfreiche Unterscheidungen an, um Suppes' These genauer zu bewerten. Erstens unterscheidet sie *gegenwärtig* mögliche Beobachtungen von *prinzipiell* möglichen Beobachtungen, d.h. von solchen, bei denen der Beobachtungsgenauigkeit keine Grenzen gesetzt sind. Falls es um prinzipiell mögliche Beobachtungen geht, gibt es eine Asymmetrie zwischen den zugrunde liegenden deterministischen und indeterministischen Modellen. Ein deterministisches Modell lässt es im Allgemeinen zu, immer genauere Beobachtungsdaten zu generieren, während das bei einem stochastischen (indeterministischen) Modell nicht der Fall ist (Werndl 2016, 217/8; siehe auch Winnie 1997, 317 und Wüthrich 2011, 369). Aber auch bezogen auf gegenwärtig mögliche Beobachtungen folgt Suppes' These nicht. Hier kommt eine zweite Unterscheidung ins Spiel. Wenn zwei Modelle oder Theorien dieselben Beobachtungsdaten vorhersagen, folgt daraus nicht, dass sie auf dieselbe Weise von den Beobachtungsdaten gestützt werden, d.h. dass sie empirisch unterbestimmt sind. Modelle oder Theorien werden nicht allein durch die Daten gestützt, die sie direkt vorhersagen, sondern auch indirekt von anderen. Wenn eine Theorie oder ein Modell T/M ein Spezialfall einer sehr gut gestützten übergeordneten Theorie ist, wird die Theorie/das Modell T/M indirekt auch durch die Evidenz für die übergeordnete Theorie gestützt, während das bei dem konkurrierenden Modell vielleicht nicht der Fall ist, etwa weil die Annahmen, auf denen dieses Modell beruht, *ad hoc*-Annahmen sind. Also selbst in den Fällen, in denen deterministische und indeterministische Modelle die Beobachtungsdaten gleichermaßen genau vorhersagen, folgt nicht, dass es sich um einen Fall von empirischer Unterbestimmtheit handelt. Die konkurrierenden Modelle werden im Allgemeinen unterschiedlich gut durch die Gesamtheit der Beobachtungsdaten gestützt sein.

Insgesamt zeigt sich also, dass sich Suppes' weitreichende Behauptung, die Frage, ob die Welt deterministisch oder indeterministisch sei, lasse sich nicht empirisch klären, nicht halten lässt. Anders als von Suppes nahegelegt gibt es keine guten Gründe anzunehmen, dass das Problem der empirischen Unterbestimmtheit im Falle der Frage des Determinismus und des Indeterminismus eine grundsätzlich andere Rolle spielt als in anderen Fällen konkurrierender empirischer Modelle oder Hypothesen.

2.7 Fazit

Ob unsere Welt deterministisch oder indeterministisch ist, lässt sich an den Theorien ablesen, die die Zustände unserer Welt vollständig beschreiben. Ob eine dieser Theorien wahr ist, ist eine empirisch zu überprüfende Frage. Keiner der Einwände, die darauf abzielten zu zeigen, dass eine solche empirische Überprüfung grundsätzlichen Schwierigkeiten ausgesetzt ist, die bei der Überprüfung anderer empirischer Hypothesen nicht auftreten, konnte überzeugen. Entscheidend ist also, zunächst empirisch zu klären, was die *theory of everything* ist, um dann zu überprüfen, ob diese Theorie für physikalisch plausible Bedingungen nur eindeutige zeitliche Verläufe zulässt oder nicht. Da es eine solche *theory of everything* gegenwärtig nicht gibt, bleibt uns mit Blick auf die Frage, ob der Determinismus oder der Indeterminismus wahr ist, nichts anderes als abzuwarten.

3 Sind die Theorien der Physik deterministisch?

Der Determinismus – so wie er im vorangegangenen Kapitel definiert wurde – ist eine *empirische* These, denn die These, dass unsere Welt deterministisch ist (wie auch die These, dass sie indeterministisch ist), hängt davon ab, welche Theorie unsere Welt am besten beschreibt. Welche Theorie dies ist, ist nur durch empirische Methoden zu ermitteln.

Von einer finalen Theorie erwarten wir, dass sie die Zustände der Welt vollständig beschreibt. Welche weiteren Kriterien sie erfüllen sollte, können wir hier weitestgehend offenlassen. Es gibt aber einen Konsens, dass die Theorien, die in der Physik bislang verwendet werden, z.B. die allgemeine Relativitätstheorie oder die Quantenmechanik, nicht selbst schon eine finale Theorie oder eine *theory of everything* sind. Beide Theorien bieten partielle Beschreibungen der Wirklichkeit; von einer finalen Theorie wird aber eine umfassende einheitliche Beschreibung z.B. aller Wechselwirkungen erwartet. Eine solche Theorie gibt es aber noch nicht, wenn es auch eine Reihe von Kandidatinnen gibt, die diskutiert werden.

Weil die Frage nach der finalen Theorie empirisch noch offen ist, lässt sich auch noch nicht klären, ob eine solche Theorie deterministisch oder indeterministisch ist. Man könnte argumentieren, dass wir nun eben abwarten müssen, bis eine solche Theorie empirisch bestätigt ist. Das ist auch richtig. Aber es lohnt sich gleichwohl auch jetzt schon ein Blick auf die gegenwärtig in der Physik zur Beschreibung der Welt benutzten Theorien. Nicht deshalb, weil zu vermuten ist, dass eine *theory of everything* einer der weiter unten diskutierten Theorien sehr ähnlich wäre. Die Geschichte der Physik hat gezeigt, dass dies nicht zu erwarten ist. Ein Blick auf die gegenwärtigen Theorien lohnt vor allem aus zwei Gründen. Erstens zeigt sich, dass es auf die Frage, ob eine Theorie deterministisch ist (die Frage des Theoriendeterminismus), keine einfache Antwort gibt: vielmehr wird eine Antwort von einer ganzen Reihe von Annahmen abhängig sein, u.a. davon, welche Aussagen als Teil einer Theorie betrachtet werden. Zweitens zeigt sich, dass Theorien auf sehr unterschiedliche Weise indeterministisch sein können (falls sie es denn sind). Dieser Befund ist deshalb wichtig, weil – wie sich dann später zeigen wird (Kap. 6) – nicht jede Form des Indeterminismus für Positionen in der Willensfreiheitsdebatte, wie z. B. den Libertarismus, interessant ist.

Im Folgenden werde ich einige Aspekte der Diskussionen um den Determinismus verschiedener Theorien darstellen, die für unsere Fragen von besonderem Interesse sind. Der klassischen Mechanik werde ich mich dabei am ausführlichsten widmen, denn hier kann man am einfachsten deutlich machen, dass und von welchen Annahmen die Frage, ob eine Theorie deterministisch ist, abhängen kann (Abschnitt 3.2). Im Kontext der Relativitätstheorien werde ich vor allem in den Blick nehmen, wie die Determinismusdefinition angepasst werden kann, da die Definitionen aus Kapitel 2 einen Begriff von Gleichzeitigkeit voraussetzen (über den Begriff des Zustands zu einer bestimmten Zeit), der in den Relativitätstheorien nicht mehr vorausgesetzt werden kann (Abschnitt 3.3). Schließlich werde ich in Abschnitt 3.4 skizzieren, wie die Frage des Determinismus im Kontext der Quantenmechanik von den Interpretationen derselben abhängen.

3.1 Grundbegriffe

Angenommen, ich habe mir gerade einen Kaffee gekocht, der jetzt die Temperatur 60° hat. Wenn ich die Tasse mit dem Kaffee 25 Minuten stehen lasse, wird er vermutlich bestenfalls warm sein. Aber wie warm genau? Gesucht wird eine Funktion $T(t)$, die mir in Abhängigkeit von der Zeit angibt, wie sich die Temperatur des Kaffees entwickelt. Wie findet man eine solche Funktion? Man könnte von folgenden Beobachtungen ausgehen: Man sieht zunächst, dass die Umgebungstemperatur T_u relevant ist: Auf lange Sicht gleicht sich die Kaffeetemperatur dieser Temperatur nicht nur an, es ändert sich auch die Abkühlungsrate des Kaffees in Abhängigkeit von der Umgebungstemperatur. Anfangs wird der Kaffee schneller kalt, d.h. die Temperaturveränderung ist groß und wird dann aber umso kleiner, je näher die tatsächliche Temperatur an der Umgebungstemperatur ist. Das heißt, dass die Änderung der Temperatur proportional zur Differenz von gegenwärtiger Temperatur und Umgebungstemperatur ist.

Diese Beobachtung wird durch das Newtonsche Abkühlungsgesetz zum Ausdruck gebracht: Die Temperaturänderung zu einem Zeitpunkt t (linke Seite der Gleichung) ist proportional zur Differenz zwischen der Umgebungstemperatur T_u und der momentanen Temperatur $T(t)$ (rechte Seite).

$$(D) \qquad \frac{dT(t)}{dt} = k(T_u - T(t))$$

k ist ein Proportionalitätsfaktor. Das Newtonsche Abkühlungsgesetz ist die Behauptung, dass sich Abkühlungsprozesse durch die Gleichung *(D)* beschreiben lassen.

Dies ist ein einfaches Beispiel dafür, wie sich die zeitliche Entwicklung eines Systems durch eine Differentialgleichung darstellen lässt, im Falle des Kaffees durch *(D)*. Differentialgleichungen sind Gleichungen für Funktionen, wie etwa für die Funktion $T(t)$, d.h. wenn man diese Gleichung löst, erhält man als Lösung eine Funktion. Der zweite wesentliche Punkt ist, dass in Differentialgleichungen Veränderungen beschrieben werden. Diese Änderungen werden durch die Ableitungen einer bestimmten Größe (z. B. nach der Zeit oder dem Ort) charakterisiert. Differentialgleichungen, die Änderungen von Funktionen bzgl. der Zeit beschreiben, sind deshalb geeignet, den zeitlichen Verlauf von Prozessen zu charakterisieren.

Der Inhalt des Abkühlungsgesetzes (und von vielen anderen Naturgesetzen) wird also wesentlich durch eine Differentialgleichung bestimmt. Die Differentialgleichung *(D)* ist eine so genannte *gewöhnliche* Differentialgleichung *erster Ordnung*. Mit „erster Ordnung" ist gemeint, dass nur erste Ableitungen vorkommen (während das zweite Newtonsche Gesetz, über das wir weiter unten reden werden, eine Differentialgleichung zweiter Ordnung ist, weil es zweite Ableitungen nach der Zeit enthält). „Gewöhnlich" heißt, dass die Differentialgleichung nur Ableitungen nach *einer* Größe (hier nach der Zeit t) enthält, während so genannte *partielle* Differentialgleichungen Ableitungen nach mehreren Größen (z. B. nach Zeit und Ort) enthalten. Wellengleichungen, wie sie in der Elektrodynamik vorkommen, sind Beispiele für partielle Differentialgleichungen.

Eine Lösung der Gleichung *(D)* ist eine Funktion $T(t)$, die den Temperaturverlauf in Abhängigkeit von der Zeit beschreibt. Eine solche Lösung erhält man in unserem Fall durch Integration. Da die Ableitung der Funktion *(dT(t)/dt)* zur Funktion selbst proportional ist, wird das irgendeine Exponentialfunktion sein. Im Allgemeinen gibt es eine Vielzahl solcher Lösungen, die sich z. B. bezüglich der Integrationskonstanten unterscheiden können. In unserem Fall und in vielen weiteren Fällen will man aber eine Differentialgleichung lösen und dabei zusätzlich einen Anfangswert berücksichtigen. Eine solche Problemstellung heißt „Anfangswertproblem" oder auch „Cauchyproblem".

Im Beispielsfall wäre dies die Lösung der Abkühlungsgleichung unter Berücksichtigung des Umstandes, dass der Kaffee anfangs 60° heiß gewesen ist, d.h. $T(t_0) = 60°$ ist. Unter dieser Zusatzbedingung hat die Gleichung *(D)*, wie sich zeigt, nur *eine* Lösung. Das Abkühlungsgesetz beschreibt dann den eindeutigen, d.h. deterministischen Verlauf der Abkühlung. Nach 25 Minuten ist der Kaffee kalt.

Mit Bezug auf bestimmte Differentialgleichungen oder im Blick auf bestimmte Anfangswertprobleme (d.h. Differentialgleichungen unter Berücksichtigung von Anfangsbedingungen) kann man einige ganz allgemeine Fragen stellen, die uns im weiteren Verlauf auch beschäftigen werden:

Existenz: Gibt es überhaupt Lösungen der Differentialgleichung? Eine positive Antwort ist nötig, ansonsten kann man mit der Differentialgleichung mit Blick auf das damit zu beschreibende Verhalten der Systeme nicht viel anfangen.

Eindeutigkeit: Gibt es bei gegebenen Anfangs- und evtl. Randbedingungen eine eindeutige Lösung? Diese Frage muss beantwortet werden, um zu klären, ob die Differentialgleichung selbst (bzw. das Gesetz/die Theorie) deterministisch$_T$ ist und ob die durch sie beschriebenen Systeme deterministisch$_S$ sind.

Es wird sich zeigen, dass die Eindeutigkeit der Lösungen oft von Zusatzannahmen abhängt. Deshalb stellt sich z.B. mit Blick auf die klassische Mechanik und die allgemeine Relativitätstheorie die weitere wichtige Frage, welche Bedingungen erfüllt sein müssen, damit die Lösungen eindeutig sind. Damit verschiebt sich dann der Fokus der Ausgangsfrage. Die Frage lautet dann nicht mehr einfach: Ist die Theorie/das Gesetz deterministisch?, sondern: Welche Bedingungen müssen (neben der Gültigkeit der Theorie/des Gesetzes) erfüllt sein, damit die Theorie/das Gesetz deterministisch ist?

3.2 Ist die klassische Mechanik deterministisch?

3.2.1 Die Nortonkuppel

Die klassische Mechanik galt lange Zeit als Paradigma einer deterministischen Theorie. In den letzten Jahrzehnten ist diese Einschätzung allerdings in Frage gestellt worden (durch Beispiele, die teils schon im 19. Jahrhundert diskutiert wurden, vgl. dazu van Strien 2014). Die Diskussion wird durch zwei Beispiele geprägt – die Nortonkuppel und die Rauminvasion. Ich werde in den folgenden Abschnitten beide Beispiele vorstellen, die Voraussetzungen der Beispiele analysieren und diskutieren, was dies für den Theoriendeterminismus und den Systemdeterminismus bedeutet.

In der klassischen Mechanik beschreibt Newtons zweites Gesetz die zeitliche Entwicklung der Bewegung eines Systems:

Die Bewegungsänderung ist der eingedrückten Bewegungskraft proportional und geschieht in der Richtung der geraden Linie, in der jene Kraft eindrückt. (Newton 1988, 53)

Dies entspricht einer gewöhnlichen Differentialgleichung zweiter Ordnung, weil die Bewegungsänderung (die Beschleunigung $a = d^2x/dt^2$) die zweite Ableitung des Ortes nach der Zeit ist. Mit der Masse m als Proportionalitätskonstante und der Kraft $F(x)$ erhalten wir die heute üblicherweise verwendete Gleichung (wobei wir von dem vektoriellen Charakter der Gleichung abgesehen haben):

(N) $F(x) = m\, d^2x/dt^2$

Lösungen dieser Differentialgleichung sind Funktionen $x(t)$, die angeben, wo sich das System (der Körper mit der Masse m) zum Zeitpunkt t befindet und wie sich dieser Ort in Abhängigkeit von der Zeit verändert.

Ist dieses Gesetz, ist diese Differentialgleichung deterministisch? Was müssen wir zur Beantwortung dieser Frage klären? Zur Erinnerung:

Theoriendeterminismus: Eine Theorie oder ein Naturgesetz ist deterministisch$_T$ genau dann, wenn für alle (aktualen oder möglichen) Systeme, auf die die Theorie oder das Naturgesetz zutrifft, gilt: Wenn zwei dieser Systeme zu einem Zeitpunkt hinsichtlich ihres Zustands$_T$ übereinstimmen, dann stimmen sie zu allen Zeitpunkten hinsichtlich ihrer Zustände$_T$ überein.

Es muss also geklärt werden, ob die Lösungen $x(t)$ der Differentialgleichung bei gegebenen Anfangswertproblemen eindeutig sind.

Solche Lösungen der Gleichung (N) hängen natürlich von der Kraft F(x), die auf den Körper wirkt, ab. John Norton hat ein System beschrieben, bei dem eine Kraft derart auf ein Teilchen wirkt, dass mehrere Lösungen der Differentialgleichungen für bestimmte Anfangsbedingungen existieren.

Die Kuppel

Angenommen wird eine Kuppel, deren Oberfläche eine ganz spezielle Form besitzt, nämlich eine solche, die dazu führt, dass auf ein Teilchen mit einer Einheitsmasse, das auf der Kuppeloberfläche sitzt, die folgende Kraft wirkt:

$$F = br^{1/2}$$

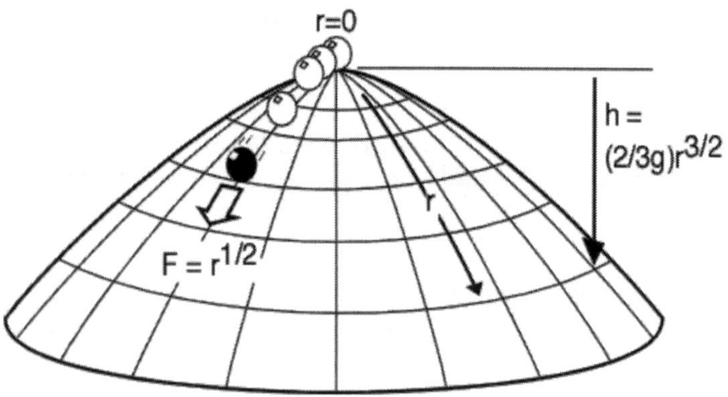

Abbildung 3.1

Hierbei bezeichnet r den räumlichen Abstand, den das fragliche Teilchen von der Spitze der Kuppel hat (b ist eine irrelevante Konstante, die im Folgenden vernachlässigt wird). Dieser Abstand wird auf der gekrümmten Kuppeloberfläche bestimmt. Wenn man diese

Kraftfunktion in das zweite Newtonsche Gesetz einsetzt, erhält man

$$d^2 r(t)/dt^2 = r^{1/2}$$

Geht man weiter von der Anfangsbedingung aus, dass das Teilchen bei t_0 auf der Kuppelspitze sitzt, so dass $r(t_0) = 0$ gilt, ergibt sich das erstaunliche Ergebnis, dass nun mehrere verschiedene zeitliche Abläufe möglich sind. Erstens – und erwartbar – kann das Teilchen für alle $t>t_0$ auf der Spitze sitzen bleiben. Zweitens kann es aber auch zu jedem beliebigen Zeitpunkt T spontan beginnen, die Kuppel hinunterzurutschen.

Lösung 1 lautet also: $r(t) = 0$ für alle t.

Lösung 2 lautet: $r(t) = 0$ für t kleiner gleich T und $r(t) = 1/144\ (t\text{-}T)^4$ für t größer T.

Beide Lösungen erfüllen die Anfangsbedingung $r(t_0) = 0$, stimmen aber ab T nicht mehr überein. (Da T beliebig ist, handelt es sich bei Lösung 2 um unendlich viele Lösungen.)

Es gibt also Systeme, deren Verhalten sich durch das zweite Newtonsche Gesetz beschreiben lässt, für die gilt: Sie stimmen zu einem anfänglichen Zeitpunkt überein, aber nicht zu einem späteren Zeitpunkt: zwei Nortonkuppeln, auf denen zu t_0 jeweils ein Teilchen sitzt, die sich dann aber unterschiedlich entwickeln.

Man kann sich die beiden Lösungsmöglichkeiten auch durch die folgende Überlegung anschaulich machen. Angenommen, wir fragen nach der Vorgeschichte eines Teilchens, das jetzt an dem Ort $r = 0$ sitzt. Dann gibt es zwei Möglichkeiten: Erstens kann es sein, dass das Teilchen immer schon am Ort $r = 0$ gesessen hat. Zweitens kann es am Fuße der Kuppel eine solche Geschwindigkeit Richtung Kuppelspitze gehabt haben, dass es genau bei $r = 0$ zur Ruhe gekommen ist. (Das ist nur bei ganz spezifischen Kuppelformen möglich.) Da die klassische Mechanik zeitsymmetrisch ist, d.h. da sie, wenn sie einen Ablauf in eine bestimmte Zeitrichtung als der klassischen Mechanik gemäß klassifiziert, den gleichen Ablauf in umgekehrter Zeitrichtung ebenfalls als der klassischen Mechanik gemäß klassifiziert, sind die zeitumgekehrten Abläufe der beiden soeben beschriebenen Vorgänge ebenfalls möglich. Das entspricht aber gerade den Lösungen 1 und 2.

Wie kann das sein?

Schon seit dem frühen 19. Jahrhundert wurden von Mathematikern wie Poisson oder Boussinesq Beispiele von Differentialgleichungen diskutiert, die unter bestimmten Bedingungen mehr als eine Lösung haben (vgl. van Strien 2014; Kline 1972, Band 2). Auch der in Kapitel 2 schon erwähnte Emil Du Bois-Reymond beschreibt in seiner Rede über die sieben Welträtsel auf Boussinesq Bezug nehmend ausführlich einen solchen Fall (Du Bois-Reymond 1880, 182).

In der Theorie der Differentialgleichungen gibt es den Satz von Picard-Lindelöf, der eine hinreichende Bedingung dafür angibt, wann die Lösung eines Anfangswertproblems eindeutig ist. Der Satz besagt, dass eine Differentialgleichung der Form $dy/dx = f(x,y)$ bei gegebenem Anfangswert y_a dann eine eindeutige Lösung hat, wenn die Funktion f einer zusätzlichen Anforderung, der so genannten „lokalen Lipschitzbedingung", genügt. Im Wesentlichen wird gefordert, dass die Funktion f nicht nur stetig ist, sondern auch keine allzu ruckartigen Veränderungen macht (vgl. dazu Arnold 2001, 35). Wenn diese Bedingung erfüllt ist, dann sind die Lösungen des Anfangswertproblems eindeutig. Mit anderen Worten: Die Eindeutigkeit der Lösungen einer Differentialgleichung ist dann gewährleistet, wenn bestimmte Zusatzbedingungen (die nicht durch die Differentialgleichung selbst gefordert werden) erfüllt sind. Im konkreten Fall von (N) bedeutet das, dass der Satz von Picard-Lindelöf, der auch für Differentialgleichungen höherer Ordnung gilt, besagt, dass, wenn die Funktion $F(x)/m$ der Lipschitzbedingung genügt, d.h. wenn die Kräfte, die wirken, bestimmte Bedingungen erfüllen, die Lösungen der Gleichung bei gegebenen Anfangswerten eindeutig sind.

Das zweite Newtonsche Gesetz als solches ist nun aber ein allgemeines Gesetz, das für *beliebige* Kräfte formuliert ist, somit auch für Kräfte, die die Lipschitzbedingung *nicht* erfüllen. Hier liegt also der Grund dafür, dass es für bestimmte Anfangswerte mehr als eine Lösung der Gleichung N geben *kann*. Da die Lipschitzbedingung eine hinreichende Bedingung für Eindeutigkeit ist, aber keine notwendige, muss für Einzelfälle, in denen die Lipschitzbedingung verletzt ist, gezeigt werden, dass dies tatsächlich dazu führt, dass mehrere Lösungen existieren. Das wurde im Falle der Nortonkuppel getan.

Was zeigt das Beispiel?

Die Frage, was dieses Beispiel für den Theoriendeterminismus und für den Systemdeterminismus bedeutet, möchte ich getrennt behandeln. Auf den Systemdeterminismus werde ich erst nach der Diskussion eines weiteren Beispiels, nämlich der Rauminvasion, eingehen.

Zunächst also zu der Frage, ob die klassische Mechanik die Definition des Theoriendeterminismus erfüllt. Wenn man die klassische Mechanik mit dem zweiten Newtonschen Gesetz in eins setzt, dann gilt, dass die Klassische Mechanik indeterministisch ist. Der Fall der Nortonkuppel zeigt, dass der Theoriendeterminismus für das zweite Newtonsche Gesetz nicht erfüllt ist, denn es gibt mögliche Systeme, auf welche das Gesetz zutrifft, und für die gilt, dass sie zu einem Zeitpunkt übereinstimmen, aber zu einem anderen (hier: späteren) Zeitpunkt nicht übereinstimmen: zwei Nortonkuppeln, auf denen zu t_0 jeweils ein Teilchen sitzt, die sich dann aber unterschiedlich entwickeln.

Gegen diese Diagnose kann man einiges einwenden, denn zur klassischen Mechanik zählt sicher mehr als nur das zweite Newtonsche Gesetz. Zinkernagel (2010) verweist auf das erste Newtonsche Gesetz, das er so interpretiert, dass Lösung 2 im Falle der Nortonkuppel ausgeschlossen wird. Das erste Newtonsche Gesetz lautet:

Jeder Körper verharrt in seinem Zustand der Ruhe oder der gleichförmig-geradlinigen Bewegung, sofern er nicht durch eingedrückte Kräfte zur Änderung seines Zustands gezwungen wird. (Newton 1988, 53)

Dieses Gesetz ist ohne Zweifel Teil der klassischen Mechanik. Zinkernagel versteht das erste Gesetz so, dass es behauptet, dass ein Körper in Ruhe verharrt (also Lösung 1), falls nicht eine Kraft als erste Ursache wirkt, die den Körper gewissermaßen anstößt. Die Kraft am Ort $r = 0$ ist aber im Falle der Nortonkuppel gleich Null. An diese Argumentation hat sich eine Diskussion über die Interpretation des Gesetzes angeschlossen, bei der u.a. eine Rolle spielt, wie viel Gewicht der genaue Newtonsche Wortlaut haben sollte (vgl. dazu Fletcher 2012).

Eine zweite Gruppe von Einwänden fasst das, was unter klassischer Mechanik verstanden werden soll, weiter als die Bewegungsgleichungen, die von Newton aufgestellt wurden. Der Inhalt einer

Theorie, so könnte man argumentieren, wird nicht ausschließlich in den Gesetzen mit ihren Bewegungsgleichungen erfasst. Eine solche Theorienauffassung kann sich auf Kuhns Überlegungen zum Paradigmenbegriff stützen. Was ein Paradigma auszeichnet, sind nicht allein mathematische Gleichungen, sondern auch Grundannahmen über die Beschaffenheit der Welt, modellhafte (exemplarische) Lösungen von Problemen usw. (vgl. Kuhn [3]1996; darin: Postscript von 1969). Dementsprechend wäre es verkürzt, die klassische Mechanik mit den Newtonschen Gesetzen gleichzusetzen.

Für unsere Belange relevant ist die Frage, ob die klassische Mechanik zusätzliche – vielleicht implizite – Annahmen über Kräfte macht. Wenn man einmal die Voraussetzungen des Satzes von Picard-Lindelöf verstanden hat (Lipschitz-Stetigkeit), dann ist es ein Leichtes, Kraftfunktionen zu konstruieren, die diese Bedingung verletzen. Malament (2008, 802/3) diskutiert ein – wie er es selbst einschätzt – an den Haaren herbeigezogenes Beispiel, bezweifelt aber, ob er damit irgendeine Physikerin oder einen Physiker vom Indeterminismus der klassischen Mechanik überzeugen kann, denn niemand habe die Newtonsche Physik für solche Fälle konzipiert. Es stellt sich dann aber die Frage, welche Bedingungen Kraftfunktionen erfüllen sollten, um als physikalisch plausibel zu gelten. Die Forderung, dass Kräfte die Lipschitzbedingung erfüllen sollten (Korolev 2007), wirkt etwas *ad hoc* und vor allem dem Wunsch geschuldet, den Determinismus zu retten. Fletcher (2012) weist auch darauf hin, dass es durchaus Anwendungsfälle der klassischen Mechanik gibt, in denen mit Kraftfunktionen operiert wird, die diese Bedingung nicht erfüllen.

Was ist nun das Ergebnis? Zeigt das Beispiel, dass die klassische Mechanik indeterministisch ist? Malaments Fazit lautet: „It depends" (2008, 799), und das scheint mir eine angemessene Einschätzung zu sein. Die Antwort auf die Frage, ob die Nortonkuppel zeigt, dass die klassische Mechanik indeterministisch ist, hängt davon ab, was man unter „klassischer Mechanik" versteht. Welche Annahmen, Hypothesen und Gesetze die klassische Mechanik ausmachen, ist aber nirgends verbindlich kodifiziert. Vielmehr zeigt sich (Fletcher 2012), dass Physikerinnen und Physiker in unterschiedlichen Anwendungskontexten aus pragmatischen Gründen oft unterschiedliche Festlegungen treffen. Es zeigt sich also, dass es keine einfache Antwort auf die Frage gibt, ob die Nortonkuppel zeigt, dass die klassische Mechanik im Sinne des Theoriendeterminismus indeterministisch ist.

3.2.2 Die Rauminvasion

Space invaders

Ein zweites, viel diskutiertes Beispiel für den möglichen Indeterminismus der klassischen Mechanik sind so genannte „space invaders" – Rauminvasoren. Das Beispiel lässt sich am einfachsten verständlich machen, wenn man zunächst von dem umgekehrten Fall ausgeht, der darin besteht, dass ein Teilchen *b* den Raum *verlässt*. Dazu muss man sich daran erinnern, dass die klassische Mechanik keine obere Schranke für die Geschwindigkeit von Teilchen vorsieht.

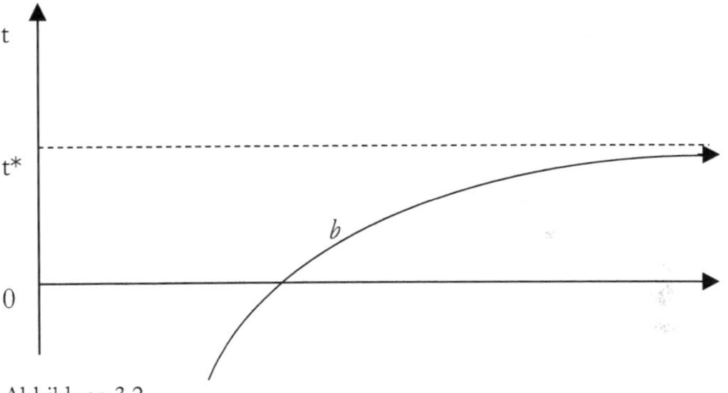

Abbildung 3.2

Das folgende Szenario ist deshalb denkbar: Ein Teilchen *b* wird derart beschleunigt, dass seine Geschwindigkeit exponentiell zunimmt. Es gilt dann für $t \to t^*$, dass $x(t) \to \infty$. Das heißt also, dass das Teilchen den Zeitpunkt t^* nicht erreicht (vgl. Abb. 3.2). Zu $t = t^*$ hat es jedes endliche System hinter sich gelassen und in diesem Sinne das Universum „verlassen". Für $t > t^*$ gilt dann, dass es im Universum ein Teilchen weniger gibt.[1]

[1] Dieses Szenario ist nicht auf eine an den Haaren herbeigezogene Kraftfunktion angewiesen. Vielmehr wurde ein Modell aus fünf Punktteilchen konzipiert, die gravitativ miteinander wechselwirken und sich

Wenn das *Verlassen* des Universums ein von der Klassischen Mechanik zugelassener Prozess ist, dann gilt das – wegen der Zeitsymmetrie der Newtonschen Gesetze – auch für den entsprechenden Prozess in umgekehrter Zeitrichtung. Das bedeutet, dass auch zugelassen ist, dass ein Teilchen in das Universum *eindringt* (vgl. Abb. 3.3)

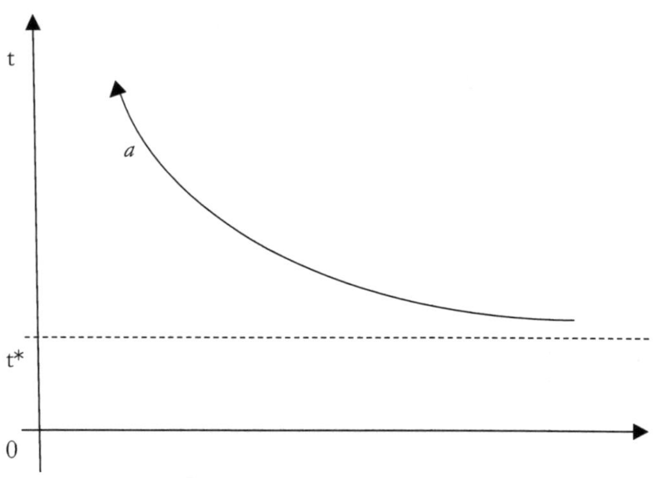

Abbildung 3.3

Ein Teilchen *a* (der Rauminvasor), das zu t^* nicht Teil des Universums war, kommt aus dem Unendlichen und ist für $t>t^*$ präsent.

Wenn nun aber die Klassische Mechanik zulässt, dass ein Teilchen auf diese Weise das Universum verlassen kann oder in dasselbe eindringen kann, dann ist der Theoriendeterminismus verletzt. Denn es ist dann möglich, dass zwei Universen, die zu einem Zeitpunkt $t<t^*$ bzgl. ihres Zustandes übereinstimmen, zu einem anderen (hier: späteren) Zeitpunkt $t>t^*$ nicht übereinstimmen müssen, da ja nach t^* in einem Universum ein Rauminvasor auftaucht, in einem anderen (das sich im gleichen Zustand befunden hat) aber

wechselseitig derart beschleunigen, dass sie bei t^* nicht mehr ankommen. Es lässt sich also für dieses Szenario im Rahmen der Newtonschen Physik ein Modell angeben, in dem es eine Flucht von Teilchen aus dem Universum gibt (vgl. Darstellung bei Saari und Xia (1995)).

nicht. Der Theoriendeterminismus ist also verletzt, wenn die klassische Mechanik ein solches Szenario zulässt (vgl. z. B. Earman 1986, 34).

Wie kann das sein?
Der Mechanismus, der indeterministische Szenarien wie den der Rauminvasion zulässt, ist ein anderer als der, der die Nortonkuppel ermöglicht (Malament 2008, 804 fn6). Im Falle der Nortonkuppel war entscheidend, dass die Kräfte die Lipschitzbedingung verletzen, denn wenn die Kräfte die Bedingung erfüllen, ist das hinreichend dafür, dass die relevante Differentialgleichung eine eindeutige Lösung besitzt. Der hier betrachtete Fall von indeterministischen Weltverläufen ist jedoch auch dann möglich, wenn die wirkenden Kräfte die Lipschitzbedingung erfüllen. Wie kann das sein? Hieß es nicht eben noch, dass die Lipschitzbedingung eine *hinreichende* Bedingung für die Eindeutigkeit der Lösungen einer Differentialgleichung ist? Ja, dabei bleibt es auch. Entscheidend ist für den betrachteten Fall, dass die Zahl der Teilchen für $t<t^*$ und für $t>t^*$ unterschiedlich ist; in diesem Sinne handelt es bei dem betrachteten System um ein offenes System. Das bedeutet aber, dass die Anwendung des zweiten Newtonschen Gesetzes deshalb, weil es zu $t<t^*$ und zu $t>t^*$ eine unterschiedliche Anzahl von Teilchen und damit eine unterschiedliche Anzahl von zu berücksichtigenden Variablen gibt, zu *verschiedenen* Differentialgleichungen führt. Zwar gilt für beide Differentialgleichungen, dass ihre Lösungen eindeutig sind, wenn die Lipschitzbedingung erfüllt ist, aber die Differentialgleichung, die für $t<t^*$ angewandt wird, legt nicht fest, wie die Differentialgleichung für $t>t^*$ auszusehen hat (insbesondere legt sie nicht fest, wie viele Variablen diese enthält). Damit ist dann das zukünftige Verhalten des fraglichen Universums nicht eindeutig festgelegt. Die klassische Mechanik, so z. B. Earman, erlaubt also, dass es eine Rauminvasion gibt, und damit, dass die Anzahl der Teilchen und *a fortiori* die Anzahl der erforderlichen Variablen und mithin auch die Differentialgleichung geändert wird. Wann und unter welchen Bedingungen eine Rauminvasion stattfindet und damit ein Übergang von einer Differentialgleichung zu einer anderen erforderlich ist, wird durch die Gesetze der Klassischen Mechanik nicht festgelegt.

Was zeigt das Beispiel?

Zeigt das Beispiel möglicher Rauminvasionen, dass die klassische Mechanik im Sinne des Theoriendeterminismus indeterministisch ist? Eine Antwort hängt, wie im Falle der Nortonkuppel, davon ab, wie inklusiv man den Begriff der klassischen Mechanik verstehen möchte.

Malament (2008, 804) weist darauf hin, dass in Anwendungen der klassischen Mechanik die Teilchenzahl gewöhnlich als konstant angesehen wird, das System in diesem Sinne also als geschlossen angenommen wird. Dagegen kann man einwenden, dass es eine Reihe von Anwendungen der klassischen Mechanik gibt, in denen auch mit offenen Systemen operiert wird (Fletcher 2012). Gleichwohl stellt sich die Frage, ob man dann, wenn man das Universum als Ganzes betrachtet, sinnvoll von einem offenen System sprechen kann.

Earman selbst diskutiert und verwirft zwei Strategien, um den Determinismus zu retten (Earman 1986, 38). Erstens könnte man Randbedingungen im Unendlichen festsetzen, aber, so Earman, das sei ein bloßes *ad hoc*-Manöver, das das gewünschte Ergebnis (die Bewegungsgleichungen sind deterministisch) per Dekret herbeiführe. Zweitens könnte man weitere, der klassischen Mechanik zurechenbare Gesetze anführen, die das Rauminvasionsbeispiel ausschließen, insbesondere Erhaltungsgesetze. Das Invasionsbeispiel verletzt, so könnte man argumentieren, die klassische Masseerhaltung, denn bei der Rauminvasion ist nach t^* mehr Masse im Universum vorhanden als vor t^*. Dem hält Earman entgegen, dass man zwischen lokalen und globalen Erhaltungsgesetzen unterscheiden müsse. Ein lokaler Erhaltungssatz für die Masse besagt, dass die Weltlinie eines gegebenen Masseteilchens nicht einfach beginnen oder enden kann (dann würde Masse aus dem Nichts entstehen oder ins Nichts vergehen). Die Rauminvasion wäre mit einem solchen lokalen Erhaltungssatz aber durchaus verträglich. Dagegen weist ein globaler Erhaltungssatz für eine Größe, z. B. für die Masse, dieser Größe für das Universum einen bestimmten Wert zu, der für alle Zeiten derselbe ist. Eine Rauminvasion verstößt gegen den globalen Erhaltungssatz. (Wenn man Rauminvasionsfälle ausschließt, dann folgt die globale Erhaltung aus der lokalen Erhaltung). Für die Frage des Theoriendeterminismus ist also relevant, ob die lokale oder die globale Version des Masseerhaltungssatzes zur klassischen Mechanik gerechnet werden sollte.

Wie im Falle der Nortonkuppel gilt auch hier: Es gibt keine einfache Antwort auf die Frage, ob die klassische Mechanik im Sinne des Theoriendeterminismus indeterministisch ist. Eine Antwort hängt davon ab, welche Annahmen wir für konstitutiv für die klassische Mechanik halten. Die Eindeutigkeit der Lösungen der Differentialgleichung (N) ist gegeben, wenn bestimmte Bedingungen erfüllt sind. Wenn die Lipschitzbedingung für die Kräfte erfüllt ist und es geeignete Randbedingungen gibt, dann ist das zweite Newtonsche Gesetz deterministisch$_T$.

3.2.3 Klassische Mechanik und Systemdeterminismus

Bisher haben wir diskutiert, ob die klassische Mechanik im Sinne des Theoriendeterminismus indeterministisch ist. Eine davon verschiedene Frage ist, ob unsere Welt, wenn die klassische Mechanik die richtige Theorie derselben wäre, deterministisch ist oder nicht. (Wir vernachlässigen jetzt also kurz die Quantenmechanik und Relativitätstheorien). Zur Erinnerung:

Systemdeterminismus: Eine Welt w ist deterministisch$_S$ genau dann, wenn jede Welt mit den gleichen Gesetzen wie w, die mit w zu irgendeinem Zeitpunkt hinsichtlich ihres Zustands$_S$ übereinstimmt, mit w zu allen Zeitpunkten hinsichtlich ihres Zustands$_S$ übereinstimmt.

Die Frage ist also, ob unsere Welt andere Verläufe als den tatsächlichen hätte nehmen können oder nehmen kann, wenn in ihr die Newtonschen Gesetze und weitere Gesetze gelten.

Selbst wenn man die (wie auch immer spezifizierte) klassische Mechanik für indeterministisch im Sinne des Theoriendeterminismus hält, folgt daraus nicht, dass, wenn diese Gesetze auf unsere Welt zutreffen, unsere Welt im Sinne des Systemdeterminismus indeterministisch ist (vgl. dazu auch Abschnitt 2.4.2).

Drei Gesichtspunkte sind in diesem Zusammenhang von Bedeutung. Erstens: Der Umstand, dass die Beantwortung der Frage, was die Klassische Mechanik genau ist, von pragmatischen Faktoren abhängt, ist für den Systemdeterminismus – anders als für den Theoriendeterminismus – irrelevant. Zweitens: Idealisierungen spielen für die beiden Determinismusbegriffe eine sehr unterschiedliche Rolle. Drittens: Ob man von dem Theoriendeterminismus auf den Systemdeterminismus schließen darf, hängt auch von kontingenten Umständen ab.

Zunächst zu den pragmatischen Gesichtspunkten, die bestimmen mögen, was wir in einer Situation für „die" klassische Mechanik halten. Für die Frage, ob unsere Welt deterministisch$_S$ ist, spielt es eine Rolle, ob globale Erhaltungssätze in ihr gelten, so dass Rauminvasoren ausgeschlossen sind. Es ist aber irrelevant, ob man ein solches Gesetz der klassischen Mechanik zurechnet oder nicht. Wenn man also meint, die klassische Mechanik sei durch die Newtonschen Gesetze vollkommen charakterisiert und globale Erhaltungssätze seien zwar wahr, aber nicht Teil derselben, dann wird man die klassische Mechanik, weil sie die Rauminvasoren zulässt, als indeterministisch$_T$ einschätzen müssen, unsere Welt aber gleichwohl als deterministisch$_S$, weil ja wegen der globalen Masseerhaltung Rauminvasoren in unserer Welt ausgeschlossen wären.

Natürlich bleibt die Frage, ob wir gute Gründe dafür haben, die globalen Erhaltungssätze für Gesetze, die in unserer Welt gelten, zu halten. Earman meint, dass unsere empirische Evidenz nur Evidenz für die lokale Version ist, nicht aber für die globale – es sei denn, wir schließen Invasionsbeispiele *a priori* aus.

Für die Frage des Systemdeterminismus ist auch wichtig, ob es sich bei den Erhaltungssätzen nicht nur um zutreffende Verallgemeinerungen handelt, sondern tatsächlich um *Gesetze*. Letztlich geht es ja darum, ob die Naturgesetze, die in unserer Welt gelten, mehr als einen zeitlichen Verlauf für unsere Welt *zulassen* – wenn ein bestimmter Zustand gegeben ist. Nur eine Generalisierung, die auch Gesetzescharakter hat, kann Verzweigungs*möglichkeiten* ausschließen. Wenn die globale Masse- und Energieerhaltung bloß *de facto* in unserer Welt gilt, aber keinen Gesetzescharakter hat, dann gibt es andere Welten, in denen dieselben Gesetze gelten, die in unserer Welt gelten, aber die Masse- und Energieerhaltung verletzt ist. Unter diesen wird es solche geben, deren Zustand zwar zu einem Zeitpunkt mit dem der unsrigen übereinstimmt, in dem dann aber Rauminvasoren auftreten. Das reicht aus für den System*in*determinismus unserer Welt. Bei der Frage, ob Verzweigungen möglich sind, spielen bloße Generalisierungen keine einschränkende Rolle, sondern bloß solche, die auch Naturgesetze sind.

Der zweite Gesichtspunkt betrifft Idealisierungen. Norton meint, dass das Beispiel der Kuppel zeige, dass die klassische

Mechanik indeterministisch sei, nicht aber, dass unsere Welt indeterministisch sei:

> The dome is not intended to represent a real physical system. The dome is purely an idealization within Newtonian theory. On our best understanding of the world, there can be no such system. [...] What the dome illustrates is indeterminism within Newtonian theory in an idealized system that we do not expect to be realized in the world. (Norton 2008, 793)

Nortons Anspruch besteht also darin, gezeigt zu haben, dass der Theoriendeterminismus für die klassische Mechanik oder zumindest das zweite Newtonsche Gesetz nicht gilt. Dies bedeutet aber nicht, dass es konkrete physikalische Systeme gibt, die im Sinne des Systemdeterminismus indeterministisch sind. Denn die Anfangsbedingungen, die bei der Nortonkuppel relevant sind, könnten in unserer Welt nicht realisiert sein, weil in das Modell der Nortonkuppel idealisierende Annahmen eingehen, so Norton. Nortons eigene Begründung für die These, dass die Nortonkuppel in unserer Welt nicht realisiert werden kann, setzt die Quantenmechanik voraus. Deren Gültigkeit hatten wir hier in diesem Abschnitt als ausgesetzt betrachtet, deshalb übergehe ich diesen Punkt. Korolev (2007, 955) hat darauf hingewiesen, dass es weitere idealisierende Annahmen gibt, wie z. B. dass die Kuppel vollständig starr sein muss, um die Lösungen zu ermöglichen, die wir oben diskutiert haben. Auch das ist eine Annahme, die sich nicht realisieren lässt.

Der Punkt ist der folgende: Idealisierende Modelle haben aus verschiedenen Gründen (z. B. mathematische Einfachheit) einen großen Nutzen in der Physik (vgl. dazu Hüttemann 1997). Bei den Zuständen dieser idealisierten Systeme handelt es sich gemäß unserer Klassifikation in Kapitel 2 um Zustände$_T$, d.h. Zustände, die von einer Theorie als mögliche Zustände von Systemen zugelassen sind. Das bedeutet aber nicht, dass dies auch Zustände$_S$ sein können, also Zustände, die (z. B.) in unserer Welt realisiert sind. Wenn die Festkörperphysik unendlich starre Kuppeln (aus welchen Gründen auch immer) ausschließt, diese Starrheit aber eine Voraussetzung dafür ist, dass die Kraft, die auf ein Teilchen auf der Kuppel wirkt, die Lipschitzbedingung verletzt, dann ist damit die Verletzung der Lipschitzbedingung und folglich die Möglichkeit verschiedener zeitlicher Verläufe für unsere Welt nicht relevant.

Mit anderen Worten: Modelle, die idealisierte Zustände enthalten, mögen zeigen können, dass der Theoriedeterminismus mit Bezug auf die einschlägige Theorie falsch ist. Ein Argument für einen Systemindeterminismus (bezogen z. B. auf unsere Welt) wird daraus nur, wenn dieses Ergebnis nicht von den idealisierenden Annahmen selbst abhängt.

Drittens ist schließlich noch darauf hinzuweisen, dass die Frage, ob aus einem Theorienindeterminismus ein Systemindeterminismus folgt, von gewissen kontingenten Bedingungen abhängt. Nehmen wir einmal an, es hinge allein von Nortonkuppeln ab, ob die Welt indeterministisch ist, und es gingen in die Nortonkuppeln keine Idealisierungen ein. Wenn dann in der gesamten Geschichte der aktualen Welt – aus welchen Gründen auch immer – gewissermaßen zufällig niemals eine Nortonkuppel vorkommt, dann folgt aus dem Theorienindeterminismus selbst dann, wenn zur Konstruktion der Nortonkuppel keine Idealisierungen nötig wären, kein Systemindeterminismus, weil es in der Geschichte der Welt zu keinem Zeitpunkt einen Zustand gäbe, der unterschiedliche Weiterentwicklungen (Verzweigungen) zuließe.

Kurzum: Wenn wir uns fragen, ob aus einer möglicherweise indeterministischen Theorie wie der klassischen Mechanik ein Systemindeterminismus folgt, ist zu beachten:

(1) Die pragmatischen Gesichtspunkte, die eine Rolle gespielt haben bei der Beantwortung der Frage, was zur klassischen Mechanik dazugehört, und *a fortiori* auch bei der Beantwortung der Frage, ob sie deterministisch ist, werden mit Blick auf den Systemindeterminismus irrelevant. Denn hier kommt es darauf an, welche Gesetze für das System gelten, nicht aber, welcher Theorie sie zugeschlagen werden sollen. Die Frage, ob unsere Welt systemdeterministisch ist, wird also nicht auf ein „it depends" à la Malament hinauslaufen.

(2) Um vom Theorienindeterminismus auf den Systemindeterminismus schließen zu dürfen, kommt es darauf an, dass der Theorienindeterminismus sich nicht Annahmen verdankt, die mit Blick auf unsere Welt idealisierend sind.

(3) Vom Theorienindeterminismus auf den Systemindeterminismus kann nur geschlossen werden, wenn die Faktoren, die für den Theorienindeterminismus verantwortlich sind, in unserer Welt tatsächlich realisiert sind. Der Umstand,

dass solche Faktoren nicht realisiert sind, kann ein kontingentes Faktum sein oder sich idealisierenden Annahmen (vgl. Punkt 2) verdanken.

3.3 Relativitätstheorien

In diesem Abschnitt werde ich einige für unsere Fragestellung interessante Punkte aus der Debatte um den Determinismus in den Relativitätstheorien herausgreifen. (Einen systematischen Überblick über den Stand der Dinge bzgl. der Frage, ob und in welchem Sinne Relativitätstheorien deterministisch sind, kann man sich bei Earman 1986 und 2007, sowie bei Smeenk und Wüthrich 2021 verschaffen.)

3.3.1 Spezielle Relativitätstheorie

Im Blick auf die spezielle Relativitätstheorie möchte ich vor allem erläutern, wie sich der Begriff des Determinismus verstehen lässt, wenn man keine absolute Gleichzeitigkeit mehr voraussetzen darf. Die in Kapitel 2 vorgestellten Definitionen des Theoriendeterminismus und des Systemdeterminismus handeln von Zuständen von Systemen oder Welten zu einer bestimmten Zeit t. Der Zustand der Welt zu einer Zeit t setzt voraus, dass es so etwas wie „die" Zeit t, die für eine ganze Welt gilt, gibt. Bekanntlich hat die Physik mit der speziellen Relativitätstheorie den Begriff der absoluten Gleichzeitigkeit aufgegeben und es stellt sich daher die Frage, ob der Theorien- und der Systemdeterminismus überhaupt noch sinnvoll definiert werden können, wenn man sich auf die Konzeption eines Zustandes zu einer Zeit t nicht mehr stützen kann.

Um diese Frage zu beantworten, muss man sich noch einmal die Grundidee des Determinismus in Erinnerung rufen. Wenn wir uns zu diesem Zweck die (zunächst noch klassisch gedachte) Welt als einen vierdimensionalen Block (drei Raumdimensionen und eine Zeitdimension) vorstellen, geht es in der Definition des Theoriendeterminismus darum, dass eine Theorie genau dann deterministisch ist, wenn die Beschaffenheit eines Querschnitts durch diesen Block zu einem Zeitpunkt t, vermittelt durch die Gesetze der

Theorie, die Beschaffenheit aller anderen Querschnitte zu anderen Zeiten festlegt.

In der speziellen Relativitätstheorie gibt es – wie schon erwähnt – den Begriff der absoluten Gleichzeitigkeit und damit den Zustand eines Systems oder einer Welt zu einem Zeitpunkt t nicht mehr. Es ist deshalb nötig, nach einer Verallgemeinerung des Begriffs des Zustandes zu einer Zeit t und damit der Determinismuskonzeption zu suchen.

Vorab sind einige Begriffe zu klären. Dazu zählt der Begriff des Lichtkegels in der speziellen Relativitätstheorie. Zu jedem Punkt P der Raumzeit gibt es einen Lichtkegel, der die Raumzeit in drei verschiedene Bereiche teilt: Auf dem Lichtkegel befinden sich all die Punkte, die von P genau in Lichtgeschwindigkeit zu erreichen sind und von denen aus P in Lichtgeschwindigkeit zu erreichen ist. Innerhalb des Lichtkegels sind die so genannten zeitartigen Punkte, die sich mit Geschwindigkeiten unterhalb der Lichtgeschwindigkeit erreichen oder beeinflussen lassen, und diejenigen Punkte, von denen aus sich P mit Geschwindigkeiten unterhalb der Lichtgeschwindigkeit erreichen oder beeinflussen lässt. Außerhalb des Kegels befindet sich der so genannte raumartige Bereich, Punkte, die sich – von dem betrachteten Punkt P aus – nicht erreichen lassen, die also auch nicht beeinflusst werden können, sowie Punkte, von denen aus P nicht beeinflusst werden kann. (Da mit Hilfe des Lichtkegels beschrieben wird, welche Raumzeitpunkte von welchen Raumzeitpunkten aus *beeinflusst* werden können, spricht man auch von einer „kausalen Struktur", die hier festgelegt wird.) Eine *raumartige Fläche* ist nun eine Fläche, bei der für je zwei Punkte gilt, dass sie raumartig zueinander sind, sich also nicht beeinflussen können.

Nun benötigen wir als nächstes den Begriff der *Hyper*fläche. Das ist eine Fläche, die eine Dimension weniger besitzt als der Raum, in den sie eingebettet ist, beispielsweise eine Kugeloberfläche im dreidimensionalen Raum. Im Falle der vierdimensionalen Raumzeit haben Hyperflächen also die Dimension drei. Der Querschnitt durch die Raumzeit zum Zeitpunkt t, den wir im Rahmen der klassischen Mechanik für die Kennzeichnung des Zustands einer Welt benutzt haben, ist eine solche Hyperfläche.

Unsere bisherige Konzeption des Theoriendeterminismus können wir nun folgendermaßen reformulieren: Eine Theorie ist deterministisch, wenn für die Systeme bzw. Welten, die unter die Theorie fallen, gilt: Gegeben unsere Theorie oder unsere Naturgesetze legt der Zustand der Welt auf jeder Hyperfläche, die alle zu einem Zeitpunkt t gleichzeitigen Raumzeitpunkte der Welt umfasst, die Zustände der Welt zu allen anderen Zeiten, d.h. auf allen anderen Gleichzeitigkeitshyperflächen, eindeutig fest.

An diese Überlegung können wir im Rahmen der Relativitätstheorien anknüpfen. Grundlegend für die Verallgemeinerung ist zunächst die Idee, Gebiete zu definieren, deren Zustände allein von demjenigen Zustand einer betrachteten Hyperfläche abhängen. Angenommen, wir haben in der klassischen Mechanik eine dreidimensionale Oberfläche O im vierdimensionalen Blockuniversum spezifiziert. Auch wenn die Fläche O endlich ist, können wir uns fragen, welche Regionen des Universums allein von dem Zustand auf O abhängig sind. Es lassen sich zukünftige Abhängigkeitsgebiete und vergangene Abhängigkeitsgebiete unterscheiden. Sei $A^+(O)$ das zukünftige Abhängigkeitsgebiet von O und $A^-(O)$ das vergangene Abhängigkeitsgebiet von O. Wenn im Rahmen der klassischen Mechanik die Fläche O endlich ist, z. B. die Stadt Köln zum Zeitpunkt t, dann ist kein einziger Punkt in der Zukunft von Köln (also für $t^*>t$) allein von O abhängig, denn die klassische Mechanik lässt es zu, dass Teilchen mit beliebig hoher Geschwindigkeit nach Köln eindringen könnten und dort eine Fensterscheibe im auf t folgenden Moment t^* zerstören. Nur die Fläche O gehört sowohl zu $A^-(O)$ als auch zu $A^+(O)$. Im Falle der speziellen Relativitätstheorie ist das anders. Wenn wir eine endliche Oberfläche O im Rahmen der speziellen Relativitätstheorie betrachten, sind $A^+(O)$ und $A^-(O)$ nichttrivial im Wesentlichen deshalb, weil Teilchen nicht auf beliebige Geschwindigkeiten beschleunigt werden können (vgl. dazu Abbildung 3.4). Dank der Struktur der Lichtkegel sind also $A^+(O)$ sowie $A^-(O)$ nicht-trivial, d.h. sie enthalten neben den Punkten, die auf O liegen, Punkte, die in der Zukunft bzw. in der Vergangenheit liegen. Wenn demnach ein Punkt P in dem soeben spezifizierten Gebiet $A^+(O)$ liegt, dann lassen sich alle möglichen kausalen Einflüsse auf P auf Materieverteilungen, Kräfte etc. auf der Fläche O zurückverfolgen. Es gibt keine Einflüsse auf P, die nicht durch O gehen. Genauer: Das zukünftige Abhängigkeitsgebiet $A^+(O)$ von O umfasst die Menge aller Punkte P mit der Eigenschaft, dass jede nicht-fortsetzbare[2] vergangenheitsgerichtete kausale Kurve durch P die Menge O schneidet. (Analog für A⁻(O).)[3]

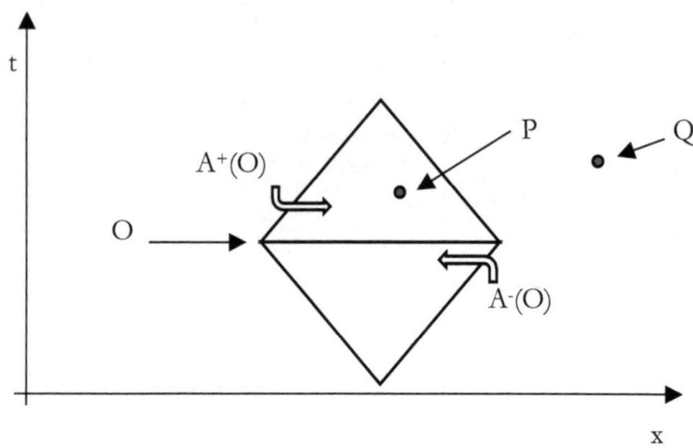

Abbildung 3.4

Mit Hilfe dieser Begriffe lassen sich nun so genannte *Cauchyflächen* definieren. Cauchyflächen sind solche Hyperflächen, für die gilt, dass das *gesamte Gebiet der Raumzeit* Teil des zukünftigen oder des vergangenen Abhängigkeitsgebiets ist. Mit anderen Worten: Es gibt also keine Punkte der gesamten Raumzeit, die von (nicht-fortsetzbaren) kausalen Kurven abhängig sind, die nicht durch die Cauchyfläche gehen. Die in der Abbildung eingezeichnete Fläche O ist folglich keine Cauchyfläche, weil es Punkte wie Q gibt, die weder in A⁺(O) noch A⁻(O) liegen. Wenn man aber O in x-Richtung sowohl nach $+\infty$ als auch nach $-\infty$ verlängerte, wäre O eine Cauchyfläche. Cauchyflächen sind Verallgemeinerungen dessen, was in der vorrelativistischen Physik die Hyperflächen absoluter Gleichzeitigkeit (Querschnitte durch den vierdimensionalen Raumzeitblock) waren.

---

[2]   Eine kausale Kurve wäre fortsetzbar, wenn sie einen Anfang oder ein Ende hätte. Solche Kurven sind für die Definition der Abhängigkeitsgebiete nicht relevant.

[3]   Es wird hier vorausgesetzt, dass sich Vergangenheit und Zukunft unterscheiden lassen, d.h. es werden z.B. geschlossene kausale Kurven, die die Menge O mehrmals schneiden, ausgeschlossen.

Wenn es nun in einer Raumzeit Cauchyflächen gibt, bedeutet das allerdings noch nicht, dass der Determinismus wahr ist. Wenn alle Punkte der Raumzeit allein von den Zuständen auf einer Hyperfläche abhängig sind, folgt nicht, dass die Zustände auf der Hyperfläche (mitsamt den Naturgesetzen) alle anderen Punkte *eindeutig* festlegen. Es könnte ja sein, dass sich alle kausalen Einflüsse auf einen Punkt P auf Weltlinien zurückführen lassen, die durch O gehen, die aber dennoch P nicht eindeutig determinieren. Ob das der Fall ist, hängt letztlich von den Gesetzen und den genauen Anfangsbedingungen, die die Kräfte und Materieverteilung berücksichtigen, ab.

Wir sind nun aber immerhin in der Lage, im Rahmen der speziellen Relativitätstheorie die Frage nach dem Determinismus zu stellen: Ist es der Fall, dass die Gesetze derart sind, dass die Zustände auf den Cauchyflächen der Raumzeit das, was an allen anderen Punkten der Raumzeit geschieht, eindeutig festlegen? Damit haben wir nun (mit etwas Aufwand) unser Ziel erreicht: Auch ohne den Begriff der absoluten Gleichzeitigkeit lässt sich die Frage nach dem Theoriendeterminismus für die Relativitätstheorien stellen.

Die Ausführungen zur speziellen Relativitätstheorie abschließend möchte ich noch auf eine interessante Konsequenz aus dem bisher Gesagten hinweisen. Die spezielle Relativitätstheorie schließt das Rauminvasionsszenario, das in der klassischen Mechanik einen Indeterminismus begründen könnte, aus. Dieses Szenario setzt, wie wir im Abschnitt über den Determinismus in der klassischen Mechanik gesehen haben, voraus, dass sich Teilchen auf beliebige Geschwindigkeiten beschleunigen lassen. Das ist im Rahmen der speziellen Relativitätstheorie aber nicht möglich. Kein Teilchen kann auf eine Geschwindigkeit beschleunigt werden, die größer als die Lichtgeschwindigkeit ist.

Das ist deshalb ein interessantes Ergebnis, weil sich zeigt, dass Nachfolgetheorien manchmal indeterministische Szenarien ausschließen, die vorangegangene Theorien noch zugelassen haben (vgl. dazu ausführlicher Earman 2008). Natürlich gibt es auch das umgekehrte Phänomen. Aber offensichtlich lässt sich in der Theorienabfolge nicht so etwas wie ein eindeutiger Trend hin zu indeterministischen (oder aber zu deterministischen) Theorien beobachten.

3.3.2 *Allgemeine Relativitätstheorie*

In der klassischen Mechanik, in der Quantenmechanik und der speziellen Relativitätstheorie spielt sich das Geschehen, dessen zeitliche Entwicklung durch Differentialgleichungen beschrieben wird, gewissermaßen auf einer Bühne – der Raumzeit – ab, die von dem sich ändernden Geschehen auf ihr unabhängig ist. In der allgemeinen Relativitätstheorie ändert sich dies. Die Bühne selbst ist Teil dessen, was sich verändert, und zwar in Abhängigkeit von dem, was auf ihr geboten wird (und umgekehrt). Dementsprechend beschreiben die Differentialgleichungen in der allgemeinen Relativitätstheorie nicht nur das Verhalten der Materie, sondern auch das der Raumzeit (in ihrer jeweiligen Abhängigkeit voneinander).

Bei den relevanten Differentialgleichungen handelt es sich um die Einsteinschen Feldgleichungen.

$$R_{\mu\nu} - \frac{1}{2} g_{\mu\nu} R - \Lambda_{\mu\nu} = 8\pi G \, T_{\mu\nu}$$

Hier ist $R_{\mu\nu}$ der so genannte Ricci-Tensor, $g_{\mu\nu}$ der metrische Tensor, R der Krümmungsskalar, Λ die kosmologische Konstante und $T_{\mu\nu}$ der Energie-Impulstensor. Im Wesentlichen wird hier ein Zusammenhang zwischen dem metrischen Tensor $g_{\mu\nu}$, der die Raumzeit charakterisiert, auf der einen Seite und der Energie- und Impulsverteilung auf der anderen Seite hergestellt, die durch den Tensor $T_{\mu\nu}$ repräsentiert wird.

Die Einsteinschen Feldgleichungen sind partielle Differentialgleichungen zweiter Ordnung. Wie schon in den weiter oben diskutierten Beispielen aus der klassischen Mechanik lässt sich auch hier nach der Existenz und Eindeutigkeit von Lösungen fragen. Tatsächlich ist die Frage nach der Existenz und Eindeutigkeit von Lösungen der Einsteinschen Feldgleichungen und insbesondere nach den Voraussetzungen derselben eine bedeutende Forschungsfrage innerhalb der physikalischen Forschung selbst.

Wir hatten im vorangegangenen Abschnitt gesehen, dass der Determinismus daran gebunden ist, ob es Cauchyoberflächen gibt, d.h. ob es raumartige Hyperflächen derart gibt, dass jede nicht-fortsetzbare kausale Kurve diese genau einmal schneidet. Lösungen der Einsteinschen Feldgleichungen (kosmologische Modelle) erfüllen diese Bedingungen nicht automatisch. Ein Beispiel ist das so genannte Gödeluniversum. Das Gödeluniversum beschreibt eine Materieverteilung derart, dass es durch jeden Raumzeitpunkt eine in die Zukunft gerichtete, zeitartig geschlossene Kurve gibt. Wenn man sich auf einer solchen Kurve bewegen könnte, wären Zeitreisen möglich und damit das mehrmalige Durchlaufen raumartiger Hyperflächen. In unserem Zusammenhang bedeutet das aber, dass es in diesem Universum keine Cauchyflächen gibt – also nichts, was der Idee des Zustands eines Universums zu einem Zeitpunkt entspricht. Man kann also insbesondere nicht behaupten, ein solches Universum sei deterministisch.

Es hat sich gezeigt, dass für Raumzeiten, in denen Cauchyflächen (die ja notwendig sind, um den Begriff des Determinismus anwenden zu können) existieren, einige mathematische Voraussetzungen erfüllt sein müssen. Diese werden unter dem Begriff der *globalen Hyperbolizität* zusammengefasst (vgl. dazu Kiefer 2001, 41; Earman 2007, 1410; eine genauere Diskussion der Bedingungen findet man in Doboszewski 2019 und in Smeenk und Wüthrich 2021).

Wie auch immer die Bedingungen der globalen Hyperbolizität aussehen mögen, sie formulieren zusätzliche Einschränkungen, die erfüllt sein müssen, damit Determinismus möglich ist. Es stellt sich nun die Frage, ob unsere Raumzeit (letztlich geht es uns ja um den Systemdeterminismus hinsichtlich unserer Welt) global hyperbolisch ist. In einem bekannten Lehrbuch heißt es dazu:

Es gibt einige gute Gründe für die Annahme, dass alle physikalisch realistischen Raumzeiten global hyperbolisch sein müssen. (Wald 1984, 202)

Und andernorts wird mit Blick auf das Gödeluniversum beobachtet:

Die häufigste Einstellung ist die Behauptung, dass alle diese Umstände unphysikalisch sind: Unendlich lange, rotierende Zylinder sind unphysikalisch und (vermutlich) endliche Zylinder werden keine CTCs erzeugen; unser Universum rotiert nicht so schnell wie das Gödel-Universum, also ist Gödel unphysikalisch; durchquerbare Wurmlöcher sind unphysikalisch; unendlich lange, gerade kosmische Strings sind unphysikalisch [...]. (Thorne 1992, 304; Thorne macht sich dieses Urteil allerdings nicht zu eigen)

Was heißt hier aber nun „unphysikalisch"? Es bedeutet, dass bestimmte Raumzeiten zwar mathematisch mögliche Modelle der

Einsteinschen Feldgleichungen sein mögen, aber keine physikalisch ernst zu nehmenden, weil es gute Gründe gibt anzunehmen, dass globale Hyperbolizität besteht. Eine solche Behauptung muss allerdings gut begründet werden und ist Gegenstand gegenwärtiger Forschung (vgl. dazu Smeenk und Wüthrich 2021, die verschiedene Begründungsstrategien diskutieren).[4]

Es zeigt sich, dass die Situation in systematischer Hinsicht eine gewisse Ähnlichkeit mit der Situation in der klassischen Mechanik besitzt. Genauso wie die Eindeutigkeit der Lösungen der Differentialgleichung (N), mittels derer das zweite Newtonsche Gesetz die zeitliche Entwicklung von Systemen beschreibt, dann gewährleistet ist, wenn die wirkenden Kräfte die Lipschitzbedingung erfüllen, gibt es im Falle der Einsteinschen Feldgleichungen die so genannte globale Hyperbolizität der Raumzeit als Voraussetzung für eindeutige Lösungen.

3.4 Quantenmechanik

Kommen wir schließlich zur Quantenmechanik, die im 20. Jahrhundert oft als ein paradigmatischer Fall einer indeterministischen Theorie aufgefasst wurde.

3.4.1 *Wellenfunktion, Schrödingergleichung und Bornsche Regel*

Die Quantenmechanik stellt einen mathematischen Formalismus zur Verfügung, mit dessen Hilfe das Verhalten von Systemen quantitativ beschrieben und vorhergesagt werden kann. Für unsere Belange sind drei formale Charakteristika hervorzuheben. Erstens werden Systeme, z. B. Elektronen, und ihre Eigenschaften durch eine ihnen zugeordnete Funktion $\psi(t)$, die Wellenfunktion, charakterisiert. Die Wellenfunktion eines Systems bildet die Grundlage

---

[4]   Ein weiteres Problemfeld, das für die Frage nach dem Determinismus in der allgemeinen Relativitätstheorie relevant ist, ist die Existenz von so genannten Singularitäten, wie z. B. schwarzen Löchern. Eine Diskussion dieses Problems würde den Rahmen dieser Arbeit sprengen. Kurze, einführende Darstellungen findet man bei Hoefer (2016) und bei Kiefer (2001).

für die Vorhersage des Verhaltens des Systems. Bei der Zuschreibung der Wellenfunktion zu einem System spielt eine Rolle, dass sie im klassischen Grenzfall, d.h. wenn sich das Verhalten des Systems angemessen durch die klassische Mechanik beschreiben lässt, die klassischen Vorhersagen reproduzieren sollte.

Zweitens wird die zeitliche Entwicklung der Wellenfunktion durch die Schrödingergleichung, eine lineare Differentialgleichung, beschrieben:

$$i\hbar \frac{\partial}{\partial t}\, \psi\,(t) = H\,\psi(t)$$

Hier ist $\psi\,(t)$ wieder die Wellenfunktion, H der Hamiltonoperator, der Informationen über die kinetische Energie und die wirkenden Kräfte enthält. $\hbar$ ist eine Konstante (das Plancksche Wirkungsquantum dividiert durch 2π).

Wie im Falle der weiter oben besprochenen Differentialgleichungen in der klassischen Mechanik oder den Relativitätstheorien, die allesamt das zeitliche Verhalten von Systemen beschreiben, können wir auch im Falle der Schrödingergleichung nach der Existenz und Eindeutigkeit von Lösungen fragen. Wenn die Eindeutigkeit der Lösungen gewährleistet ist, bedeutet dies, dass das entsprechende Gesetz theoriendeterministisch ist.

Wenn man die Quantenmechanik allein mit der Schrödingergleichung identifizierte, dann wäre die Quantenmechanik nicht weniger deterministisch als die klassische Mechanik, stellte schon Ernest Nagel fest:

relative to its own form of state description quantum mechanics is deterministic in the same sense that classical mechanics is deterministic with respect to the mechanical description of state. (Nagel 1961, 306)

Gleichwohl ist es auch im Falle der Schrödingergleichung so, dass die Sätze, die die Existenz und Eindeutigkeit von Lösungen zeigen, von bestimmten Voraussetzungen ausgehen (ganz analog zum Fall des zweiten Newtonschen Gesetzes, der in Abschnitt 3.2 diskutiert wurde). Darauf werde ich hier aber nicht näher eingehen (für eine Diskussion siehe Wüthrich 2011, 370–373). Bis hierher unterscheidet sich das, was wir vorgestellt haben, im Blick auf die Frage nach dem Determinismus nicht von der klassischen Mechanik.

Der eigentliche Grund, weshalb die Quantenmechanik als indeterministisch gilt, hat nichts mit der Frage nach den Bedingungen für die Eindeutigkeit der Lösungen der Schrödingergleichung zu tun, sondern damit, dass man in der Quantenmechanik, um Vorhersagen zu machen, noch auf ein weiteres Instrument zurückgreift. Warum ist ein solches Instrument nötig? Das lässt sich anhand des Doppelspaltexperiments erläutern (vgl. Abbildung 3.5). Jedes einzelne Elektron, das auf die Doppelspaltapparatur geschossen wird, wird durch eine Wellenfunktion charakterisiert, deren zeitliche Entwicklung durch die Schrödingergleichung beschrieben wird.

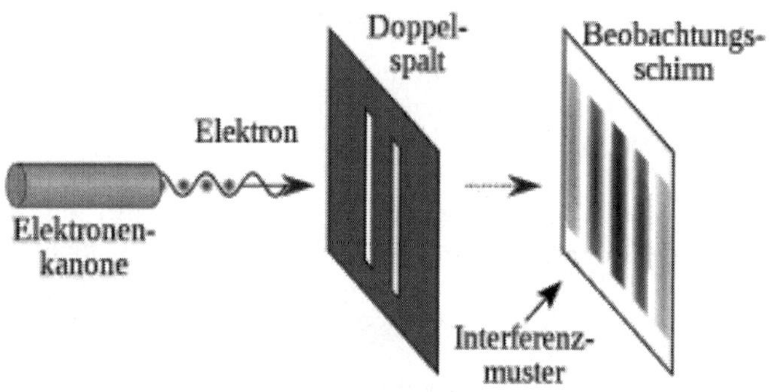

Abbildung 3.5

Das Interferenzmuster, das sich auf dem Beobachtungsschirm ergibt, ist charakteristisch für ein Wellenphänomen. Das lässt sich auf der Grundlage der Wellenfunktion und der Schrödingergleichung verstehen. Wenn man das Experiment aber hinreichend langsam ausführt, beobachtet man, dass einzelne lokalisierte Elektronen auf dem Beobachtungsschirm auftreffen. Was lässt sich über die Auftrefforte der einzelnen Elektronen sagen?

Die Bornsche Regel (benannt nach dem Physiker Max Born) ist das dritte uns interessierende formale Charakteristikum der Quantenmechanik. Sie stellt einen Zusammenhang zwischen der Wellenfunktion eines Systems und den zu erwartenden Messergebnissen her (hier: den gemessenen Orten der Elektronen). Die Bornsche Regel besagt, dass die Wahrscheinlichkeit P, ein bestimmtes Messergebnis für ein einzelnes System zu erhalten (z. B. dafür, dass ein einzelnes Elektron zu einer bestimmten Zeit t an einem bestimmten

Ort x, y, z auftrifft), proportional zum Quadrat der Wellenfunktion ist. Für eine Wellenfunktion, die den Ort eines Teilchens charakterisiert, bedeutet das:

$$P\,(x, y, z, t) = \left|\,\psi(x, y, z, t)\,\right|^{2}$$

Mit der Wellenfunktion, der Schrödingergleichung und der Bornschen Regel (sowie dem dazugehörigen mathematischen Formalismus) hat man die wesentlichen Instrumente an der Hand, um Physik zu betreiben, d.h. das Verhalten von Systemen vorherzusagen, zu manipulieren etc.

Im Unterschied zu den in den vorangegangenen Abschnitten betrachteten Theorien spielen in der Quantenmechanik Wahrscheinlichkeiten also eine zentrale Rolle. Zwar lässt sich anhand der Wellenfunktion und der Schrödingergleichung nicht bestimmen, wo genau ein Elektron hinter dem Doppelspalt auf dem Schirm auftreffen wird, wohl aber lassen sich dafür Wahrscheinlichkeiten angeben.

Dass Wahrscheinlichkeiten in der wissenschaftlichen Anwendungspraxis der Quantenmechanik eine entscheidende Rolle spielen, ist unbestritten. Daraus lässt sich aber noch nicht schließen, ob die Quantenmechanik eine deterministische oder eine indeterministische Theorie ist, denn das hängt davon ab, ob diese Wahrscheinlichkeiten epistemisch oder ontologisch verstanden werden. Die Behauptung, die Wahrscheinlichkeit, dass sich, sagen wir, einer von zwei möglichen Messwerten einstelle, betrage 50%, als *epistemische* Wahrscheinlichkeitszuschreibung zu verstehen, bedeutet, diese Zuschreibung unserer Unwissenheit anzulasten. Es mag Faktoren geben, die eindeutig festlegen, welcher Wert auftritt, aber sie sind uns unbekannt. Solange wir keine weiteren Informationen haben, schreiben wir den beiden Möglichkeiten *Kopf* und *Zahl* beim Münzwurf dank unserer Unkenntnis jeweils die Wahrscheinlichkeit 50% zu. Wenn wir aber die zu Grunde liegenden Prozesse genau kennen würden, könnten wir den Wert, der sich einstellt, möglicherweise mit Sicherheit vorhersagen. Dagegen bedeutet eine *ontologisch* verstandene Wahrscheinlichkeitszuschreibung von 50% für diesen Messwert, dass es in der Natur objektiv nicht festgelegt ist, welcher Messwert sich ergibt. Auch wenn wir die zugrunde liegenden Prozesse genau kennen würden, könnten wir den Wert, der sich einstellt, nur probabilistisch vorhersagen.

Wenn die Wahrscheinlichkeiten in der Quantenmechanik ontologisch verstanden werden sollten, dann handelt es sich bei der Quantenmechanik um eine indeterministische Theorie, denn – um auf das Doppelspaltexperiment zurückzukommen – für ein einzelnes Elektron hat die Quantenmechanik in einer Messung unendlich viele Verlaufsoptionen bereit, die den unendlich vielen verschiedenen Auftreffpunkten auf dem Bildschirm entsprechen. Durch eine Charakterisierung des Zustands der Welt vor dem Durchgang des fraglichen Elektrons durch den Doppelspalt einerseits und die Schrödingergleichung als das zeitliche Verlaufsgesetz für die Wellenfunktion andererseits wird der spätere Zustand des Elektrons (insbesondere sein Auftreffort) nicht eindeutig festgelegt.

Ob allerdings ein solches indeterministisches Verständnis der Quantenmechanik angemessen ist, hängt von der jeweiligen Interpretation der Quantenmechanik ab.

3.4.2 Das Messproblem der Quantenmechanik

Aber warum benötigt man im Falle der Quantenmechanik eigentlich eine Interpretation derselben? Bei den bisher besprochenen Theorien der klassischen Mechanik oder den Relativitätstheorien war von Interpretationen nicht die Rede.[5] Was ist im Falle der Quantenmechanik anders?

Wie schon erwähnt, kann man mit Hilfe der Wellenfunktion, der Schrödingergleichung und der Bornschen Regel das Verhalten von Systemen vorhersagen, erklären oder beeinflussen. Diese Praxis funktioniert hervorragend, und zwar unabhängig von jeder Interpretation oder Deutung. In Schwierigkeiten (die bei den anderen oben genannten Theorien nicht auftreten) gerät man allerdings, wenn man sich fragt, wie und weshalb diese Werkzeuge so nützlich sein können – jedenfalls dann, wenn man sich mit einem bloß instrumentalistischen Verständnis der Quantenmechanik nicht zufriedengibt.

[5]   Auch die Relativitätstheorien können unterschiedlich verstanden werden, das ist sogar bei der klassischen Mechanik der Fall (vgl. dazu Jones 1991 oder Curiel 2014). Anders als im Falle der Quantenmechanik sind diese unterschiedlichen Verständnisse für die Frage nach dem Determinismus nicht von zentraler Bedeutung.

Die Schwierigkeiten, die sich ergeben, wenn einem das bloße „funktioniert doch" nicht reicht, lassen sich mit Hilfe des so genannten quantenmechanischen Messproblems besonders prägnant formulieren. Zugleich lassen sich anhand der Lösungsoptionen dieses Problems verschiedene Interpretationen oder Deutungen der Quantenmechanik klassifizieren.

Tim Maudlin hat in einem einflussreichen Aufsatz das Messproblem (genauer: eine Version des Messproblems) durch die folgenden drei Behauptungen charakterisiert, die zusammengenommen inkonsistent sind (Maudlin 1995):

(1) Die Wellenfunktion charakterisiert die physikalischen Eigenschaften eines Systems vollständig.

(2) Die zeitliche Entwicklung der Wellenfunktion wird durchgängig von der Schrödingergleichung beschrieben.

(3) Messungen physikalischer Größen haben definite Werte.

Diese drei Thesen sind miteinander unverträglich. Die Anwendung der Schrödingergleichung auf die Wellenfunktion des Systems führt auf so genannte Superpositionszustände – das verdankt sich der zugrundeliegenden Mathematik (Beispiel: die Wellenfunktion, die einem Elektron zugeordnet ist, dehnt sich immer weiter im Raum aus). Die Ergebnisse der Messungen von Eigenschaften an Systemen ergeben aber immer – wie die Erfahrung zeigt – definite Werte (das Elektron trifft an einem definiten Ort auf dem Bildschirm auf). Wie passt das zusammen?

Verschiedene Interpretationen der Quantenmechanik reagieren auf dieses Problem, indem sie eine der drei Behauptungen zurückweisen (vgl. Maudlin 1995). Im Folgenden werde ich einige Interpretationen der Quantenmechanik kurz charakterisieren, so dass sie mit Blick auf die Frage nach dem Determinismus und dem Indeterminismus bewertet werden können.[6]

---

[6] Es gibt neben den hier besprochenen noch zahlreiche weitere Interpretationen der Quantenmechanik, auf die ich hier nicht eingehen kann. Die hier besprochenen sollen nur exemplarisch zeigen, dass die Frage, ob die Quantenmechanik deterministisch ist, sich nicht ohne weitere Annahmen beantworten lässt. Eine umfassendere Übersicht über verschiedene Interpretationen findet man in Maudlin 2019, in Freiere et al. 2022 und in den entsprechenden Einträgen der *Stanford Encyclopedia of Philosophy*.

3.4.3 Kollapstheorien: Kopenhagen und GRW

Die Kopenhagener Deutung (die mit teils unterschiedlichen Akzentuierungen u. a. von Bohr und Heisenberg entwickelt wurde (vgl. Howard 2004)) ist einer der ersten einflussreichen Versuche, sich auf das Funktionieren des quantenmechanischen Instrumentariums einen Reim zu machen. Auch wenn die Kopenhagener Deutung heute für viele, die sich mit philosophischen Fragen der Quantenmechanik beschäftigen, lediglich von historischem Interesse ist (vgl. Maudlin 2019, x–xi), soll sie hier kurz vorgestellt werden, weil sie das allgemeine Verständnis der Quantenmechanik nachhaltig geprägt hat.

Die Kopenhagener Deutung akzeptiert die Behauptungen (1) und (3). Die Frage, wie sich aus der Wellenfunktion, die sich gemäß der Schrödingergleichung entwickelt, definite Werte ergeben können, beantwortet die Kopenhagener Deutung damit, dass bestimmte Annahmen über den Messprozess gemacht werden. Nicht nur kommen hier notwendigerweise Begriffe der klassischen Mechanik zur Anwendung, entscheidend ist, dass nach einer Messung dem fraglichen System eine neue Wellenfunktion zugeschrieben wird, die dem Rechnung trägt, was wir nun neu über das System wissen: dass es einen definiten Wert z. B. des Ortes hat. Es handelt sich um eine Reduktion oder einen Kollaps des Wellenpakets, weil nur einer der Superpositionszweige beibehalten wird. Das bedeutet, dass Behauptung (2) zurückgewiesen wird, denn der Kollaps oder die Reduktion der Wellenfunktion ist eine Veränderung derselben, die sich nicht aus der Schrödingergleichung ergibt.

Wenn im Falle des Doppelspaltexperiments ein Elektron an einem bestimmten Ort auf dem Bildschirm auftrifft, kann dem Elektron nun eine Wellenfunktion zugeschrieben werden, die dieser Lokalisation Rechnung trägt (so dass die Aufenthaltswahrscheinlichkeit für andere Orte zu dieser Zeit gleich Null ist). Diese Veränderung der zugeschriebenen Wellenfunktion wird nicht durch die Schrödingergleichung diktiert. Die Schrödingergleichung macht hier gewissermaßen eine Pause. Dafür, welcher Messwert, welcher Ort auf dem Bildschirm, welche Reduktion sich also ergibt, können (gemäß Bornscher Regel) nur Wahrscheinlichkeiten angegeben werden. Die Kopenhagener Deutung gibt für die Reduktion (oder den Kollaps) keinen physikalischen Mechanismus an. Die Wahrscheinlichkeiten sind also nicht auf unser Unwissen bezüglich zu

Grunde liegender deterministischer Prozesse zurückzuführen und folglich nicht epistemisch, sondern ontologisch zu verstehen. Gemäß der Kopenhagener Deutung ist die Quantenmechanik eine indeterministische Theorie. Wenn ein Elektron auf die Doppelspaltapparatur geschossen wird, ist objektiv unbestimmt, wo es später auftreffen wird.

Das gilt auch für so genannte realistische Kollapstheorien, wie sie etwa von Ghirardi, Rimini und Weber entwickelt wurden (Ghirardi, Rimini und Weber 1986). Realistische Kollapstheorien weisen ebenfalls Behauptung (2) zurück, indem sie die Schrödingergleichung durch einen stochastischen Term modifizieren. Dieser Term sorgt dafür, dass die Wellenfunktion mit einer gewissen, sehr geringen Wahrscheinlichkeit kollabiert. Angewandt auf die Wellenfunktion hat diese Gleichung zur Folge, dass dort, wo das Quadrat der Wellenfunktion einen hohen Wert hat, ein Kollaps mit größerer Wahrscheinlichkeit stattfindet. Auf diese Weise können die Vorhersagen der Bornschen Regel generiert werden. Während – im Falle der Elektronen im Doppelspaltexperiment – die Schrödingergleichung für eine Ausbreitung der Welle im ganzen Raum sorgt, hat der zusätzliche stochastische Term die Konsequenz, dass es zu einer Lokalisierung kommt (vgl. Maudlin 2019, Kap. 4 für eine ausführlichere Darstellung).

Mit der Einführung eines stochastischen Terms wird Behauptung (2) zurückgewiesen. Insbesondere folgt, dass durch den Zustand der Welt zu einem Zeitpunkt nicht festgelegt ist, wo und wann – im Falle eines Elektrons – eine stochastisch auftretende Lokalisation stattfindet. Auch gemäß einer solchen realistischen Kollapstheorie ist die Quantenmechanik also indeterministisch.

3.4.4 Die Bohmsche Theorie

Die Bohmsche Theorie fasst die Quantenmechanik als eine Theorie auf, die – wie die klassische Mechanik – von Teilchen handelt, die sich an einem definiten Ort befinden und auf Teilchenbahnen bewegen (für eine genauere einführende Darstellung siehe Passon 2015 und Maudlin 2019). Damit weist die Bohmsche Mechanik Behauptung (1) zurück, denn die Wellenfunktion legt diese Teilchenorte und -bahnen nicht fest.

Wie kann die Bohmsche Mechanik mit diesen Annahmen darüber, wovon die Quantenmechanik letztlich handelt, die Vorhersagen derselben reproduzieren? Wesentlich ist, dass angenommen wird, dass die Wellenfunktion eine „Führungswelle" beschreibt, die den Teilchen ihre Bahn vorschreibt. Die zeitliche Entwicklung der Wellenfunktion (und damit der Führungswelle) wird allein durch die Schrödingergleichung beschrieben, an Behauptung (2) wird also festgehalten. Eine neu eingeführte Gleichung, die so genannte Führungsgleichung, beschreibt, wie die Veränderung der Teilchenorte von der Wellenfunktion abhängt:

$$\frac{dQ_k}{dt} = \frac{\hbar}{mk} \, \mathrm{Im} \, \frac{\psi * \partial k\psi}{\psi * \psi} \, (Q_1, ..., Q_n)$$

Q_k steht hier für Ortskurve des k-ten Teilchens. Die Gleichung beschreibt also, wie sich die Orte der Teilchen verändern, und zwar in Abhängigkeit von dem Imaginärteil einer Funktion, die wiederum von der Wellenfunktion abhängt (dazu, wie diese Gleichung motiviert werden kann, siehe Passon 2015 oder Maudlin 2019).

Im Falle des Doppelspaltexperiments bewegt sich ein einzelnes Elektron in Abhängigkeit von der Ausgangsposition durch den unteren oder den oberen Spalt und folgt dann genau einer fixen Teilchenbahn. Auf diese Weise kann die Bohmsche Theorie die Definitheit der Messergebnisse (hier: Lokalisation des Elektrons auf dem Bildschirm) verständlich machen, an (3) wird also festgehalten. Wenn man nun bestimmte Annahmen über die möglichen Anfangspositionen der Elektronen macht, ergibt sich eine Verteilung der lokalisierten Elektronen, die dem beobachteten Interferenzmuster entspricht.

Zwar ist durch die Ausgangsposition festgelegt, welche Bahn die Elektronen nehmen werden, allerdings können wir hinsichtlich des Auftreffens der Elektronen auf dem Bildschirm nur Wahrscheinlichkeiten angeben, da wir die Ausgangsposition nicht kennen. Die Wahrscheinlichkeiten sind also nicht ontologisch zu verstehen, sondern epistemisch. Sie beschreiben keine Unbestimmtheit in der Natur, sondern unser Unwissen (wie z. B. vermutlich beim Münzwurf oder in der statistischen Mechanik). Die Bewegung der Teilchen selbst wird direkt durch die Führungsgleichung beschrieben, für die sich Existenz- und Eindeutigkeitssätze beweisen lassen. Sie hängt – weil die zeitliche Entwicklung des Führungsfeldes von der Schrödingergleichung beschrieben wird – auch von der Schrödingergleichung ab, für die sich, wie wir weiter oben erwähnt haben, ebenfalls entsprechende Sätze beweisen lassen.

Wenn man dieser Interpretation folgt, dann bedeutet das, dass die traditionelle Einschätzung, wonach die Quantenmechanik, dank der in ihr auftretenden Wahrscheinlichkeiten, eine fundamental indeterministische Theorie ist (eine Annahme, die durch die Kopenhagener Deutung und andere Kollapstheorien nahegelegt wird), aufgegeben werden müsste.

3.4.5 Die Viele-Welten-Interpretation

Sowohl die Kollapstheorien als auch die Bohmsche Theorie erklären, weshalb es trotz Superpositionszuständen zu *einem* definiten Messergebnis kommt. Die Kollapstheorien postulieren, dass die Wellenfunktion derart kollabiert, dass nur noch ein mögliches definites Messergebnis übrigbleibt. Die Bohmsche Theorie behauptet, dass gewissermaßen nur ein Zweig der Superposition, eine mögliche Bahn im Doppelspaltexperiment, von einem Teilchen bevölkert ist, alle anderen sind leer und damit für die Messung des Verhaltens eines einzelnen Systems irrelevant.

Die Viele-Welten-Theorie dagegen nimmt an, dass alle Zweige einer Superposition gleichermaßen real sind, dass alle Bahnen bevölkert sind und dass alle möglichen Messergebnisse auch wirklich sind. Wenn wir im Doppelspaltexperiment ein Elektron auf die Spalte senden, dann sind die Zweige nicht bloß als *mögliche* Bahnen des Elektrons, sondern auch als *wirkliche* Bahnen desselben zu verstehen. Zu jeder der vielen unterschiedlichen Bahnen des Elektrons gehört auch eine Messung auf dem Beobachtungsschirm und (gegebenenfalls) ein Registrieren des Auftreffens durch einen Beobachter. Die Viele-Welten-Interpretation nimmt also an, dass alle diese Zweige (einschließlich der Beobachterin, die ein Elektron an einer bestimmten Stelle auf dem Bildschirm eintreffen sieht) gleichermaßen existieren. Wesentlich ist an dieser Stelle der Prozess der Dekohärenz (ein Prozess, der sich vollständig aufgrund der Schrödingergleichung verständlich machen lässt und daher keiner Zusatzannahmen bedarf). Dekohärenz macht verständlich, weshalb trotz formal vorhandener Superposition die Messergebnisse den Beobachtern definit *erscheinen*. Man merkt von der Existenz der anderen Zweige nichts. Die verschiedenen Zweige dekohärieren. Jeder einzelne Zweig ist daher so etwas wie eine für sich bestehende Welt, was den Namen der Interpretation verständlich macht, auch wenn sich das gesamte Geschehen letztlich in einer einzigen Raumzeit abspielt und die Superpositionen der verschiedenen Zweige ja weiter vorhanden bleiben, auch wenn es uns anders *erscheint.* Die Viele-Welten-Interpretation versucht also, das Messproblem zu lösen, indem sie Behauptung (3) zurückweist. Stattdessen wird der *Anschein* definiter Messergebnisse erklärt. Kontrovers diskutiert wird, ob die Viele-Welten-Interpretation erklären kann, weshalb wir die Bornsche Regel mit ihren probabilistischen Vorhersagen so erfolgreich anwenden können (dazu: Maudlin 2019, Passon 2015, Wallace 2012). Darauf werde ich hier nicht weiter eingehen.

Wenn man davon ausgeht, dass die Schrödingergleichung deterministisch im Sinne des Theoriendeterminismus ist, folgt unter den Voraussetzungen der Viele-Welten-Interpretation, dass die Systeme, die durch sie beschrieben werden, deterministisch im Sinne des Systemdeterminismus sind.

3.5 Determinismus und Indeterminismus auf makroskopischer Ebene

Auch außerhalb der Physik werden Generalisierungen (Naturgesetze) zur Charakterisierung des Verhaltens von Systemen verwandt. Zwei einfache Beispiele sind die folgenden:

- Vitamin-C-Mangel verursacht Skorbut.
- Die Lotka-Volterra-Gleichungen: Die zeitliche Entwicklung eines biologischen Systems, das aus zwei Populationen verschiedener Arten besteht, von denen eine eine Räuberpopulation und die andere eine Beutepopulation ist, verhält sich gemäß den Gleichungen (1) $dx/dt = x (a - by)$ und (2) $dy/dt = - y (c - gx)$, wobei x die Zahl der Beute und y die Zahl der Räuber darstellt und a, b, c und g Konstanten sind.

Beide Generalisierungen sind *ceteris paribus*-Gesetze. Im Falle der Lotka-Volterra-Gleichungen wird z. B. vorausgesetzt, dass Dürren keinen Einfluss auf die Populationen haben. Das heißt aber insbesondere, dass solche Generalisierungen (anders als das zweite Newtonsche Gesetz oder die Schrödingergleichung) nicht dazu dienen können, das Universum als Ganzes zu beschreiben, sondern nur Ausschnitte desselben. Das heißt, selbst wenn derartige Generalisierungen deterministische Differentialgleichungen verwenden würden, würde ihre erfolgreiche Verwendung nicht zu einem Systemdeterminismus führen können, denn dieser setzt Generalisierungen voraus, die das Verhalten von Systemen vollständig beschreiben. Hinzu kommt, dass ohnehin viele makroskopische Kausalbehauptungen wie „Vitamin-C-Mangel verursacht Skorbut" nicht als deterministische, sondern als probabilistische Generalisierungen aufzufassen sind.

Eine interessante Frage, die sich an dieser Stelle stellt, ist, ob es einen systematischen Zusammenhang gibt zwischen deterministischen/indeterministischen Charakterisierungen auf der (mikroskopischen) fundamentalen Ebene einerseits und auf der makroskopischen Ebene andererseits. Die Antwort lautet, dass eine deterministische und eine indeterministische Charakterisierung auf der Mikroebene verträglich sowohl mit deterministischen als auch mit indeterministischen Gesetzen auf der Makroebene ist. Das lässt sich durch die folgenden Abbildungen illustrieren (die an entsprechende Abbildungen bei List (2014) angelehnt sind):

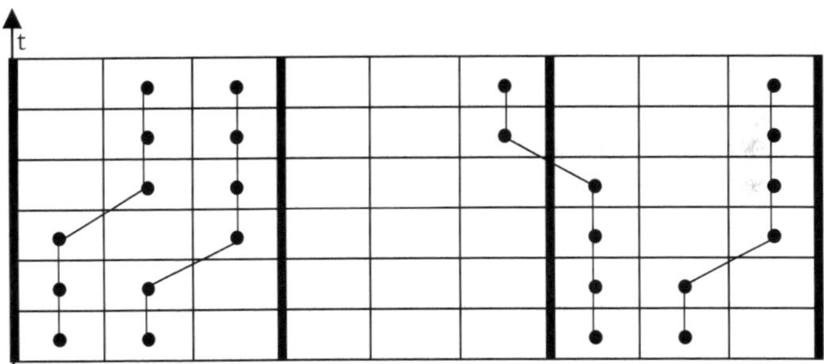

Abbildung 3.6

Die Kästchen in waagerechter Richtung stehen für verschiedene Zustände, in denen sich die Systeme (Punkte) befinden können. Das Verlassen einer Kästchenspalte bedeutet, dass sich der Zustand eines Systems verändert. Abbildung 3.6 zeigt mehrere mögliche Verläufe auf der Mikroebene, die deterministisch sind, denn wenn das Anfangskästchen gegeben ist, ist das Endkästchen eindeutig festgelegt: Es gibt keine Verzweigungen. Wenn man die möglichen

Zustände der Systeme grobkörniger beschreibt, indem man drei waagerechte Kästchen zu einem zusammenfasst, dann erhält man Abbildung 3.7.

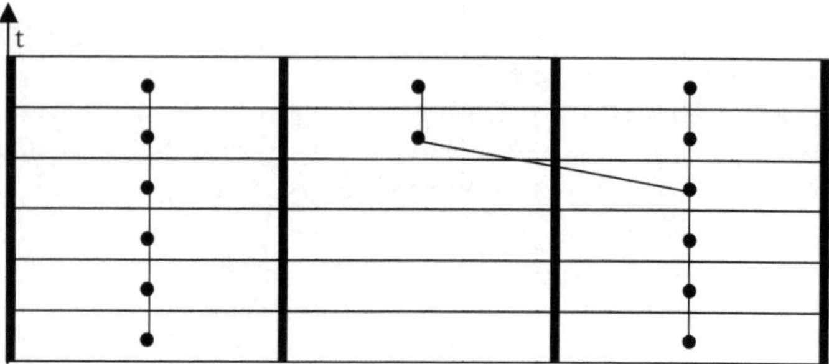

Abbildung 3.7

Im linken Drittel in Abbildung 3.7 wird ein System beschrieben, das seinen Zustand beibehält. Beim Übergang von Abbildung 3.6 zu Abbildung 3.7 haben wir Information verloren, weil die Systemänderungen, die in Abbildung 3.6 noch dargestellt waren, in der grobkörnigeren Darstellung in Abbildung 3.7 nicht mehr repräsentiert werden können. Auf der rechten Seite führt die grobkörnigere Darstellung dazu, dass die beiden Verläufe (ohne Verzweigungen) als eine indeterministische Entwicklung repräsentiert werden: Wenn ein System in Abbildung 3.7 unten rechts startet, kann es entweder oben rechts oder oben in der Mitte enden.

Den umgekehrten Fall gibt es auch, wie die Abbildungen 3.8 und 3.9 illustrieren:

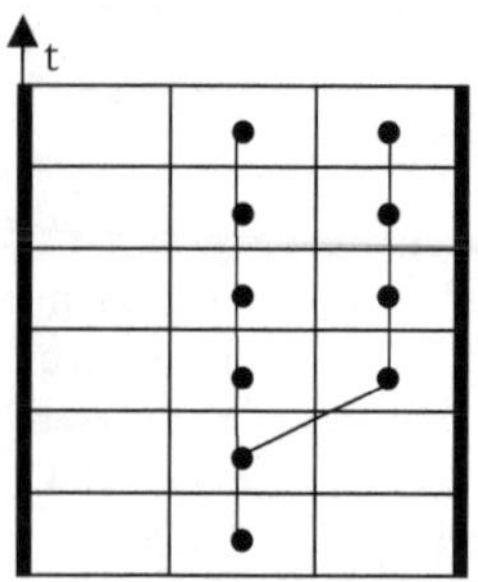

Abbildung 3.8

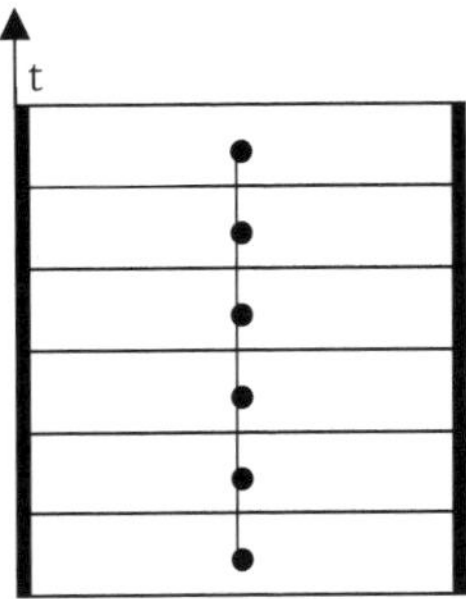

Abbildung 3.9

Aus einer indeterministischen Charakterisierung auf der Mikroebene in Abbildung 3.8 wird durch den Übergang zu einer grobkörnigeren Beschreibung eine deterministische Charakterisierung auf der Makroebene.

Wenn, wie das in den beiden folgenden Kapiteln der Fall sein wird, der Determinismus als Herausforderung für den freien Willen diskutiert werden soll, wird der Umstand, dass der Determinismus beim Übergang zu einer grobkörnigeren Beschreibung „verschwinden" kann, keine Rolle spielen. Denn die indeterministische Beschreibung, die sich auf diese Weise ergibt, verdankt sich allein der Unkenntnis oder der Abstraktion von Faktoren, die ja gleichwohl vorhanden sind.[7]

3.6 Fazit

Der Determinismus ist die These, dass unsere Welt systemdeterministisch ist. Um diese These zu überprüfen, gilt es festzustellen, ob es eine Theorie gibt, die die Zustände der Welt vollständig sowie deren zeitliche Entwicklung beschreibt und ob diese eindeutige Lösungen besitzt – ob sie also theoriendeterministisch ist. Etwas genauer hatten wir im vorangegangenen Kapitel für die empirische Überprüfung des Determinismus die folgenden Schritte gefordert:

[7] Das ist auch der Grund, weshalb ich in Kapitel 5 den von Christian List (2014) gemachten Vorschlag, wie dem Konsequenzargument zu entgehen ist, nicht berücksichtigen werde.

(1)   Eine empirische Fragestellung: Trifft eine bestimmte Theorie T, die die Zustände der Welt vollständig erfasst und ihre zeitliche Entwicklung beschreibt, auf die Welt als Ganzes zu?

(2)   Eine Fragestellung, die eine solche des logischen Folgens ist: Falls eine solche Theorie T gefunden wurde: Ist diese Theorie deterministisch$_T$?

(3)   Falls die Theorie indeterministisch$_T$ ist, d.h. die Theorie Welten zulässt, derart, dass sie zu einem Zeitpunkt bezüglich ihres Zustandes übereinstimmen, zu anderen aber nicht, ist zu fragen, ob wir gute Gründe haben anzunehmen, dass unsere Welt eine dieser Welten ist.

Gegenwärtig besteht die Hauptschwierigkeit darin, dass wir noch keine Theorie haben, die die Zustände der Welt vollständig charakterisiert und deren zeitliche Entwicklung beschreibt – keine „theory of everything".

Für die weitere Diskussion relevant (insbesondere in Kapitel 6) ist die Einsicht, dass es ganz unterschiedliche Arten und Weisen geben kann, die zu einem Indeterminismus von Theorien und/oder Systemen führen kann. Ein Indeterminismus, der sich der Verletzung der lokalen Lipschitzbedingung verdankt, ist etwas ganz anderes als ein solcher, der sich möglichen Rauminvasionen verdankt, und der Fall des Indeterminismus in der Quantenmechanik (den es bei manchen Deutungen gibt) ist davon wiederum zu unterscheiden. Bei der Beantwortung der Frage, ob der Indeterminismus der Willensfreiheit zuträglich ist, wie dies der Libertarismus behauptet, wird die Frage nach der richtigen Art von Indeterminismus eine Rolle spielen.

4 Wenn der Determinismus wahr wäre – das Manipulationsargument

Auch Menschen und menschliches Verhalten sind Teil der Natur und fallen vollständig unter Naturgesetze. Diese Annahme bildet den Ausgangspunkt unserer Überlegungen. In den folgenden drei Kapiteln soll untersucht werden, ob wir für unser Verhalten verantwortlich sein können, wenn es unter Naturgesetze fällt.

Zur Erinnerung: Damit Personen für ihr Verhalten verantwortlich sind, muss eine Reihe von Bedingungen erfüllt sein (siehe Kapitel 1). Insbesondere interessieren hier die beiden folgenden:

(1) *Sich anders verhalten können*: Die fragliche Person hat verschiedene Optionen, sich zu verhalten.

(2) *Urheberschaft*: Die Person selbst ist Urheber oder Prinzip ihres Verhaltens.

Sowohl die Fähigkeit, sich anders verhalten zu können (1), als auch die Bedingung, Urheber des eigenen Verhaltens zu sein (2), werden *prima facie* durch den Determinismus bedroht.

Ein einflussreiches Argument, das zeigen soll, dass der Determinismus mit der Fähigkeit, sich anders verhalten zu können, nicht verträglich ist, ist das Konsequenzargument, das ich in Kapitel 5 ausführlich diskutieren werde. In diesem Kapitel werde ich das so genannte Manipulationsargument genauer untersuchen. Es zielt darauf ab zu zeigen, dass der Determinismus mit der unter (2) genannten Quell- oder Urheberschaftsbedingung nicht vereinbar ist. In Kapitel 6 wird die Herausforderung des Indeterminismus im Mittelpunkt stehen.

Der Fokus wird in den folgenden Kapiteln darauf liegen, Zusammenhänge zu diskutieren, zu deren Betrachtung wissenschaftstheoretische Überlegungen etwas beitragen können. Dazu zählt insbesondere die Abhängigkeit der Argumente und der intuitiven Bewertung von hypothetischen Szenarien von der genauen Fassung des Determinismusbegriffs, vom Begriff des Naturgesetzes, dem Begriff der Kausalität und von der Frage, wie sich die naturwissenschaftliche Beschreibung von Vergangenheit und Zukunft unterscheidet.

4.1 Vorbemerkung

Falls menschliches Verhalten unter deterministische Naturgesetze fällt, stellt sich die Frage, ob dieser Umstand ein guter Grund ist, unsere tatsächliche Zuschreibepraxis, die davon ausgeht, dass diese Bedingungen erfüllt werden können, zu revidieren.

Dass eine Person, um für ihr Verhalten verantwortlich zu sein, selbst Urheber oder Quelle desselben sein muss, ist eine alte Forderung. Leibniz hatte gefordert, dass das Prinzip der Handlungen *in uns* sein müsse und dies als „Spontaneität" bezeichnet (Leibniz 1968, 320/1; III §§288-290). Kant hat die Forderung nach Spontaneität so ausbuchstabiert, dass die fragliche Person als eine begriffen werden müsse, die eine Kausalkette beginnen könne (Kant 1983b, 426-428; B472-474). Der von uns betrachtete Ausgangspunkt besteht darin, den Menschen als natürliches Ding zu begreifen, dessen Verhalten vollständig unter Naturgesetze fällt. Darüber hinaus wird in diesem Kapitel angenommen, dass diese Gesetze deterministisch sind.

Ein vielversprechender zeitgenössischer Ansatz, Urheberschaft unter der Bedingung deterministischer Gesetze zu explizieren, stützt sich auf den Begriff der Gründe-Sensitivität (ausführlich wird ein solcher Ansatz von Fischer und Ravizza (1998) diskutiert; siehe auch Sartorio 2016). Ich skizziere hier diesen Ansatz stellvertretend auch für andere Ansätze, die Urheberschaftsbedingung auszubuchstabieren, mache ihn mir aber nicht zu eigen. Was mit Gründe-Sensitivität gemeint ist, lässt sich anhand eines Beispiels illustrieren, das Carolina Sartorio kürzlich beschrieben hat (Sartorio 2021, 73–78). Sie unterscheidet zwei Personen, die beide mit ihrem Schlüssel ein fremdes Auto zerkratzen. Person 1 zerkratzt das Auto, weil sie immer dann, wenn sie einen Schlüssel zur Hand hat und an einem Auto vorbeigeht, den unwiderstehlichen Zwang verspürt, an diesem Auto einen Kratzer anzubringen. Person 1 handelt also zwanghaft. Person 2 dagegen zerkratzt das Auto, weil sie dem Eigentümer einen Schaden zufügen will. Person 2 würde, wenn sie sich beobachtet fühlte, das Auto nicht zerkratzen. Person 2 halten wir für ihr Verhalten (in größerem Maße) für verantwortlich. Wir halten sie für die Quelle ihres Verhaltens, weil sie die Fähigkeit besitzt, auf Gründe (die ihr Eigeninteresse betreffen mögen oder moralische Gesichtspunkte) differenziert zu reagieren. Eine Person ist dieser Überlegung zufolge Urheber ihres Verhaltens, wenn die kausale

Vorgeschichte ihres Verhaltens (hinreichend) Gründe-sensitiv ist. (Offensichtlich ist dieser Begriff gradierbar und lädt zu der Frage ein, wie viel Gründe-Sensitivität für Urheberschaft erforderlich ist. Diese Frage werde ich hier nicht weiterverfolgen.)

Mit der Forderung, dass die kausale Vorgeschichte des Verhaltens einer Person Gründe-sensitiv sein soll, um als Urheber eines Verhaltens zu gelten, wird z.B. der Fall einer Drogenabhängigen ausgeschlossen. Sie mag, indem sie Drogen konsumiert, das tun, was ihren Wünschen entspricht, würde aber nicht auf Gründe, die gegen den Drogenkonsum sprechen, reagieren können. Sie wäre demnach nicht selbst Quelle ihres Drogenkonsumverhaltens. Entscheidend ist dieser Konzeption zufolge nicht, ob ein Abwägeprozess zwischen verschiedenen Optionen tatsächlich vorgenommen wurde, sondern ob er vorgenommen werden könnte und in Abhängigkeit von den Gründen zu unterschiedlichem Verhalten führen würde.

Kompatibilistinnen (wie Sartorio) sind der Auffassung, dass Gründe-Sensitivität einerseits Urheberschaft explizieren kann und andererseits mit dem Determinismus vereinbar ist.

Im Folgenden werde ich nicht in Frage stellen, ob Gründe-Sensitivität ein sinnvoller Ausgangspunkt für die Explikation von Urheberschaft ist. Allerdings soll die Frage diskutiert werden, ob es sich um eine hinreichende Bedingung handeln kann. Das bedeutet insbesondere, dass die These überprüft werden muss, ob durch den Determinismus das Erfülltsein der Urheberschaftsbedingung ganz grundsätzlich untergraben wird. Dieser Diskussion kommt insbesondere dann eine große Bedeutung zu, wenn man im Anschluss an Frankfurt (1969) die oben genannte Bedingung (1) *Sich anders verhalten können* aufgibt (das trifft sowohl auf Fischer und Ravizza als auch auf Sartorio zu). Dann lässt sich nämlich die Frage, ob jemand in einem deterministischen Universum für sein Verhalten verantwortlich sein kann, auf die Frage zuspitzen, ob Urheberschaft und Determinismus vereinbar sind.

4.2 Diana und die befruchtete Eizelle

Manipulationsargumente zielen darauf ab zu zeigen, dass, wenn der Determinismus wahr ist, eine Person selbst dann nicht für ihr Verhalten verantwortlich ist, wenn sie einen beliebig anspruchsvollen und komplexen Gründe-sensitiven Prozess oder Mechanismus durchlaufen hat – also selbst dann nicht, wenn sie die verschiedenen Optionen und ihre Konsequenzen genau betrachten und gegeneinander abwägen könnte und auf dieser Grundlage handelte. Manipulationsargumente, falls überzeugend, zeigen damit zweierlei. Erstens, dass das Durchlaufen Gründe-sensitiver Mechanismen (o.Ä.) nicht hinreichend dafür sein kann, um als Urheber eines Verhaltens zu gelten. Zweitens zielen sie darauf ab zu zeigen, dass dieses Untergraben der Urheberschaftsbedingung daran liegt, dass in den fraglichen Szenarien der Determinismus vorausgesetzt wird. Das Ergebnis wäre, dass die Urheberschaftsbedingung in einem deterministischen Universum nicht erfüllt sein könnte – also ein Argument für einen Inkompatibilismus von Determinismus und Verantwortlichsein.

Manipulationsargumente beginnen üblicherweise mit einem imaginierten Szenario, das wir intuitiv so bewerten (sollen), dass die manipulierte Person nicht für ihr Verhalten verantwortlich ist. Alfred Mele hat die Fruchtbarkeitsgöttin Diana bemüht, die eine befruchtete Eizelle (eine Zygote) erzeugt, aus der sich ein Akteur (Ernst) entwickelt.

Diana erzeugt in Maria eine befruchtete Eizelle Z. Sie setzt die Atome dieser befruchteten Eizelle Z zusammen, weil sie möchte, dass dreißig Jahre später ein bestimmtes Ereignis E eintritt. Dank ihres Wissens über den Zustand des Universums unmittelbar vor der Erschaffung von Z und der Naturgesetze ihres deterministischen Universums schließt sie, dass sich eine befruchtete Eizelle mit genau der Konstitution von Z in Maria zu einem idealen, selbstgesteuerten Akteur [Ernst] entwickeln wird, der in dreißig Jahren auf der Grundlage rationaler Überlegungen entscheidet, dass es das Beste ist, A zu tun, und auf der Grundlage dieses Urteils A tut, wodurch E eintritt. (Mele 2006, 188)

Ist Ernst dafür verantwortlich, dass er A tut und deshalb E geschieht? Ausgangspunkt von Manipulationsargumenten ist die Einschätzung oder Intuition, dass Ernst in der beschriebenen Situation weder verantwortlich für das ist, was er tut, noch für das, was daraus folgt – obwohl er, bevor er A getan hat, einen beliebig komplexen Gründe-sensitiven Prozess durchlaufen hat.

Es gibt eine ganze Reihe weiterer Manipulationsargumente, die allesamt eine Situation beschreiben, in der eine Person (die komplexe Abwägeprozesse oder Ähnliches durchlaufen kann) wegen einer Manipulation – so die intuitive Einschätzung – für ihr Verhalten nicht verantwortlich ist. Neben Diana als „supremely intelligent being" (Mele 2006, 184) haben wir es in anderen Fällen mit einem Team von Neurowissenschaftlern, die jemanden zu Beginn oder während seines Lebens manipulieren (Pereboom 2001), zu tun, mit einem Team von behaviouristischen Psychologen (Kane 1996, 65ff) oder mit einem „geniale[n] Physiologe[n, der] in mir jeden beliebigen Willen hervorrufen kann, indem er verschiedene Knöpfe an einem Instrument drückt, an das ich, nehmen wir an, mit zahlreichen Drähten angeschlossen bin" (Taylor 1974, 45). In solchen Fällen, so Taylor, ist die fragliche Person nicht für ihr Verhalten verantwortlich, sondern lässt sich vielmehr als eine Puppe oder Marionette beschreiben.

Auf der Grundlage derartiger Szenarien lässt sich ein Argument für einen Inkompatibilismus entwickeln, also für die These, dass das Erfülltsein der Urheberschaftsbedingung nicht nur mit Manipulationen, sondern mit dem Determinismus unvereinbar ist. Angewandt auf das Szenario von Diana und Ernst hat es die folgende Struktur:

(1) Ernst ist für sein Verhalten in dem Diana-Szenario nicht verantwortlich (intuitive Bewertung der Diana-Geschichte).

(2) Personen, die in einem beliebigen (auch nicht-manipulierten) deterministischen Universum handeln (sich auf bestimmte Weisen verhalten), unterscheiden sich von Ernst in keiner Hinsicht, die für die Frage der Verantwortungszuschreibung relevant ist.

(3) Wenn der Determinismus wahr ist, dann sind Menschen für ihr Verhalten nicht verantwortlich (vgl. so ähnlich Mele 2006; Todd 2013).

Wenn man Prämisse (1) akzeptiert, kann man auf dieser Grundlage dafür argumentieren, dass das Durchlaufen eines Gründe-sensitiven Prozesses nicht hinreichend dafür ist, die Urheberschaftsbedingung zu erfüllen. Kompatibilisten könnten diese Diagnose akzeptieren und fordern, dass für das Erfülltsein der Urheberschaftsbedingung neben dem Durchlaufen eines Gründe-sensitiven Prozesses auch gewährleistet sein muss, dass keine Manipulation vorliegt. Prämisse (2) behauptet nun, dass mit dem bloßen Ausschließen der Manipulation für die Frage des Verantwortung Zuschreibens nichts gewonnen ist, solange die betrachtete Welt deterministisch ist. In deterministischen Universen, so die These, verhalten sich Menschen wie in Manipulationsszenarien, d.h. nicht anders als Werkzeuge oder Marionetten. Prämisse (2) behauptet also, dass es zwischen Manipulationsszenarien und gewöhnlichen deterministischen Universen keinen für die Verantwortungszuschreibung signifikanten Unterschied gibt.

Es gibt verschiedene Strategien für Kompatibilisten, dieses Argument zurückzuweisen. Im Wesentlichen lassen sie sich danach klassifizieren, ob sie Prämisse (1) (so genannte „hard-line-Antworten") oder ob sie Prämisse (2) zurückweisen („soft-line-Antworten"). McKenna (2008, 143) hat diese Terminologie eingeführt.

Wie ließe sich die Zurückweisung von Prämisse (1) motivieren? Eine Kompatibilistin könnte einfach darauf insistieren, dass dann, wenn man sich klar gemacht hat, dass Ernst die verschiedenen Handlungsoptionen im Lichte ihrer Konsequenzen abgewogen hat (und getan hat, was auch immer sonst noch üblicherweise relevant sein mag, um für sein Verhalten verantwortlich zu sein), die intuitive Bewertung der Diana-Situation revidiert und Ernst dafür verantwortlich gemacht werden sollte, A getan zu haben (McKenna 2008 und Fischer 2016 geben eine solche „hard-line"-Antwort.) Diese Überlegung werde ich hier nicht weiterverfolgen. Im Folgenden werde ich zeigen, dass es gute Gründe gibt, Prämisse (2) zurückzuweisen.

4.3 Analyse des Manipulationsarguments

Manipulationsargumente gehen davon aus, dass eine manipulierte Person, wie Ernst in unserem oben diskutierten Beispiel, für ihr Verhalten nicht verantwortlich ist. Diese Einschätzung werde ich im Folgenden nicht hinterfragen. Die zweite Prämisse lautet, dass, wenn wir uns als handelnde Personen in einer deterministischen Welt befinden, wir uns in einer Situation befinden, die in allen Hinsichten, die für die Frage der Zuschreibung von Verantwortung relevant sind, derjenigen ähnelt, in der sich eine Person in einem Manipulationsszenario befindet. Es gibt keinen signifikanten Unterschied. Es folgt dann, dass man in deterministischen Welten nicht für sein Verhalten verantwortlich ist. Mein Ziel ist es zu zeigen, dass sich Manipulationsargumente zurückweisen lassen, weil Prämisse (2) nicht zutrifft. Dazu soll nun genauer untersucht werden, dank welcher Zuschreibungen sich die intuitive Einschätzung ergibt, dass Ernst für sein Verhalten in dem Manipulationsszenario nicht verantwortlich ist.

Auf welchen Merkmalen beruht die intuitive Bewertung des Szenarios? Nehmen wir an, es heiße, der Verkäufer V eines gebrauchten Autos habe die Kilometeranzeige manipuliert. Der Wagen sei ca. 115.000 km gefahren worden, die Anzeige stehe aber nun bei 47.000 km. Wenn wir V Manipulation vorwerfen, dann unterstellen wir üblicherweise, dass V durch sein Verhalten verursacht hat, dass die Anzeige von 115.000 km auf 47.000 km geändert wurde. Wir unterstellen weiter, dass V dies absichtlich getan hat. Schließlich nehmen wir vielleicht auch an, dass V selbst dann, wenn die ursprüngliche Anzeige auf 120.000 km oder 110.000 km gestanden hätte, sie auf 47.000 km hätte fixieren können (sowie, dass er auch einen anderen Wert als 47.000 km hätte herbeiführen können). Wenn wir unterstellen, dass V die Anzeige, die 47.000 km anzeigt, manipuliert hat, dann unterstellen wir also erstens, dass er dies beabsichtigt hat, zweitens, dass er es herbeigeführt hat und, möglicherweise drittens, dass das Ergebnis *kontrafaktisch robust* ist, d.h. von anderen Anfangsbedingungen ausgehend hätte V dasselbe Ergebnis erreichen können.

Nun mag es den Fall geben, dass V beabsichtigt, die Anzeige von 115.000 km auf 47.000 km zu stellen, und dass ihm dies für genau diesen Wert auch gelingt, aber für andere Werte nicht. Vielleicht würden wir dies auch als einen Fall von Manipulation bezeichnen. Entscheidend ist nun aber, dass die spezifischen Manipulationsszenarien, die dem Manipulationsargument als Ausgangspunkt dienen, so formuliert sind, dass die kontrafaktische Robustheit gewährleistet ist. Indem Diana als „supremely intelligent being" und als Göttin (Mele 2006, 184) eingeführt wird, wird unterstellt, dass sie den Weltverlauf und Alternativen zum tatsächlichen Verlauf überblickt und dass sie denjenigen Verlauf, der ihr gefällt, herbeiführen kann. In anderen Manipulationsszenarien haben wir es mit einem Team von Neurowissenschaftlern (Pereboom 2001) oder mit einem Team von behaviouristischen Psychologen (Kane 1996, 65ff) zu tun, die das manipulierte System einschließlich der darin vorkommenden Personen „im Griff" haben.

Diana überblickt, wie sich das zu manipulierende System in Abhängigkeit von ihren Interventionen entwickeln wird und wie es sich unter anderen Interventionen entwickeln würde. Auch wenn das betrachtete System sich von dem tatsächlichen unterschiede, wäre sie in der Lage, durch eine geeignete Konstruktion der befruchteten Eizelle Z das gewünschte Ergebnis sicherzustellen (denn Diana wird als eine *Göttin* vorgestellt, die wir uns deshalb als mit Fähigkeiten ausgestattet denken sollten, die diejenigen gewöhnlicher Personen übertreffen). Für Diana ist Ernst ein Werkzeug oder eine Marionette. Etwas ist nur dann für mich ein Werkzeug oder eine Marionette, wenn ich in der Lage bin, auch unter geänderten Anfangsbedingungen das gewünschte Resultat herbeizuführen. Eine Marionette ist nicht einfach eine Puppe, deren Bewegungen ich festlege, es ist eine Puppe, deren Bewegungen ich so kontrolliere, dass ich es in einer Vielzahl von unterschiedlichen Ausgangssituationen bewerkstelligen kann, dass die Puppe die gewünschte Bewegung ausführt. Selbst in einem Szenario, in dem Maria – aus welchen Gründen auch immer – keine Kinder austragen könnte, wäre die Göttin Diana in der Lage, eine befruchtete Eizelle in einer anderen Person so zu erzeugen, dass Ernst (oder ein Doppelgänger von Ernst) dreißig Jahre später nach reiflicher Überlegung A ausführen und damit E herbeiführen würde.

Durch den Hinweis darauf, dass es sich bei den manipulierenden Personen um Göttinnen, um ein Team von Wissenschaftlern, hinterhältige Hypnotiseure oder den Teufel selbst handelt[1], wird die Einschätzung nahegelegt, dass die Manipulatoren das gewünschte Ergebnis unter einer Vielzahl von Ausgangsbedingungen hervorzubringen wüssten – dass das beschriebene Szenario also *kontrafaktisch robust* ist. Dank der kontrafaktischen Robustheit halten wir Ernst für ein bloßes Werkzeug oder eine Marionette, dem/der wir keine Urheberschaft und *a fortiori* keine Verantwortung für sein/ihr Verhalten zuschreiben.

Wo stehen wir nun im Hinblick auf die Bewertung des Manipulationsarguments? Es hat sich gezeigt, dass die kontrafaktische Robustheit des Ergebnisses (z.B. dass Ernst A ausführt) in den spezifischen Manipulationsszenarien, die im Kontext des Manipulationsarguments diskutiert werden, ein Merkmal ist, das erklärt, weshalb wir die fraglichen Personen für ihr Verhalten nicht verantwortlich machen, sondern für bloße Marionetten halten. Der Determinismus impliziert aber keine kontrafaktische Robustheit. Das heißt,

---

[1]   Fischer zählt eine ganze Reihe von unterschiedlichen Manipulatoren auf, die in der Literatur diskutiert wurden (Fischer 2021, 257ff).

ein Universum, das deterministisch ist, muss nicht eines sein, in dem die Urheberschaftsbedingung untergraben wird (wenn wir davon ausgehen, dass kontrafaktische Robustheit der entscheidende Faktor ist, der das Erfülltsein der Urheberschaftsbedingung verhindert). Wir können also Prämisse (2) „Personen, die in einem deterministischen Universum handeln (sich auf bestimmte Weisen verhalten), unterscheiden sich von Ernst in keiner Hinsicht, die für die Frage der Verantwortungszuschreibung relevant ist" zurückweisen, denn die kontrafaktische Robustheit ist eine solche Hinsicht.[2]

Diese Diagnose wird durch ein Szenario unterstützt, das John Martin Fischer vorgestellt hat (Fischer hatte das Beispiel eingeführt, um eine etwas andere Kritik an dem Manipulationsargument zu begründen):

> Johann und Maria haben [...] Sex, wollen aber kein Kind zeugen und verhüten deshalb, [...]. Allerdings ist Maria schwanger geworden, obwohl sie eine (im Allgemeinen zuverlässige) Verhütungsmethode angewendet haben, [...]. Das Paar beschließt, das Baby zu bekommen und es ‚Ernst' zu nennen. Jetzt ergänzen wir die Geschichte ein wenig. Das Universum ist (nehmen wir an) deterministisch, und dreißig Jahre später führt Ernst eine Handlung A aus und löst damit das Ereignis E aus. Wir nehmen außerdem an, dass Ernst plausible kompatibilistische Bedingungen erfüllt, um frei zu handeln (indem er A ausführt). (Fischer 2011, 267)

Mit „plausiblen kompatibilistischen Bedingungen" ist gemeint, dass z. B. die kausale Vorgeschichte der Ausführung von A hinreichend Gründe-sensitiv ist. Wie im Diana-Szenario ist das Universum deterministisch und Ernsts Verhalten (das Ausführen von A und das Herbeiführen von E) ist durch vorangegangene Faktoren und die Naturgesetze eindeutig determiniert. Allerdings liegt hier im

---

[2] Es ist auch diskutiert worden, ob der Umstand, dass die manipulierenden Akteure eine Absicht haben, eine relevante Hinsicht sein könnte, in der sich bloß deterministische Universen von Manipulationsszenarien unterscheiden – allerdings mit keinem eindeutigen Ergebnis (Fischer 2011, 2016; Todd 2013). Auf diese Diskussion muss ich aber nicht weiter eingehen, weil es zur Zurückweisung von Prämisse (2) reicht, *ein* Merkmal benennen zu können, das einerseits für die Frage der Verantwortungszuschreibung relevant ist, hinsichtlich dessen sich aber andererseits das Manipulationsszenario und gewöhnliche deterministische Szenarien unterscheiden.

Unterschied zum Diana-Szenario keine kontrafaktische Robustheit vor. Wenn die Umstände etwas anders gewesen wären, wäre Ernst nicht gezeugt worden und hätte weder A ausgeführt noch E herbeigeführt.

Im Hinblick auf dieses Szenario stellt sich bei den meisten (so meine anekdotische Evidenz aus Lehrveranstaltungen) nicht mehr die Intuition ein, dass aufgrund der kausalen Vorgeschichte Ernst für das Ausführen von A und das Herbeiführen von E keine Verantwortung hat. Ernst ist in dieser Geschichte kein Werkzeug von Johann und Maria, weil das Verhalten von Ernst nicht kontrafaktisch robust von dem Verhalten von Johann und Maria abhängt. Obwohl die Welt deterministisch ist, ist es weder so, dass Ernst unvermeidlich (im Sinne von kontrafaktisch robust) entsteht, noch dass er unvermeidlich A tut etc. Unter leicht anderen Umständen hätte sich die Welt anders entwickelt.

Diese Diskussion zeigt nun auch, weshalb dann, wenn eine im beschriebenen Sinne kontrafaktisch robuste Situation vorliegt, sich die intuitive Einschätzung ergibt, dass Ernst für sein Verhalten nicht verantwortlich ist. Die Situation, in der er sich befindet, ist derart, dass selbst dann, wenn er bestimmte Bedingungen ändern würde, auf die er Einfluss nehmen könnte, z. B. durch die Berücksichtigung weiterer Gründe, die für oder gegen sein Verhalten sprechen, er sich gleichwohl auf dieselbe Weise verhalten würde. Da gibt es kein Entrinnen.

Pereboom und McKenna (2022) wenden gegen eine ähnliche Argumentation bei Deery und Nahmias[3] ein, dass in manchen Fällen, auch dann, wenn das fragliche Verhalten nicht kontrafaktisch robust ist, sich die Intuition einstellt, dass die fragliche Person für

---

[3] Deery und Nahmias (2017) machen einen ähnlichen Vorschlag, um einen signifikanten Unterschied zwischen Manipulationsszenarien und gewöhnlichen deterministischen Universen zu bestimmen. Sie stützen sich auf den kausalen Interventionismus, um das Phänomen der Robustheit zu erläutern. Für meine Belange ist der Rekurs auf kausale Terminologie im Allgemeinen und den Interventionismus im Besonderen nicht erforderlich. Insbesondere definieren sie auch den Begriff der *kausalen Quelle* eines Verhaltens und unterstellen, dass es eine solche Quelle immer gibt. Der hier vorgestellte Vorschlag, einen signifikanten Unterschied zu benennen, geht von deutlich weniger Vorannahmen aus und macht insbesondere keine Annahmen über Kausalität.

ihr Verhalten nicht verantwortlich ist. Sie diskutieren den folgenden Fall, den ich – um ihn dann zurückweisen zu können – in voller Länge zitieren muss:

Diana verfügt zufällig über die Fähigkeit, Dinge zu beeinflussen, indem sie Details über die Naturgesetze und den Zustand der Welt zu einem bestimmten Zeitpunkt erfährt. Aber sie hat überhaupt kein Wissen von diesen Dingen, und zum größten Teil kann sie keinen Zugang zu solchem Wissen erlangen. Stattdessen arbeitet sie für Zeus als Sekretärin und erledigt meistens Aufgaben, die nicht besonders anspruchsvoll sind. Aus welchem Grund auch immer hat Zeus ein sehr merkwürdiges System, um all sein Wissen über den Zustand der Welt und die mögliche Zukunft zu verwalten. Er hält jede mögliche Abfolge von Möglichkeiten, wie sich die gesamte Geschichte der Welt entwickeln wird, auf einer Reihe von Papierbögen fest. Jede dieser Sequenzen wird […] ausgedruckt. Er trägt sie […] in einer großen Mappe mit sich herum, vielleicht um allen zu zeigen, wie viel er weiß. Eines Tages geht Zeus den Flur entlang, und ein Stück Papier fällt zufällig aus seiner Mappe, ohne dass er es bemerkt. Diana hebt es auf, und es ist eine Sequenz, die, wenn sie ausgeführt wird, zu Mannys Untat führt. […] Diana beschließt, dass es interessant wäre, Manny dabei zuzusehen, wie er dieses moralische Unrecht begeht, […]. Auf der Grundlage dieses Wissens, das sie von Zeus gestohlen hat, greift sie in das Weltgeschehen ein, um das gewünschte Ergebnis zu erzielen. Manny stiehlt das Geld […]. (Pereboom und McKenna 2022, 192/3)

McKenna und Pereboom glauben, dass sich hier bei vielen die Intuition einstellt, Manny (die manipulierte Person) sei für sein Tun nicht verantwortlich. Selbst wenn McKenna und Pereboom mit ihrer Hypothese über intuitive Einschätzungen, die sich in solchen Fällen typischerweise einstellen, recht hätten, stellt sich die Frage, *warum* sich diese Einschätzungen einstellen. Würden sich dieselben intuitiven Bewertungen einstellen, wenn Diana Sekretärin bei einer Philosophieprofessorin wäre, bei der zufällig ein solches Papier zu finden wäre? Eher nicht. Es scheint immer noch wichtig zu sein, dass hier Götter im Spiel sind. Es geht einiges vor, das Manny betrifft, aber für uns nicht ganz durchschaubar ist. Wir kennen Zeus' Pläne nicht. Wir zögern vielleicht deshalb, Manny Verantwortung für sein Verhalten zuzuschreiben, weil wir nicht wissen, was hinter den Kulissen vor sich geht.

Ob Szenarien interessante Informationen darüber liefern können, was die Kriterien sind, die in unserer Verantwortungszuschreibungspraxis und in unserer Entschuldigungspraxis zur Anwendung kommen, setzt voraus, dass die Szenarien einigermaßen transparent sind, d.h. dass einsichtig ist, von welchen Charakteristika eine intuitive Einschätzung abhängt. Diese Bedingung ist hier nicht erfüllt.[4]

Es spricht also vieles dafür, dass die kontrafaktische Robustheit und nicht der Determinismus entscheidend für die Intuitionen in Manipulationsszenarien ist. Somit kann also Prämisse (2) und damit das Manipulationsargument zurückgewiesen werden. Einer Kompatibilistin steht es somit frei, die Urheberschaftsbedingung als erfüllt aufzufassen, wenn das fragliche Verhalten eine hinreichend Gründe-sensitive kausale Vorgeschichte hat und keine kontrafaktisch robuste Manipulation vorliegt. Diese Forderung kann auch in deterministischen Universen erfüllt werden.

Die Zurückweisung des Manipulationsarguments möchte ich mit einigen Bemerkungen zum Begriff der kontrafaktischen Robustheit abschließen. Kontrafaktisch robust heißt ein Zustand eines Systems (des Universums oder ein Verhaltenszustand einer Person), wenn dieser Zustand $Z(t)$ durch Zustände zu einem früheren Zeitpunkt t^* derart festgelegt ist, dass nicht nur der aktuale Zustand $Z_a(t^*)$ $Z(t)$ zur Folge hat, sondern auch eine Reihe von Alternativen zu $Z_a(t^*)$, also $Z'(t^*)$, $Z''(t^*)$, $Z'''(t^*)$ usw. den Zustand $Z(t)$ zur Folge gehabt hätten. Diana hätte – so oder so – einen Weg gefunden, dass Ernst A tut, so dass E eintritt.

Wesentlich ist – wie schon erwähnt –, dass der Determinismus kontrafaktische Robustheit nicht impliziert. Eine deterministische Welt muss also nicht kontrafaktisch robust sein.

Man könnte nun denken, Determinismus und kontrafaktische Robustheit seien sogar miteinander unverträglich. Wir hatten bisher

---

[4]   Ein weiteres mögliches Szenario ist das folgende: Diana ist noch nicht in der Lage, kontrafaktisch robust Personen wie Ernst zu manipulieren. Sie übt noch. Meistens funktioniert das, was sie sich vornimmt, nicht. Aber dann doch einmal, und sie erzeugt eine Zygote Z in Maria etc. („Diana got lucky"). Hier scheint auf den ersten Blick keine kontrafaktische Robustheit vorzuliegen, man würde aber vielleicht Ernst gleichwohl nicht für sein Verhalten verantwortlich machen wollen. Welchem Umstand verdankt sich diese Bewertung? Möglicherweise hängt diese Bewertung doch davon ab, dass Diana als Göttin eingeführt wurde. Wenn wir Diana durch eine schusselige Philosophieprofessorin ersetzen, ändert sich die Bewertung der Situation möglicherweise. Das Szenario scheint mir keine klare Schlussfolgerung nahezulegen.

kontrafaktische Robustheit so definiert, dass sich derselbe Zustand einstellt, ausgehend von einer Vielzahl verschiedener möglicher Anfangszustände. Das ist aber unvereinbar mit unserer Definition von Determinismus in Kapitel 2. Dort hatten wir definiert, dass eine Welt w deterministisch ist, wenn jede Welt mit den gleichen Gesetzen wie w, die mit w zu irgendeinem Zeitpunkt hinsichtlich ihres Zustands übereinstimmt, mit w zu allen Zeitpunkten hinsichtlich ihres Zustands übereinstimmt. Wenn nun aber ein Zustand Z zu einem Zeitpunkt t kontrafaktisch robust herbeigeführt wurde, dann würde $Z(t)$ die früheren Zustände nicht eindeutig festlegen.

Auf der Grundlage dieser Überlegung könnte man Manipulationsargumente sogar deshalb zurückweisen, weil die Manipulationsszenarien kontrafaktisch robust sind und kontrafaktische Robustheit mit dem Determinismus unverträglich ist. Manipulationsszenarien ließen demnach allein aus diesem Grunde schon keine Schlussfolgerungen für deterministische Welten zu.

Damit würde man sich die Zurückweisung von Manipulationsargumenten aber zu einfach machen, denn es gibt eine für den Inkompatibilismus wohlwollendere Lesart der kontrafaktischen Robustheit. Wir interessieren uns dafür, ob Ernsts Verhalten und dessen Folgen kontrafaktisch robust sind. Dieses Verhalten interessiert uns aber typischerweise unter einer *makroskopischen* Charakterisierung, die durchaus auf verschiedene Weise mikroskopisch realisiert sein kann. Wenn der makroskopische Zustand $Z(t)$, der unterschiedlich mikroskopisch realisiert sein kann, durch verschiedene vorangegangene Mikrozustände Z, Z', Z'' usw. hervorgebracht werden kann, dann wird der Makrozustand $Z(t)$ kontrafaktisch robust hervorgebracht, ohne dass sich ein Widerspruch zum Determinismus ergibt.

Somit ergibt sich, dass *mikroskopische* kontrafaktische Robustheit mit dem Determinismus in der Tat unvereinbar ist. *Makroskopische* kontrafaktische Robustheit ist dagegen sehr wohl mit dem Determinismus vereinbar. D.h. insbesondere, dass sich das Manipulationsszenario widerspruchsfrei formulieren lässt. Gleichwohl wird die makroskopische Robustheit durch den Determinismus nicht impliziert. Und das ist alles, was wir benötigen, um Prämisse (2) zurückzuweisen. Denn da der Determinismus makroskopische kontrafaktische Robustheit nicht impliziert, makroskopische kontrafaktische Robustheit aber wesentlich für die intuitive Bewertung ist, dass Ernst ein Werkzeug oder eine Marionette ist und deshalb für sein Verhalten nicht verantwortlich ist, gibt es sehr wohl einen Unterschied zwischen dem Manipulationsszenario und gewöhnlichen deterministischen Universen. Prämisse (2) ist folglich falsch.

Was ist nun der Stand der Dinge? Ausgangspunkt war die Überlegung, dass unsere Praxis des Zuschreibens von Verantwortung auf eine Reihe von Bedingungen verweist, die erfüllt sein müssen, damit jemand für sein Verhalten verantwortlich ist. Eine dieser Bedingungen ist die Urheberschaftsbedingung. Manipulationsszenarien zeigen, dass es sein kann, dass eine Person selbst dann nicht für ihr Verhalten verantwortlich ist, wenn zur kausalen Vorgeschichte des Verhaltens ein beliebig anspruchsvoller und komplexer Gründe-sensitiver Prozess oder Mechanismus gehört. Das Durchlaufen des Mechanismus ist also nicht hinreichend für Urheberschaft, es muss auch ausgeschlossen sein, dass ein Fall von kontrafaktisch robuster Manipulation oder Instrumentalisierung vorliegt.

Manipulationsargumente behaupten, dass ein Ausschließen solcher Manipulationsszenarien für deterministische Universen nicht möglich ist, da der Determinismus impliziere, dass die Urheberschaftsbedingung nicht erfüllt sein kann. Wir haben gesehen, dass derartige Argumente nicht überzeugen, weil die einschlägigen Manipulationsszenarien sich in relevanten Hinsichten von gewöhnlichen deterministischen Szenarien unterscheiden und deshalb intuitive Einschätzungen, die für die Manipulationsszenarien angemessen sein mögen, nicht auf gewöhnliche deterministische Szenarien übertragen werden können. Manipulationsargumente liefern also keinen Grund anzunehmen, dass der Determinismus unsere Praxis des Zuschreibens von Verantwortung untergräbt: Wir können also weiterhin daran festhalten, dass wir einer Person für ihr Verhalten Verantwortung zuschreiben dürfen, wenn sie ohne Manipulation z.B. Gründe-sensitive Prozesse durchlaufen hat und in diesem Sinne Urheber ihres Verhaltens ist.

4.4 Urheberschaft und Kausalität

In diesem Abschnitt möchte ich eine weitere inkompatibilistische Überlegung diskutieren, die darauf abzielt zu zeigen, dass man in einem deterministischen Universum nicht Urheber seines Verhaltens sein kann. Diese Überlegung stützt sich nicht auf Manipulationsszenarien, sondern auf Annahmen über Kausalität und Verantwortung. Klar ist: Für etwas verantwortlich zu sein hat etwas mit Kausalität zu tun. Nur dann, wenn ich in einer kausalen Beziehung zum Einsturz des Kölner Stadtarchivs stehe, komme ich als jemand in Frage, der für diesen Einsturz (mit)verantwortlich ist. Eine kausale Verknüpfung (so die allgemeine und hier nicht hinterfragte Annahme (vgl. Moore 2009)) ist notwendig für (moralische) Verantwortung.[5] Das Vorliegen einer kausalen Verknüpfung ist aber nicht hinreichend dafür, dass etwas für die Konsequenzen seines Verhaltens verantwortlich gemacht wird. Es gibt viele Fälle, in denen wir Gegenstände (Steine, Personen o.Ä.) für ihr Verhalten nicht verantwortlich machen, obwohl sie z. B. einen Schaden verursacht haben. Verursachung alleine ist nicht hinreichend für Verantwortung. In Kapitel 1 hatten wir weitere notwendige Bedingungen für Verantwortung diskutiert (kognitive Fähigkeiten, sich anders verhalten können, Urheberschaft).

Wenn eine Fensterscheibe durch einen Stein zerstört wurde, schreiben wir dem Stein keine Verantwortung für sein Verhalten und die Konsequenzen dieses Verhaltens zu.[6] Stattdessen verfolgen wir auf der Suche nach Verantwortung die Kausalkette weiter zurück. Der auf die Fensterscheibe auftreffende Stein kann sich z. B. einem natürlichen Vorgang wie z. B. einer Gerölllawine verdanken oder einem Steinwerfer. In beiden Fällen schreiben wir dem Stein keine Verantwortung zu. Im ersten Fall (Lawine) zeigt sich, dass der Versuch, Verantwortung zuzuschreiben, unangebracht ist, im zweiten Fall schreiben wir die Verantwortung (vorläufig) dem Steine-

---

[5]   Das gilt nur, wenn man unter die kausalen Verknüpfungen auch die Fälle so genannter negativer Kausalität miteinbezieht, z.B. Fälle von Unterlassung: Mein Nicht-Betätigen der Dunstabzugshaube ist die Ursache für die hohen Luftfeuchtigkeitswerte in der Küche.

[6]   Manchmal reden wir gleichwohl davon, dass das Auftreffen des Steins für die zerstörte Fensterscheibe *verantwortlich* ist, vielleicht sogar, dass das Auftreffen des Steins *schuld* ist (so wie der Frost *schuld* an der schlechten Ernte ist). In solchen Fällen ist aber nur gemeint, dass das Auftreffen des Steins eine *Ursache* für die zerstörte Fensterscheibe ist. Wir würden das Verhalten des Steines nicht loben oder es empörend finden, wie sich der Stein verhalten hat. Mit „für das Verhalten verantwortlich sein" ist hier und im weiteren Verlauf immer die anspruchsvolle Konzeption gemeint, die als Grundlage von Reaktionen wie Lob oder Empörung dienen kann.

werfer zu. Diese Praxis des Zuschreibens und Nichtzuschreibens
von Verantwortung kann man nun auf unterschiedliche Weise in-
terpretieren, und von der jeweiligen Interpretation hängt ab, ob
auch im Falle des Steinewerfers das Zuschreiben von Verantwortung unangebracht ist.

Ich werde hier zwei Interpretationen diskutieren, die die Frage
beantworten, warum wir die Verantwortung vom Stein (vorläufig)
auf den Steinewerfer verschieben.

Nach Interpretation 1, die ich für die Standardinterpretation
halte, gilt: Anders als den Stein machen wir den Steinewerfer für
sein Verhalten verantwortlich, weil wir annehmen, dass er die relevanten Bedingungen erfüllt, die wir in Kapitel 1 aufgelistet haben:
Er besitzt die kognitiven Fähigkeiten, um die Situation einzuschät-
zen, er besitzt die Option, sich anders zu verhalten, und ist Urheber
dieses Verhaltens. Der Stein dagegen verfügt weder über die relevanten kognitiven Fähigkeiten noch über verschiedene Verhaltensoptionen. Außerdem erfüllt der Stein die Urheberschaftsbedingung
nicht. Zu Beginn des Kapitels hatte ich als Beispiel Gründe-sensitive Ansätze genannt. Nach diesen erfordert die Urheberschaftsbedingung, dass ein Verhalten eines ist, für das man verantwortlich
ist, wenn man Gründe für und gegen ein bestimmtes Verhalten sowie die Konsequenzen desselben gegeneinander abzuwägen im-
stande ist und sich bei Vorliegen anderer Gründe vielleicht anders
verhalten hätte. Der Stein kann einen solchen Prozess nicht durchlaufen und ist (auch) deshalb nicht für den entstandenen Schaden
verantwortlich – anders als der Steinewerfer. Wenn kein Fall von
Instrumentalisierung bzw. Manipulation vorliegt, erfüllt der Steinewerfer die Bedingungen dafür, dass ihm für sein Verhalten und die
Konsequenzen desselben Verantwortung zugeschrieben werden
kann.

Einer alternativen Interpretation (Interpretation 2) zufolge ist
für das Verschieben von Verantwortung und Urheberschaft nicht
entscheidend, dass der Stein nicht, wohl aber der Werfer die aufgezählten Bedingungen erfüllt, sondern das Verursacht-Sein als solches. Wir schreiben dem Stein schon deshalb keine Verantwortung
zu, weil dessen Verhalten eine Ursache hat, so die These. Wenn wir
in einem deterministischen Universum die vorangegangenen Zustände als Ursache der späteren Zustände betrachten dürfen, dann
folgt aus dieser Interpretation, dass in einem deterministischen Universum die Bedingung für Urheberschaft nicht erfüllt sein kann

(oder nur durch Ursachen zu Beginn des Universums, die selbst keine Ursachen haben). Die Interpretation führt also auf ein Argument für die These, dass Personen, die nicht am Anfang des deterministischen Universums leben, niemals für das, was sie tun, verantwortlich sein können. Der Steinewerfer ist genauso wenig für die zerstörte Fensterscheibe verantwortlich wie der Stein.

Nach Interpretation 2 ist der Stein deshalb nicht für das Auftreffen auf und die Zerstörung der Fensterscheibe verantwortlich, weil das Verhalten des Steins seinerseits verursacht wurde. Der Steinwurf ist eine Ursache des Auftreffens, deshalb wird das Verantwortlichsein für die Zerstörung des Fensters von dem Auftreffen des Steins zunächst an den Steinwurf bzw. den Steinewerfer delegiert. Aber das Werfen des Steins ist selbst auch verursacht. Folglich wird die Verantwortung weiter delegiert (oder aber es gibt nichts, das verantwortlich ist, weil für das Verantwortlichsein noch weitere Bedingungen erfüllt sein müssen, z. B. kognitive Bedingungen, die von früheren Ursachen nicht erfüllt werden).

Interpretation 1 und Interpretation 2 unterscheiden sich folgendermaßen: Gemäß der Standardinterpretation 1 ist es für das Erfülltsein der Urheberschaftsbedingung hinreichend, wenn zur kausalen Vorgeschichte des Verhaltens ein Gründe-sensitiver Mechanismus gehört und keine Manipulation vorliegt. Interpretation 2 dagegen verlangt *zusätzlich*, dass das Verhalten der Person *unverursacht* ist.

Letztlich können wir demnach nur dann jemanden oder etwas für ein Verhalten oder die Konsequenzen seines Verhaltens verantwortlich machen, wenn das Verhalten desselben nicht durch etwas anderes verursacht wurde. Eine solche These hat Galen Strawson vertreten. Sein grundlegendes Argument gegen die Möglichkeit moralischer Verantwortlichkeit lautet in Kurzform wie folgt:

(1) Nichts kann *causa sui* sein – nichts kann die „Ursache seiner selbst" sein.

(2) Um wirklich moralisch für seine Handlungen verantwortlich zu sein, müsste man zumindest bezüglich bestimmter und entscheidender mentaler Hinsichten *causa sui* sein.

(3) Also kann nichts wirklich moralisch verantwortlich sein. (Strawson, 1994, 5)

Wir haben es also mit zwei Interpretationen des Umstandes zu tun, dass wir die Verantwortung für das zerstörte Fenster von dem Stein zunächst auf den Steinewerfer verschieben. Nach Interpretation 1 erfüllt der Stein u.a. die Urheberschaftsbedingung nicht, denn er verfügt über keinen Gründe-sensitiven Mechanismus. Dagegen gilt für den Steinewerfer, dass sein Verhalten (i) kausal früher ist (das ist der Grund, weshalb er ein Kandidat für die Zuschreibung von Verantwortung für das zerstörte Fenster als Konsequenz seines Verhaltens ist), (ii) er vor dem Steinwurf einen Gründe-sensitiven Prozess durchlaufen kann und er (iii) nicht manipuliert wurde. Weil er u.a. diese drei Bedingungen erfüllt, schreiben wir ihm zu, für die Zerstörung des Fensters verantwortlich zu sein. Weil keine weiteren Bedingungen erfüllt werden müssen, bleibt es bei dieser Zuschreibung. Interpretation 1 macht unsere tatsächliche Zuschreibungspraxis verständlich. Auch Interpretation 2 erklärt die (vorläufige) Verschiebung der Verantwortung auf den Werfer. Da sie aber zusätzlich fordert, dass man nur dann Urheber sein kann, wenn man *causa sui* ist, hat diese Interpretation zur Folge, dass unsere tatsächliche Zuschreibungspraxis unverständlich wird und revidiert werden sollte. Der Werfer ist nicht verantwortlich, denn das Werfen ist seinerseits durch vorangegangene Ereignisse verursacht worden. Strawsons Argument zielt darauf ab zu zeigen, dass Verantwortungszuschreibung grundsätzlich unangemessen ist – jedenfalls dann, wenn das fragliche Verhalten Ursachen hat.

Aber was spricht für die revisionistische zweite Interpretation des Steinwurfbeispiels? Es wäre schön, wenn es ein positives Argument für die Angemessenheit der alternativen Interpretation, insbesondere für Prämisse (2) in Strawsons Argument, gäbe. Dass Prämisse (2) unzureichend motiviert ist, wurde schon häufiger bemängelt (vgl. z. B. McKenna und Pereboom 2016, 154).

Interpretation 2 scheint mir durch die Überlegung motiviert zu sein, dass Verantwortung für ein Ereignis E zu haben impliziert, dass man die *eigentliche* Ursache von E ist. Diese Vorstellung von einer eigentlichen Ursache hat in älteren Kausalkonzeptionen durchaus einen Platz. Das sind Kausalvorstellungen, die die Metaphern des Fließens und des Hervorbringens in den Mittelpunkt stellen und deshalb die Frage nach der Quelle, nach einem ersten Punkt der Kausalität, motivieren. Ein Beispiel ist die Konzeption von Kausalität, die von dem Jesuiten Francisco Suárez im 16. Jahrhundert vertreten wurde. Ganz allgemein heißt es bei ihm über den Begriff der Ursache:

Eine Ursache ist ein Prinzip, das aus sich heraus in etwas anderes Sein einflößt. (Suárez 1866, 582; DM 12, 2; 4)

Auch bei der Bestimmung der *Wirkursache* (das ist diejenige der vier aristotelischen Ursachen, die unserem heutigen Begriff von Ursache am ehesten entspricht) ist davon die Rede, dass einem anderen Gegenstand Sein mitgeteilt bzw. eingeflößt wird:

Die Wirkursache [...] ist eine extrinsische Ursache, d. h. eine Ursache, die nicht ihr eigentümliches und [...] individuelles Sein der Wirkung mitteilt, sondern ein anderes Sein, das mittels einer Handlung (actio) aus der Ursache hervorströmt und fließt. (Suárez 1866, 582; DM 17, 1; 6)

Es geht hier nicht darum, diese Begriffsbestimmung im Detail nachzuvollziehen. Es reicht festzustellen, dass Wirkursächlichkeit gemäß dieser Konzeption mit einem Produzieren, Hervorbringen oder Einflößen zu tun hat, denn Verursachung heißt, dass der Wirkung ein Sein (esse) mitgegeben wird. (Dazu genauer: Schnepf 2006, 236–251 und Schmid 2011, 109–114.)

Wenn man nun einen solchen starken Kausalbegriff voraussetzt, dann führt dies (einer nahe liegenden Interpretation zufolge – die hier aber nicht Suárez zugeschrieben werden soll) zu der Konsequenz, dass die zeitlich nachgeordneten Ursachen gewissermaßen ihres Hervorbringenscharakters beraubt werden. Denn nur die frühere Ursache – so scheint es – bringt etwas hervor, während die anderen es dann weitertransportieren. Die nachgeordneten Ursachen sind gewissermaßen Instrumente der früheren Ursache. Die eigentliche Urheberschaft für das, was geschieht und getan wird, wird an vorangegangene Ursachen delegiert. Es ist dann nur noch ein kleiner Schritt zu der These, dass nur unverursachte Ursachen Ursachen im eigentlichen Sinne sind.[7]

Wenn nun alles Verhalten aller Systeme unter Naturgesetze fällt, dann insbesondere auch das des Steinewerfers. Dynamische Naturgesetze spezifizieren, von welchen Faktoren die zeitliche

---

[7]   Unter den gegenwärtig vertretenen Theorien der Kausalität werden auch manche als „produktiv" gekennzeichnet, z. B. solche, die Kausalität mit der Übertragung von Energie und anderen Erhaltungsgrößen verknüpfen. Für solche Theorien gilt aber nicht, dass dann, wenn u_1 u_2 verursacht und u_2 w verursacht, nur noch u_1, nicht aber u_2 als Ursache von w zu gelten hat.

Entwicklung des Verhaltens von Systemen abhängt. Diese Faktoren lassen sich dann als Ursachen des jeweiligen Verhaltens verstehen. Wenn also das Verhalten des Steinewerfers unter deterministische dynamische Naturgesetze fällt (und das Universum nicht gerade eben erst begonnen hat), dann haben wir guten Grund anzunehmen, dass es vorangegangene Ursachen desselben gibt. Damit wird – die soeben beschriebene Kausalkonzeption vorausgesetzt – die Urheberschaft an die vorangegangenen Ursachen delegiert. Ein drohender Regress kann allein durch eine Ursache, die ihrerseits keiner Ursache bedarf, etwa weil sie sich selbst verursacht, zu einem Ende kommen.

Eine solche Überlegung (die durch Interpretation 2 bzw. Prämisse (2) im obigen Argument gestützt werden könnte) ist aber nicht haltbar. Kausalbehauptungen betreffen Beziehungen in der Natur. Wenn wir – wie wir das im Kontext dieses Buches tun – davon ausgehen, dass das Verhalten aller Systeme in der Natur, sofern es sich überhaupt beschreiben lässt, unter fundamentale Naturgesetze fällt und durch dieselben (zusammen mit Rand- und Anfangsbedingungen) bestimmt ist, dann lässt sich die Auszeichnung einer eigentlichen Ursache nicht begründen (natürlich kann es pragmatische Gründe geben, bestimmte Ursachen als eigentliche auszuzeichnen, aber darum geht es hier nicht). Gegenwärtig vertretene Kausalkonzeptionen (Regularitätstheorien, kontrafaktische Theorien, Prozesstheorien, interventionistische Ansätze), die Kausalität auf der Grundlage fundamentaler Naturgesetze ausbuchstabieren, implizieren nicht, dass, wenn einer Ursache U_1 für ein Ereignis E eine andere Ursache U_2 vorangeht, U_2 in irgendeinem nicht-pragmatischen Sinne die *eigentliche* Ursache von E ist. Angenommen beispielsweise, U_1 sei Ursache von E im Sinne der Regularitätstheorie, also deshalb, weil auf Ereignisse, die U_1 ähnlich sind, immer Ereignisse, die E ähnlich sind, folgen. Angenommen, wir finden nun heraus, dass U_2 eine Ursache sowohl von U_1 als auch von E ist, weil auf Ereignisse, die U_2 ähneln, immer solche folgen, die U_1 und E ähneln, dann bleibt es – im Sinne der Regularitätstheorie – dabei, dass U_1 eine Ursache von E ist. Dieses Kausalverhältnis wird durch das Bestehen der anderen nicht grundsätzlich untergraben. Entsprechendes gilt für die anderen aufgezählten Kausalkonzeptionen. Der Umstand, dass Ursachen selbst wiederum Ursachen haben, ändert nichts an ihrem Ursachencharakter (anders als in der Überlegung oben).

Strawsons Argument beruht darauf, Urheberschaft im Hinblick auf Verantwortung für Verhalten eng an kausale Urheberschaft zu knüpfen, so dass bestenfalls der ersten Ursache eines Verhaltens Verantwortung für dasselbe zugeschrieben werden kann. Eine Konzeption von Kausalität, die diesen Zusammenhang begründen könnte, findet man in zeitgenössischen Kausaltheorien nicht.[8]

Es spricht also alles dafür, an der Standardinterpretation festzuhalten.

4.5 Fazit

Wir haben in diesem Kapitel Argumente untersucht, die zu zeigen beabsichtigten, dass in einem deterministischen Universum die Urheberschaftsbedingung nicht erfüllt sein kann. Keines der Argumente überzeugte. Wir haben hier also keinen Grund kennengelernt, weshalb wir unsere gewöhnliche Praxis des Verantwortung-Zuschreibens und des Entschuldigens in Frage stellen sollten, wenn unser Universum deterministisch wäre.

---

[8] Deery und Nahmias (2017) führen zwar den Begriff der „kausalen Quelle" im Rahmen der Interventionstheorie der Kausalität ein, meinen damit aber etwas anderes. Vermittelnde Ursachen büßen auch bei Deery und Nahmias nichts von ihrem Ursachencharakter ein, selbst wenn es eine Quelle in ihrem Sinne gibt.

5 Wenn der Determinismus wahr wäre – das Konsequenzargument

Wenn Personen für ihr Verhalten verantwortlich sind, sollte eine Reihe von Bedingungen erfüllt sein (siehe Kapitel 1). Für unsere Belange relevant sind insbesondere die beiden folgenden:

(1) *Sich anders verhalten können*: Die fragliche Person hat verschiedene Optionen, sich zu verhalten.

(2) *Urheberschaft*: Die Person selbst ist Urheber oder Prinzip ihres Verhaltens.

Sowohl die Fähigkeit, sich anders verhalten zu können (1), als auch die Bedingung, Urheber des eigenen Verhaltens zu sein (2), werden *prima facie* durch den Determinismus bedroht. Im vorangegangenen Kapitel wurde die These, dass der Determinismus das Erfülltsein der Urheberschaftsbedingung ausschließt, zurückgewiesen. In diesem Kapitel soll ein einflussreiches Argument diskutiert werden, das darauf abzielt zu zeigen, dass der Determinismus nicht damit verträglich ist, dass wir uns anders verhalten könnten, als wir uns tatsächlich verhalten.

5.1 Das Konsequenzargument

Führt der Umstand, dass eine Welt deterministisch ist, dazu, dass niemand in dieser Welt für sein Verhalten verantwortlich sein kann (d.h. niemand einen freien Willen besitzt)? Warum sollte man annehmen, der Determinismus (d.h. die Wahrheit der Determinismusthese) sei mit dem freien Willen unvereinbar? Wenn der Determinismus wahr ist, dann gibt es Tatsachen, aus denen unser zukünftiges (wie auch unser vergangenes) Verhalten logisch folgt. Dass ich jetzt an einem Schreibtisch sitze, folgt z. B. logisch aus einer vollständigen Beschreibung der Welt zu einem beliebigen Zeitpunkt in der Vergangenheit (sogar weit vor meiner Geburt) und den Naturgesetzen. Aber die bloße Tatsache, dass *wie* wir uns in der Zukunft verhalten werden, von wahren Sätzen ableitbar ist, zeigt noch nicht, dass wir uns nicht anders verhalten können.

Das lässt sich durch die folgende Überlegung illustrieren: Angenommen, es sei eine wahre Generalisierung, dass immer, wenn einer Person ohne irgendwelche weiteren Bedingungen eine Million Euro angeboten werden, diese Person das Geld annimmt. Es sei weiter angenommen, dass Sara sich gerade in der glücklichen Situation befinde, dass jemand ihr ohne weitere Bedingungen eine Million Euro anbietet. Dann sind die beiden folgenden Aussagen wahr:

(A) Alle Leute, denen ohne weitere Bedingungen eine Million Euro angeboten werden, nehmen das Geld an.

(B) Sara werden ohne weitere Bedingungen eine Million Euro angeboten.

Aus diesen Aussagen folgt, dass Sara das Geld annehmen wird. Aber es folgt nicht, dass Sara sich nicht anders verhalten kann, als das Geld anzunehmen. Auch wenn (A) und (B) *de facto* wahr sind, kann Sara die Fähigkeit besitzen, (A) falsch zu machen (weil es ihr möglich ist, das Angebot auszuschlagen). Ganz entsprechend folgt aus dem Determinismus alleine nicht, dass wir für unser Verhalten nicht verantwortlich sein können. Denn falls der Determinismus wahr ist, folgt aus Aussagen über die Naturgesetze und die Vergangenheit, *wie* sich Sara verhält, nicht aber, dass sie nicht die Fähigkeit hatte, sich anders zu verhalten. Wenn der Determinismus tatsächlich unsere Freiheit bedroht, dann muss das mit weiteren Annahmen zu tun haben.

Das Konsequenzargument versucht deutlich zu machen, welche weiteren Annahmen nötig sind, damit der Determinismus unsere Freiheit bedroht. Eine intuitive Formulierung des Arguments ist die folgende:

Wenn der Determinismus wahr ist, dann sind unsere Handlungen die Folge von Naturgesetzen und Ereignissen in der fernen Vergangenheit. Aber es liegt nicht an uns, was vor unserer Geburt geschah, und es liegt auch nicht an uns, was die Naturgesetze sind. Daher liegen die Folgen dieser Dinge (einschließlich unserer gegenwärtigen Handlungen) nicht in unserer Hand. (van Inwagen 1983, 56)

Diese Formulierung zeigt, dass nicht der Determinismus allein, sondern der Umstand, dass wir an den Anfangsbedingungen und den Naturgesetzen nichts ändern können, zusammen mit dem Determinismus die Konsequenz hat, dass wir uns nicht anders verhalten können, als wir uns *de facto* verhalten – unser gegenwärtiges Verhalten ist unter diesen Umständen nicht *up to us*, ist nicht unter unserer Kontrolle; wir haben nicht die Fähigkeit, uns anders zu verhalten.

Rekonstruktion des Konsequenzarguments

Es gibt viele verschiedene Arten und Weisen, das Konsequenzargument präziser zu machen. *Van Inwagen* (1983) führt eine besonders klare und einflussreiche Formalisierung des Arguments ein. Sei P eine Aussage, die eine gegenwärtige Handlung beschreibt, z. B. dass Sara ihre Hand hebt. V sei eine Aussage, die den vollständigen Zustand der Welt irgendwann in der (fernen) Vergangenheit beschreibt, und G sei eine Konjunktion aller wahren Naturgesetzaussagen, mithilfe derer wir den Weltverlauf beschreiben. Wenn Sara freien Willen hat, dann muss sie in der Lage sein, auch anders handeln zu können – sie muss also in der Lage sein, so zu handeln, dass P (eine Aussage, die ihre tatsächliche Handlung beschreibt) falsch ist. Das Konsequenzargument versucht zu zeigen, dass wir in Bezug auf keine unserer Handlungen die Fähigkeit haben, anders zu handeln.

Wenn der Determinismus wahr ist, dann folgt *logisch* aus der Aussage (V), die einen Zustand in der fernen Vergangenheit beschreibt, und aus der Konjunktion der Gesetzesaussagen (G) die Aussage, wie sich Sara verhält (P). Die Implikation gilt daher mit logischer Notwendigkeit:

$$(1) \quad \square\, ((V \,\&\, G) \rightarrow P)$$

Hier steht die Box ($\square$) für logische Notwendigkeit. Nach den Regeln der Aussagenlogik für Junktoren dürfen wir aus (1) Folgendes ableiten:

$$(2) \quad \square\, (V \rightarrow (G \rightarrow P))$$

Als nächstes wird ein Operator N eingeführt, der dazu dient, unsere Annahmen darüber, dass etwas nicht *up to us* ist (d.h. dass es nicht in unserer Macht oder in unserer Hand ist, etwas daran zu ändern), zu formalisieren. „Np" soll demnach bedeuten, dass p wahr ist und dass wir nicht die Fähigkeit haben, p falsch zu machen.[1] „NV" bedeutet also erstens, dass die ferne Vergangenheit auf eine bestimmte Weise beschaffen ist (V) und dass wir zweitens daran nichts ändern können, dass wir also V nicht falsch machen können.

Für den Operator N sollen nun zwei Ableitungsregeln gelten. Die erste Regel lautet, dass dann, wenn eine Aussage logisch notwendig ist (wie z. B. die Aussage, dass es heute entweder regnet oder nicht regnet), wir daraus ableiten dürfen, dass diese Aussage erstens wahr ist und zweitens wir sie auch nicht falsch machen können, so dass wir den Operator N auf die Aussage anwenden können. Also:

Aus $\Box p$ folgt Np (Regel Alpha).

Mithilfe der Regel Alpha können wir aus (2) schließen:

(3) $N (V \rightarrow (G \rightarrow P))$

Mit anderen Worten: Weil dann, wenn der Determinismus wahr ist, der in (1) (oder (2)) beschriebene Zusammenhang logisch notwendig ist, können wir auch nichts an diesem Zusammenhang ändern.

Als nächstes führen wir als Prämisse die Annahme ein, dass die ferne Vergangenheit in einem bestimmten Zustand war (V) und dass wir an diesem Zustand nichts ändern können, d.h. dass wir nicht die Fähigkeit besitzen, V falsch zu machen. Wir führen also

(4) NV

als Prämisse ein.

Nun kommt eine weitere Regel ins Spiel: die Regel Beta. Auch sie ist eine Ableitungsregel für den Operator N. Die Unterstellung ist, dass dann, wenn p wahr ist und wir nichts daran ändern

---

[1] Die in der Literatur übliche Redeweise „to render p false" wird hier mit „p falsch machen" übersetzt, vgl. van Inwagen 1983, 67–68. Siehe auch van Inwagen 2015, 16–30, für mehr Details dazu, wie der Operator Np zu verstehen ist.

können (also Np) und außerdem p → q nicht nur wahr ist, sondern wir auch nichts daran ändern können (also N(p → q)), dass dann auch q nicht nur wahr ist, sondern wir auch nichts an q ändern können (also Nq). Die Regel lautet demnach:

Aus (Np & N(p → q)) folgt Nq (Regel Beta)

Die Regel Beta erlaubt uns nun, aus Prämisse (4) und aus (3) zu schließen, dass das Konditional G→P nicht nur wahr ist, sondern auch dass wir daran nichts ändern können – dass wir das Konditional also nicht falsch machen können:

(5) N(G→ P)

Auch daran, dass bestimmte Naturgesetze gelten, können wir nichts ändern, wir besitzen nicht die Fähigkeit, G falsch zu machen:

(6) NG

Die erneute Anwendung der Regel Beta führt dann dazu, dass wir darauf schließen müssen, dass P nicht nur wahr ist, sondern auch, dass wir an P nichts ändern können, dass insbesondere auch Sara P nicht falsch machen kann: NP. Sie kann also unter diesen Voraussetzungen nicht anders handeln. Sie kann nicht verhindern, ihren Arm zu heben.

Zusammengefasst lautet das Konsequenzargument dann also wie folgt:

1. □ ((V & G) → P) folgt aus dem Determinismus
2. □ (V → (G → P)) folgt aus 1 gemäß Aussagenlogik
3. N (V → (G → P)) folgt aus 2 nach Regel Alpha
4. NV Prämisse
5. N(G→ P) folgt aus 3 und 4 nach Regel Beta
6. NG Prämisse
7. NP folgt aus 5 und 6 nach Regel Beta

Wenn niemand etwas an der Vergangenheit (Prämisse 4) und den Naturgesetzen (Prämisse 6) ändern kann, also die entsprechenden Aussagen nicht falsch machen kann, und wenn außerdem der Determinismus wahr ist, dann kann niemand in Bezug auf gegenwärtige Handlungen etwas ändern.

Mit den Ableitungsregeln Alpha und Beta ist das Argument gültig. Will man das Argument ablehnen, muss man also entweder eine der Prämissen oder eine der Ableitungsregeln ablehnen. In den beiden folgenden Abschnitten werde ich mich mit den Prämissen (4) und (6) beschäftigen, die teils von wissenschaftstheoretischen Annahmen abhängen.

- Prämisse 4 (Die Unabänderlichkeit der Vergangenheit): Wir besitzen nicht die Fähigkeit, die Aussage V, die beschreibt, wie die ferne Vergangenheit beschaffen ist, falsch zu machen.

- Prämisse 6 (Die Unabänderlichkeit der Naturgesetze): Wir besitzen nicht die Fähigkeit, die Aussage G, die eine Konjunktion aller Naturgesetzaussagen ist, mithilfe derer wir den Weltverlauf charakterisieren, falsch zu machen.

Zum Abschluss der Rekonstruktion des Argumentes möchte ich noch darauf hinweisen, dass der Determinismus als Prämisse des Arguments gar nicht erforderlich ist. Dem Determinismus zufolge gilt, dass in einer deterministischen Welt, gegeben die Naturgesetze jeder Zustand zu einem Zeitpunkt alle anderen Zustände festlegt. Der Determinismus ist also falsch, sobald es einen Zustand gibt, der nicht alle anderen festlegt. Um die Schlussfolgerung des Konsequenzarguments ableiten zu können, ist lediglich erforderlich, dass es *einen* Zustand V gibt, an dem wir erstens nichts ändern können und der zweitens zusammen mit den Naturgesetzen die Handlungen P festlegt. Es ist nicht erforderlich, dass – wie im Determinismus – *jeder* Zustand der Vergangenheit (oder der Zukunft) P festlegt. Das ist deshalb eine wichtige Bemerkung, weil sich zeigt, dass auch dann, wenn der Indeterminismus wahr sein sollte, die Problematik, auf die das Konsequenzargument aufmerksam macht, nicht automatisch verschwindet (vgl. Abschnitt 6.1).

In den beiden folgenden Abschnitten werde ich zwei Strategien diskutieren, wie man – gestützt auf wissenschaftstheoretische Überlegungen – das Konsequenzargument zurückweisen kann.[2] In Abschnitt 5.3 wird die zeitliche Symmetrie der fundamentalen Naturgesetze bezüglich der Determinationsbeziehung

---

[2] Siehe Kapitan 2005 und Vihvelin 2022 und die dort genannten Hinweise auf andere Erwiderungen auf das Konsequenzargument.

im Mittelpunkt stehen und die sich daran anschließende Frage, warum wir glauben, an der Zukunft etwas ändern zu können, aber nicht an der Vergangenheit. In Abschnitt 5.2 werde ich die alte Idee aufnehmen, dass sich die Inkompatibilität zwischen deterministischen Naturgesetzen und dem Anders-handeln-Können, die im Konsequenzargument artikuliert wird, verflüchtigt, wenn man Gesetze als bloße Regularitäten ohne jede modale Kraft auffasst. Wenn Gesetze bloß beschreiben, was *de facto* der Fall ist, können sie das Anders-handeln-Können nicht einschränken. Diese – zunächst attraktive – Überlegung soll im Detail ausbuchstabiert werden, um dann zu zeigen, weshalb mit ihr weniger gewonnen ist, als es zunächst scheint.

5.2 Die Unabänderlichkeit der Naturgesetze

Naturgesetze spielen an zwei Stellen im Konsequenzargument eine wesentliche Rolle. Erstens wird in Prämisse (1) der Determinismus angenommen, eine Annahme über den *Inhalt* der in unserer Welt geltenden Naturgesetze. Prämisse (6) dagegen macht eine Annahme nicht über den Inhalt, sondern über den modalen Status von Naturgesetzen. Naturgesetze werden für unabänderlich gehalten. Wir können an ihnen nichts ändern.

In der empiristischen Tradition wird manchmal behauptet, dass auf der Grundlage einer so genannten humeanischen Konzeption der Naturgesetze das Problem oder zumindest die Spannung, die durch deterministische Gesetze für den freien Willen erzeugt wird, leicht aufgelöst werden kann. So schrieb A. J. Ayer:

Aber, ich wiederhole, die Tatsache ist einfach, dass, wenn ein Ereignis eines Typs eintritt, auch ein Ereignis eines anderen Typs eintritt, und zwar in einer bestimmten zeitlichen oder raumzeitlichen Beziehung zum ersten. Der Rest ist bloße Metapher. Und es ist wegen dieser Metapher und nicht wegen einer Tatsache, dass wir zu der Auffassung kommen, dass es einen Gegensatz zwischen Kausalität und Freiheit gibt. (Ayer 1954, 283)

Ayer meint, es sei nur eine Metapher, dass frühere Zustände spätere *erzwingen* – jedenfalls dann, wenn man annimmt, dass (Kausal-)Gesetze im Wesentlichen Regularitäten sind, derart, dass auf ein Ereignis eines Typs A immer ein Ereignis eines anderen Typs B folgt.[3]

Im Folgenden werde ich der Frage nachgehen, ob und gegebenenfalls wie die Unverträglichkeit von Freiheit und Determinismus, für die im Konsequenzargument argumentiert wird, von der vorausgesetzten Naturgesetzkonzeption abhängt. Insbesondere werde ich untersuchen, ob die Plausibilität der Prämisse des Arguments, wonach die Gesetze unabänderlich sind, davon abhängt, ob man eine humeanische oder eine nicht-humeanische Auffassung von Naturgesetzen vertritt.

Nach einer Gegenüberstellung von humeanischen und nicht-humeanischen Vorstellungen von Naturgesetzen (Abschnitt 5.2.1) werde ich kurz untersuchen, warum das Konsequenzargument für Nicht-Humeaner eine besondere Herausforderung darstellt (Abschnitt 5.2.2). In Abschnitt 5.2.3 werde ich ein Argument (aus Loew und Hüttemann 2022) referieren, das besagt, dass der Humeaner einen Ausweg aus dem Konsequenzargument hat, der dem Nicht-Humeaner nicht offensteht. In Abschnitt 5.2.4 argumentiere ich jedoch für die These, dass damit nicht viel gewonnen ist. Denn genau dasjenige Merkmal, das es einer Humeanerin erlaubt, das Konsequenzargument zu umgehen, ist für ein ebenso herausforderndes Problem verantwortlich, nämlich für das Problem der radikalen Freiheit.

Es wird sich zeigen, dass die Humeanerin nicht behaupten kann, sie sei in der Lage, sowohl das Konsequenzargument zu umgehen als auch das Problem der radikalen Freiheit zu lösen. Je nachdem, wie eine Humeanerin Notwendigkeit oder Zwang verstehen will, kann sie entweder das Konsequenzargument umgehen, wird dann aber mit dem Problem der radikalen Freiheit konfrontiert, oder sie befindet sich in der gleichen Position wie die Nicht-Humeanerin, d.h. sie kann mit dem Problem der radikalen Freiheit umgehen, muss sich dann aber dem Konsequenzargument stellen.

---

[3]   Neben Ayer (1954) diskutieren u.a. Swartz (2003), Beebee and Mele (2002), Perry (2004) und Ismael (2016) einen solchen Ansatz.

5.2.1 Humeanismus und Nicht-Humeanismus

Der Humeanismus (bzw. die These der Humeanischen Supervenienz), so David Lewis, „ist zu Ehren des größten Leugners notwendiger Zusammenhänge benannt". (Lewis hält Hume für denjenigen, der diese Rolle erfüllt.) Der Humeanismus bestreitet, dass es irreduzible Beziehungen der Notwendigkeit oder des Zwangs gibt, die zwischen verschiedenen Ereignissen bestehen. Diese Zurückweisung ist das wesentliche Merkmal des Humeanismus, auf das im weiteren Verlauf der Arbeit eingegangen wird.

Lewis führt diese Auffassung weiter aus:

Es ist die These, dass alles, was es in der Welt gibt, ein riesiges Mosaik lokaler Angelegenheiten von besonderen Tatsachen ist, nur eine kleine Sache und dann eine andere. [...] vollkommen natürliche intrinsische Eigenschaften, die nichts Größeres brauchen als einen Punkt, an dem sie instanziiert werden. Kurz gesagt: Wir haben eine Anordnung von Eigenschaften. Und das ist alles. Alles andere superveniert darauf. (Lewis 1986, ix–x)

Alles, was es gibt, ist eine Anordnung von nicht-modalen Eigenschaften, d.h. Eigenschaften, die keine modalen Verbindungen zu anderen haben, so dass ausgeschlossen ist, dass die Instanziierung einer Eigenschaft an einer Stelle x irgendetwas an einer anderen Stelle y erzwingen kann. Diese Anordnung ist das so genannte Hume'sche Mosaik. Die Behauptung, dass alles andere auf dem Hume'schen Mosaik superveniert, ist so zu verstehen, dass alles andere, was es gibt, nichts ist, was über das Mosaik hinausgeht. (So wie in einem gewöhnlichen Mosaik die Abbildung eines Gegenstandes nichts ist, was zum Mosaik dazukommt, sondern durch die Anordnung der einzelnen Steinchen schon gegeben ist.) Supervenienz ist hier also nicht als bloße modale Kovarianz zu verstehen, sondern vielmehr als Behauptung einer ontologischen Reduktion. Ich werde daher auch den Ausdruck „Hume'scher Reduktionismus" verwenden.

Humeanische Konzeptionen von Naturgesetzen veranschaulichen, wie der Hume'sche Reduktionismus funktionieren soll. Naturgesetze werden als Generalisierungen aufgefasst, die Regularitäten in der Welt (im Mosaik) beschreiben. Nicht jede wahre Generalisierung ist jedoch ein Gesetz. Die zentrale Idee besteht darin, Naturgesetze als eine elitäre Klasse wahrer Generalisierungen zu charakterisieren, wobei die Entscheidung, ob eine Generalisierung ein Element der elitären Klasse ist oder nicht, vollständig durch das Mosaik bestimmt wird. Nehmen wir also an, wir haben die folgende Generalisierung:

(G) $\forall s \forall t$ (Wenn sich ein System s zum Zeitpunkt t im Zustand $S1$ befindet, wird es sich zum Zeitpunkt $t+\Delta t$ in den Zustand $S2$ entwickelt haben.)

Wenn (G) eine wahre Verallgemeinerung ist, beschreibt sie eine Regelmäßigkeit oder ein Muster im Mosaik und wird dadurch wahr. Nach Lewis' Auffassung ist (G) nicht nur eine wahre Generalisierung, sondern auch ein Naturgesetz „genau dann, wenn es als Theorem (oder Axiom) in jedem der wahren deduktiven Systeme auftaucht, welches eine optimale Kombination aus Einfachheit und Stärke erreicht" (Lewis 1973, 73). Es ist nicht nötig, hier auf die Begriffe der Einfachheit und der Stärke einzugehen. Der wichtige Punkt ist, dass die beste Kombination dieser theoretischen Tugenden durch das Mosaik festgelegt wird. Es gibt andere humeanische Konzeptionen von Gesetzen, die Einfachheit und Stärke durch andere Merkmale ersetzen oder ergänzen (z. B. Beebee (2000), Cohen und Callender (2009), Dorst (2019), Hall (Manuskript), Hicks (2018), Jaag und Loew (2020) und Loewer (1996)), aber wesentlich ist, dass sie allesamt Naturgesetze ausschließlich als durch das Hume'sche Mosaik bestimmt auffassen. Wenn man von Gesetzen spricht, führt man also nichts ein, was über das Mosaik hinausgeht. In diesem Sinne sind die Gesetze auf das Mosaik reduziert worden.

Im Gegensatz dazu können die Naturgesetze nach nicht-humeanischer Auffassung nicht auf das Hume'sche Mosaik reduziert werden. Nicht-Humeaner sind der Meinung, dass modale Verbindungen zwischen verschiedenen Ereignissen angenommen werden müssen, um die Naturgesetze und ihre Rolle in der wissenschaftlichen Praxis zu erklären. Ein Naturgesetz, das aufgrund dieser modalen Verbindungen gilt, impliziert nicht nur eine wahre Verallgemeinerung wie (G), sondern auch, dass z. B. der Zustand $S1$ von s zum Zeitpunkt t das System derart einschränkt, dass es sich zum Zeitpunkt $t+\Delta t$ einzig und allein in den Zustand $S2$ entwickeln kann, wobei – gegeben den Ausgangszustand – der Zustand zum Zeitpunkt $t+\Delta t$ durch das Gesetz gewissermaßen erzwungen wird. Nicht-Humeaner erklären diesen Zwang (oder diese Notwendigkeit) unter Rückgriff auf Essenzen, Dispositionen, Notwendigkeitsrelationen oder in Form von primitiven Modalrelationen (Armstrong (1983), Bird (2007), Mumford & Anjum (2011), Maudlin (2007)). Die Einzelheiten dieser Darstellungen sind für unser Vorhaben nicht relevant. Was sie gemeinsam haben, ist die Auffassung, dass Gesetze nicht auf das Hume'sche Mosaik reduziert werden können, weil das, was für Gesetze konstitutiv ist, zumindest teilweise etwas ist, was über das Mosaik hinausgeht, nämlich Beziehungen des Zwangs oder der Notwendigkeit (ich verwende diese Begriffe hier synonym) zwischen verschiedenen Ereignissen.

Auf der Grundlage dieser kurzen Charakterisierung lassen sich die wesentlichen Unterschiede zwischen Humeanismus und Nicht-Humeanismus wie folgt veranschaulichen: Wenn es ein Gesetz ist, dass $\forall s\forall t$ (Wenn sich ein System s zum Zeitpunkt t im Zustand $S1$ befindet, wird es sich zum Zeitpunkt $t+\Delta t$ in den Zustand $S2$ entwickelt haben.), dann behauptet der Nicht-Humeanismus, dass, wenn sich s zum Zeitpunkt t tatsächlich im Zustand $S1$ befindet, eine Beziehung des Zwangs oder der Notwendigkeit besteht, so dass sich s zum Zeitpunkt $t+\Delta t$ in den Zustand $S2$ entwickelt haben wird, während der Humeanismus bestreitet, dass es eine solche Beziehung der Notwendigkeit oder des Zwangs gibt, und lediglich behauptet, dass sich s in der Tat zum Zeitpunkt $t+\Delta t$ in den Zustand $S2$ entwickelt haben wird.

Auch wenn der Humeanismus die Existenz modaler Zusammenhänge auf der fundamentalen Ebene des Mosaiks bestreitet, bedeutet dies nicht, dass er auf modale Behauptungen gänzlich verzichten muss. Modalbegriffe können auf ‚höheren' Ebenen wieder eingeführt werden – als etwas, das auf das Mosaik reduziert werden kann. Wenn wir z.B. eine Humeanische Konzeption von Gesetzen eingeführt haben, können wir die nomologische (naturgesetzliche) Notwendigkeit durch einen Rückgriff auf diese Gesetze definieren. Ereignisse können als nomologisch notwendig bezeichnet werden, wenn sie durch bestimmte Anfangsbedingungen und Naturgesetze impliziert sind. Auf der Grundlage dieser Konzeption der nomologischen Notwendigkeit kann der Humeanismus erklären, was es bedeutet, dass ein Ereignis ein anderes einschränkt – nämlich aufgrund eines

Gesetzes, das sich auf diese Ereignisse bezieht. Der Humeanismus kann also behaupten, dass die so verstandene nomologische Notwendigkeit in der Lage ist, die Art und Weise zu erklären, wie wir das Geschehen in der Welt modal charakterisieren und dass sie auf das Hume'sche Mosaik reduziert wurde.

Für unsere Zwecke müssen wir nicht die Frage klären, ob eine solche Reduktion (falls möglich) zeigt, dass diese modalen Merkmale auf höheren Ebenen real sind, oder ob sie zeigt, dass diese Merkmale bloße Projektionen auf die Welt sind (oder bloße „Metaphern", wie Ayer es ausdrückte). Wichtig für das Folgende ist jedoch, dass hier von Relationen der Notwendigkeit oder des Zwangs in zweierlei Sinne die Rede ist. Zwänge oder Relationen der Notwendigkeit auf der fundamentalen Ebene werden vom Humeaner geleugnet, Zwänge und modale Relationen auf höheren Ebenen (die dann allerdings auf das Mosaik reduziert werden müssen) werden zugelassen. Um einen Widerspruch zu vermeiden, müssen wir davon ausgehen, dass die Humeanerin hier mit zwei verschiedenen Bedeutungen von Notwendigkeit und Zwang operiert. Ich werde diesen Unterschied durch die Gegenüberstellung von fundamentaler und nicht-fundamentaler Notwendigkeit bzw. fundamentalem und nicht-fundamentalem Zwang markieren: notwendig$_{fund}$ vs. notwendig$_{nicht\text{-}fund}$ und Zwang$_{fund}$ vs. Zwang$_{nicht\text{-}fund}$. Diese Unterscheidungen werden in Abschnitt 5.2.4 eine wichtige Rolle spielen.

5.2.2 Der Nicht-Humeanismus und das Konsequenzargument

Das Konsequenzargument ist eine ernsthafte Herausforderung für den Nicht-Humeanismus, gerade weil dieser modale Beziehungen auf der fundamentalen Ebene (notwendig$_{fund}$ bzw. Zwang$_{fund}$) postuliert. Es sei die oben schon erwähnte informelle Darstellung des Arguments von van Inwagen wiederholt:

Wenn der Determinismus wahr ist, dann sind unsere Handlungen die Folge von Naturgesetzen und Ereignissen in der fernen Vergangenheit. Aber es liegt nicht an uns, was vor unserer Geburt geschah, und es liegt auch nicht an uns, was die Naturgesetze sind. Daher liegen die Folgen dieser Dinge (einschließlich unserer gegenwärtigen Handlungen) nicht in unserer Hand (*not up to us*). (van Inwagen 1983, 56)

Bevor ich mich der Frage zuwende, warum dies für den Nicht-Humeanismus eine besondere Herausforderung darstellt, möchte ich kurz auf die Formulierung „up to us" eingehen. Nach van Inwagen kann dies so verstanden werden, dass wir, wenn etwas „up to us" ist, die Fähigkeit haben, einen Satz falsch zu machen, wobei gilt:

Die Fähigkeit, einen Satz falsch zu machen, besteht darin, die konkreten Objekte, aus denen sich die eigene Umgebung zusammensetzt – Schuhe, Schiffe, Stücke von Siegellack –, in einer Weise anzuordnen oder zu verändern, die ausreicht, um die Falschheit des Satzes zu bewirken. (van Inwagen 1983, 67)

Zur Veranschaulichung: Die Tatsache, dass die Anzahl der Stühle in meinem Raum zwei ist, hängt von mir ab, weil ich die Fähigkeit habe, die Aussage, dass die Anzahl der Stühle in meinem Raum zwei ist, falsch zu machen, indem ich einen weiteren Stuhl herbeischaffe – selbst wenn ich diese Fähigkeit nicht ausübe. Dass 2 plus 2 gleich 4 ist, liegt dagegen nicht an mir, weil ich die Aussage, dass 2 plus 2 gleich 4 ist, nicht falsch machen kann. Aber es liegt an mir, eine wahre Verallgemeinerung der Form $\forall x\,(Ax \rightarrow Bx)$ falsch zu machen, wenn ich es bewerkstelligen kann, dass es ein x gibt, das ein A, aber kein B ist.

Wie wir schon gesehen haben, hängt das Konsequenzargument u.a. von Annahmen über die Naturgesetze ab. Im Folgenden werde ich mich mit der Frage beschäftigen, wie die Unabänderlichkeit der Gesetze davon abhängt, ob eine humeanische oder eine nicht-humeanische Konzeption von Gesetzen angenommen wird.

Nennen wir die Annahme, dass die Gesetze *nicht* von uns oder unserem Verhalten abhängen, die „Unabänderlichkeit der Gesetze".

(UG) Unabänderlichkeit der Gesetze: Wenn es ein Naturgesetz ist, dass p wahr ist, dann liegt es nicht an uns, ob p wahr ist.

(Damit ein Gesetz nicht von uns abhängt, müssen streng genommen zwei Bedingungen erfüllt sein: Es liegt weder an uns, ob p *wahr* ist, noch an uns, ob p *ein Gesetz* ist. Für die Zwecke dieses Kapitels reicht es jedoch aus, die Frage zu betrachten, ob die Wahrheit von p von uns abhängt.)

Was würde es bedeuten, eine Gesetzesaussage falsch zu machen? Nehmen wir das Beispiel des Gesetzes, das wir oben betrachtet haben: Wenn sich ein System s zum Zeitpunkt t im Zustand $S1$ befindet, wird es sich zum Zeitpunkt $t+\Delta t$ in den Zustand $S2$ entwickelt haben. Es könnte z.B. der Fall sein, dass ich selbst das System s bin und dass ich mich zum Zeitpunkt t im Zustand S1 und anschließend zum Zeitpunkt $t+\Delta t$ im Zustand $S2$ befinde. Um dieses Gesetz falsch machen zu können, müsste ich in der Lage sein, einen Zustand $S3 \neq S2$ zu $t+\Delta t$ herbeizuführen.

Für den Nicht-Humeanismus ist das Konsequenzargument eine besondere Herausforderung, weil sich zeigt, dass er **(UG)** akzeptieren muss: Es ist ein entscheidendes Merkmal nicht-humeanischer Gesetzeskonzeptionen, dass der vorhergehende Zustand mittels der Gesetze modal einschränkt, welches für s die möglichen (späteren) Zustände sind: $S2$ wird angesichts des vorhergehenden Zustands $S1$ durch einen Zwang auf der fundamentalen Ebene herbeigeführt (notwendig$_{fund}$). Aufgrund des Bestehens dieser Notwendigkeitsrelation zwischen dem früheren und dem späteren Zustand ist es mir nicht möglich, S3 herbeizuführen und somit die Gesetzesaussage falsch zu machen. Das Gesetz ist demnach unabänderlich. Der Nicht-Humeanismus ist also zu der These **(UG)** verpflichtet. Im Gegensatz dazu bestreitet der Humeanismus, dass es eine notwendig$_{fund}$-Relation gibt, und muss sich daher nicht auf **(UG)** festlegen, wie im folgenden Abschnitt gezeigt werden soll.

5.2.3 Der Humeanismus und das Konsequenzargument

Humeanerinnen sind, wie sich zeigen wird, nicht zu der These der Unabänderlichkeit der Gesetze verpflichtet und können daher die Prämisse 6 des Konsequenzarguments **(UG)** zurückweisen. Beebee und Mele (2002) haben vor diesem Hintergrund für eine Position argumentiert, die sie „humeanischen Kompatibilismus" genannt haben. Vertreter dieser Position verteidigen sowohl eine humeanische Konzeption von Naturgesetzen als auch den Kompatibilismus in der Debatte um die Willensfreiheit.

Hier soll dieser Begriff etwas strenger verwendet werden, nämlich ausschließlich für jemanden, der eine kompatibilistische Auffassung *aufgrund* einer humeanischen Konzeption der Naturgesetze vertritt. Diese strengere Auffassung schließt z.B. Lewis aus, der zwar sowohl Kompatibilist als auch Humeaner ist, aber er ist kein Kompatibilist *aufgrund* seiner humeanischen Auffassung von Naturgesetzen, sondern aufgrund seiner Auffassung von kontrafaktischen Konditionalen.

Loew und Hüttemann (2022) haben die Position von Beebee und Mele (2002) und insbesondere deren These gestärkt (und gegen Einwände verteidigt), dass der Humeanismus sich in einer besseren Position als der Nicht-Humeanismus befindet, um mit dem Konsequenzargument umzugehen, weil der Humeanismus sich nicht auf die Unabänderlichkeit der Gesetze festlegen muss. In diesem Abschnitt werde ich die wesentlichen Punkte dieses Arguments vorstellen.

Wie ich oben schon erwähnt habe, vertreten Humeanerinnen die Auffassung, dass sich die Naturgesetze auf das Hume'sche Mosaik reduzieren lassen. Loew und Hüttemann explizieren diese humeanische Reduktion mit Hilfe des Begriffs der Fundierung (grounding). Nach dieser Interpretation des Hume'schen Reduktionismus sind die Naturgesetze vollständig im Hume'schen Mosaik fundiert (gegroundet). Damit soll zum Ausdruck gebracht werden, dass die Naturgesetze von den Bestandteilen des Mosaiks abhängen und von nichts anderem, dass aber nicht umgekehrt die Bestandteile des Mosaiks von den Naturgesetzen abhängen. Das Argument könnte jedoch genauso gut mit Hilfe des Begriffs der asymmetrischen Supervenienz wie bei Lewis selbst oder mit Hilfe des Begriffs der Realisierung präsentiert werden. Alles, was man benötigt, ist ein synchrones, asymmetrisches Abhängigkeitsverhältnis, das eine Unterscheidung zwischen Faktoren, die einen Unterschied machen (im Folgenden: entscheidende Faktoren), und solchen, die keinen Unterschied machen, ermöglicht.

Loew und Hüttemann entwickeln das folgende Argument für den humeanischen Kompatibilismus. Die erste Prämisse ist, dass „up to us" einem Transferprinzip gehorcht:

(TP) Transferprinzip: Wenn p von einem Akteur A abhängt und p ein entscheidender Fundierungsfaktor (*difference-making ground*) von q ist, dann hängt q von A ab (*q is up to A*).

Entscheidende Fundierungsfaktoren (*difference-making grounds*) sind solche, die nicht redundant sind. Angenommen, die Menge F enthält die vollständigen Fundierungsfaktoren (*grounds*) von q (also alles, wovon q auf asymmetrische Weise abhängt). Eine Tatsache p ist genau dann ein entscheidender Fundierungsfaktor von q, wenn gilt: (i) p ist Teil von F, und (ii) ohne p wären die übrigen Tatsachen in F keine vollständigen Fundierungsfaktoren von q mehr (Krämer und Roski 2017, 1195).

TP besagt – wenn man „up to us" als die Fähigkeit versteht, einen Satz falsch zu machen –, dass, wenn man die Fähigkeit hat, p falsch zu machen, und p ein entscheidender Fundierungsfaktor von q ist, man auch die Fähigkeit hat, q falsch zu machen. Nehmen wir zum Beispiel an, ich könnte die Aussage, dass ich die Hand hebe, falsch machen. Und nehmen wir an, dass das Heben der Hand ein entscheidender Fundierungsfaktor dafür ist, ob eine bestimmte Kandidatin ins Amt gewählt wird (Es geht um jede Stimme!). Dann könnte ich laut **TP** die Aussage, dass die Kandidatin gewählt wird, falsch machen. **TP** ist ein plausibles Prinzip, das erklärt, warum wir oft eine Sache verhindern (z. B. die Wahl einer Kandidatin), indem wir eine andere nicht tun (die Hand nicht heben).

Während **TP** unabhängig davon plausibel ist, ob der Humeanismus über Gesetze wahr ist, ist die zweite Prämisse durch eine humeanische Konzeption von Naturgesetzen motiviert:

(GG) Gesetzgebung: Unsere Handlungen gehören zu den entscheidenden Fundierungsfaktoren deterministischer Gesetze.

Angesichts der Annahme, dass auch unsere Handlungen unter Naturgesetze fallen (die wir in diesem Buch voraussetzen und die in der Literatur über das Konsequenzargument üblich ist), folgt **GG** aus dem Hume'schen Reduktionismus.

Wenn nämlich der Hume'sche Reduktionismus in Bezug auf Gesetze wahr ist, dann sind Naturgesetze Elemente einer elitären Klasse von Verallgemeinerungen. Wie alle universellen Verallgemeinerungen ist die Wahrheit einer Verallgemeinerung wie

(G) durch ihre Instanzen fundiert (siehe z. B. Fine 2012). Die Verallgemeinerung „$\forall s \forall t$ (Wenn sich ein System s zum Zeitpunkt t im Zustand S1 befindet, wird es sich zum Zeitpunkt $t+\Delta t$ in den Zustand $S2$ entwickelt haben.)" ist fundiert durch: (i) alle Instanzen von $S1$; (ii) die Instanzen von $S2$, die nach Δt folgen; und (iii) die Tatsache, dass die genannten alle Instanzen von $S1$ sind. Nehmen wir z.B. an, es gibt drei Instanzen von $S1$: $S1'$, $S1''$ und $S1'''$, und auf jede folgen innerhalb des relevanten Zeitraums, sagen wir, ein Handheben, $S2'$, $S2''$ und $S2'''$. Die vollständigen Fundierungsfaktoren für die Wahrheit von (G) sind dann: $S1'$, $S1''$, $S1'''$, $S2'$, $S2''$, $S2'''$ sowie die Tatsache, dass $S1'$, $S1''$ und $S1'''$ die einzigen Instanzen von $S1$ sind. Ein bestimmtes Handheben, z. B. $S2'$, gehört dann zu den Fundierungsfaktoren von (G). Es bleibt jedoch noch zu zeigen, dass $S2'$ ein entscheidender Fundierungsfaktor von (G) ist, d.h. einer, der einen Unterschied macht.

Das Handheben, $S2'$, ist nicht nur ein Fundierungsfaktor, sondern ein entscheidender Fundierungsfaktor von (G): Ohne $S2'$ sind die übrigen Fundierungsfaktoren: $S1'$, $S1''$, $S1'''$, $S2''$, $S2'''$ plus die Tatsache, dass $S1'$, $S1''$ und $S1'''$ die einzigen Instanzen von $S1$ sind. Diese Tatsachen sind jedoch keine vollständige Fundierung von (G), da sie (G) nicht wahr machen: Es gibt nun einen Fall von $S1$ zum Zeitpunkt t, nämlich $S1'$, auf den nicht innerhalb der erforderlichen Zeitspanne ein Handheben folgt, und somit ist (G) falsch. Daher ist $S2'$ ein entscheidender Fundierungsfaktor von (G), denn ohne ihn sind die übrigen Fundierungsfaktoren keine vollständigen Fundierungsfaktoren von (G).

Mit **TP** und **GG** kann nun das folgende Argument formuliert werden:

Schritt 1:

(1) Wenn p von einem Akteur A abhängt und p ein entscheidender Fundierungsfaktor (*difference-making ground*) von q ist, dann hängt q von A ab (*q is up to A*). (Prämisse **(TP)**).

(2) Wenn unsere Handlungen (oder besser: Sätze, die unsere Handlungen charakterisieren) von uns selbst abhängen (sie sind „up to us") und diese Handlungen entscheidende Fundierungsfaktoren für deterministische

> Gesetze sind, dann hängen die Gesetze von uns selbst
> ab (dann sind die Gesetze „up to us"). (folgt aus 1)
>
> (3) Wenn die Gesetze nicht von uns abhängen, dann sind
> entweder unsere Handlungen nicht von uns selbst ab-
> hängig (unsere Handlungen sind nicht „up to us") oder
> diese Handlungen sind keine entscheidenden Fundie-
> rungsfaktoren für deterministische Gesetze. (folgt
> durch Kontraposition aus 2)

Bis hierher werden Humeanismus und Nicht-Humeanismus
übereinstimmen. Wenn die Gesetze nicht von uns abhängen,
muss mindestens eine von zwei Bedingungen erfüllt sein: Entweder sind unsere eigenen Handlungen nicht von uns selbst abhängig (nicht „up to us") oder die Handlungen sind keine entscheidenden Fundierungsfaktoren für die Gesetze. Der relevante Unterschied zwischen dem Humeanismus und dem Nicht-
Humeanismus besteht darin, dass der Humeanismus (indem er
GG vertritt) explizit vertritt, dass unsere Handlungen zu den entscheidenden Fundierungsfaktoren für Gesetze gehören, während der Nicht-Humeanismus dies bestreitet. Für den Humeanismus impliziert (3) also, dass die Gesetze nur dann nicht von
uns abhängen, wenn unsere Handlungen nicht von uns selbst
abhängen, d.h. nicht „up to us" sind. Eine Humeanerin wird also
an (3) anschließend das Argument wie folgt vervollständigen:

> Schritt 2:
>
> (4) Unsere Handlungen gehören zu den entscheidenden
> Fundierungsfaktoren (grounds) der deterministischen
> Gesetze. (Prämisse **(GG)**)
>
> (5) Wenn die Gesetze nicht von uns abhängen (nicht „up
> to us" sind), dann hängen unsere Handlungen auch
> nicht von uns selbst ab (dann sind unsere Handlungen
> nicht „up to us"). (folgt aus 3 und 4)

Mit anderen Worten: Wenn man eine humeanische Konzeption
von Naturgesetzen vertritt, kann man der Prämisse von der Unabänderlichkeit der Gesetze **(UG)** nur zustimmen, wenn man
vorab annimmt, dass ganz grundsätzlich unsere Handlungen
nicht von uns selbst abhängen (nicht „up to us" sind). Das obige
Argument zeigt demnach zwar nicht, dass **(UG)** falsch ist, es
zeigt aber, dass das Konsequenzargument, wenn man eine
humeanische Konzeption von Naturgesetzen unterstellt, dialektisch unwirksam ist. Aus **(TP)** folgt, dass, wenn eine Tatsache q

nicht von uns abhängt, keine Tatsache, die ein entscheidender Fundierungsfaktor von q ist, von uns abhängt. Denn wenn ein entscheidender Fundierungsfaktor von q in unserer Hand läge („up to us" wäre), würde **(TP)** bedeuten, dass q selbst in unserer Hand läge. Durch die Annahme der Unabänderlichkeit der Gesetze **(UG)** als Prämisse, d.h. durch die Annahme, dass deterministische Gesetze nicht von uns abhängen, setzt das Konsequenzargument also bereits voraus, dass keine Fundierungsfaktoren der Gesetze, die einen Unterschied machen, von uns abhängen. Da die Humeanerin aber der Annahme **(GG)** verpflichtet ist, bedeutet das Akzeptieren von **(UG)** als Prämisse bereits (unabhängig von den anderen Prämissen des Konsequenzarguments), dass unsere Handlungen nicht von uns abhängen (nicht „up to us" sind). Durch die Annahme von **(UG)** als Prämisse setzt das Konsequenzargument also bereits voraus, was es zeigen soll. Deshalb kann eine Humeanerin **(UG)** nicht als eine unproblematische Prämisse akzeptieren und sollte deshalb das Konsequenzargument als eine *petitio principii* zurückweisen.

Warum kann der Nicht-Humeanismus nicht die gleiche Art von Argumentation anwenden, um dem Konsequenzargument zu entgehen? Der Nicht-Humeanismus hat natürlich das Recht zu argumentieren, dass das Konsequenzargument, indem es **(UG)** als Prämisse annimmt und damit annimmt, dass deterministische Gesetze nicht von uns abhängen, bereits voraussetzt, dass keine entscheidenden Fundierungsfaktoren der Gesetze von uns abhängen („up to us" sind). Diese entscheidenden Fundierungsfaktoren sind jedoch – im Falle der Nicht-Humeanerin – nicht die Instanzen der Gesetze (darunter unsere Handlungen). Vielmehr betrachtet der Nicht-Humeanismus fundamentale Notwendigkeitsbeziehungen als die entscheidenden Fundierungsfaktoren. Die Gesetze ergeben sich ausschließlich aufgrund von Essenzen, Dispositionen, Notwendigkeitsrelationen oder primitiven Modalitäten. Instanzen von Gesetzen und damit auch unsere Handlungen gehören nicht zu den entscheidenden Fundierungsfaktoren für deterministische Gesetze. Vielmehr werden ja unsere Handlungen durch die Gesetze festgelegt. Dass die vom Nicht-Humeanismus angenommenen fundamentalen Notwendigkeitsbeziehungen nicht von uns abhängen (nicht „up to us" sind), ist für die Plausibilität des Konsequenzarguments keine problematische Annahme. Dagegen ist es durchaus problematisch, im Rahmen des Konsequenzarguments anzunehmen, dass unsere Handlungen, die für die Humeanerin die Rolle der entscheidenden Fundierungsfaktoren spielen, nicht von uns abhängen (nicht „up to us" sind).

Der Nicht-Humeanismus bestreitet **(GG)**, also die These, dass unsere Handlungen zu den entscheidenden Fundierungsfaktoren deterministischer Gesetze gehören, und daher steht ihm das oben entwickelte Argument, mit dem der Humeanismus das Konsequenzargument zurückweisen kann, nicht zur Verfügung.[4]

5.2.4 Das Problem der radikalen Freiheit

Wo stehen wir? Es hat sich gezeigt, dass es von der Naturgesetzkonzeption, die man vertritt, abhängt, ob man ein zentrales Argument für die These zurückweisen kann, dass Determinismus und die Bedingung, *sich anders verhalten zu können*, inkompatibel sind. Humeanerinnen können das Konsequenzargument zurückweisen.

Allerdings, und darum geht es in diesem Abschnitt, hat die Argumentation der Humeanerin argumentative Folgelasten. Der humeanische Kompatibilismus scheint die unplausible Konsequenz zu haben, dass nichts dagegenspricht, dass wir über erstaunliche Fähigkeiten verfügen können, wie zum Beispiel schneller als das Licht zu reisen. Wenn wir in der Lage sind, die Gesetzesaussagen falsch zu machen, indem wir etwas anderes tun können, als wir gemäß den deterministischen Naturgesetzen tun sollten, warum können wir dann nicht weitere Handlungen ausführen, die nicht im Einklang mit den Naturgesetzen sind?

---

[4]   Man könnte sich zwei nicht-standardmäßige theoretische Optionen für Nicht-Humeaner ausdenken, die es erlauben, die Prämisse **(GG)** zu akzeptieren: (a) Man könnte annehmen, dass die Dispositionen, aufgrund derer die relevanten Gesetze zustande kommen, doch von uns abhängen, weil es Charakterdispositionen sind, die wir selbst bilden; (b) man könnte annehmen, dass die Gesetze nur teilweise in fundamentalen Notwendigkeitsrelationen und teilweise in Tatsachen fundiert sind, die von uns abhängen. Da diese Annahmen, soweit ich sehe, von niemandem geteilt werden, werde ich sie im weiteren Verlauf der Arbeit beiseitelassen.

Nach Beebee und Mele (2002, 212) ist dies eine legitime Sorge, denn die humeanische Sichtweise habe tatsächlich diese Konsequenz. Nennen wir das Problem, dass wir scheinbar in der Lage sind, beliebige Gesetze zu brechen (indem wir sie falsch machen), „das Problem der radikalen Freiheit". Im weiteren Verlauf des Abschnitts werde ich für die These argumentieren, dass das Problem der radikalen Freiheit ein ernsthaftes Problem für diejenigen darstellt, die sich das im vorangegangenen Abschnitt dargestellte Argument für den humeanischen Kompatibilismus zu eigen machen.

Das Argument für den humeanischen Kompatibilismus (genauer gesagt: das Argument, das zeigt, dass das Konsequenzargument – ein Argument zugunsten des Inkompatibilismus – bei einer Hume'schen Auffassung von Gesetzen dialektisch unwirksam ist) bringt jedoch nicht *per se* mit sich, dass wir über ausgefallene Fähigkeiten verfügen, wie etwa uns schneller als mit Lichtgeschwindigkeit zu bewegen. Tatsächlich zeigt das Argument an sich nicht einmal, dass wir die Fähigkeit haben, etwas anderes zu tun als das, wozu wir durch die Naturgesetze bestimmt sind. Wir könnten aber unabhängige Gründe dafür haben anzunehmen, dass wir über solche Fähigkeiten verfügen. Deshalb gilt: Nehmen wir an, wir hätten unabhängige Gründe für die Annahme, dass wir in der Lage sind, etwas anderes zu tun als das, wozu wir durch die Naturgesetze bestimmt sind. Dann untergräbt die bloße Tatsache, dass dies die deterministischen Gesetze falsch machen würde, nicht diese Fähigkeit, denn das Gesetz ist ja „up to us" (im Folgenden soll diese konditionale Behauptung „das Konditional" heißen).

Obwohl das Argument für den humeanischen Kompatibilismus also keine Annahmen über die Existenz irgendwelcher Fähigkeiten macht, haben wir oft gute Gründe, bestimmte Fähigkeiten anzunehmen, wenn es um die Analyse von Situationen geht, die den dialektischen Ausgangspunkt für Diskussionen über das Konsequenzargument darstellen. In solchen Situationen gehen wir (manchmal) davon aus, dass die Akteure die Fähigkeit haben, etwas anderes zu tun als das, wozu sie durch die Naturgesetze bestimmt sind. Es gilt dann nicht nur *das Konditional*, sondern wir haben auch gute Gründe für die Annahme, dass die Antezedensbedingung erfüllt ist. Zusammengenommen implizieren die wahre Antezedensbedingung und *das Konditional*, dass die Naturgesetze in solchen Situationen tatsächlich „up to us" sind.

Um das Problem, das sich ergibt, zu illustrieren, gehen wir von einem Beispiel aus, in dem der humeanische Kompatibilismus hilft, das richtige Urteil über die Frage von Verantwortungszuschreibung zu fällen:

(ZEITUNG) S steht in der Nähe seines 4-jährigen Sohnes und liest eine Zeitung. Der Sohn stolpert über einen Stein und verletzt sich. S liest weiter in der Zeitung. Wir gehen – üblicherweise – davon aus, dass S sich anders hätte verhalten können, und werfen ihm daher vor, dass er seinem Sohn nicht geholfen hat.

Der humeanische Kompatibilismus kann auch in einem deterministischen Universum unsere Einschätzung in diesem Zeitungsfall gut erklären. Die Humeanerin kann nämlich darauf hinweisen (wie wir gesehen haben), dass das Konsequenzargument nur dann überzeugt, wenn es eine nicht-humeanische Auffassung von Gesetzen voraussetzt. Insbesondere muss die Humeanerin sich nicht auf **(UG)** festlegen, kann demnach das Konsequenzargument zurückweisen und die moralische Praxis, S in einer Situation wie der oben beschriebenen zu tadeln, verständlich machen. Auch wenn aufgrund der Anfangsbedingungen und der Naturgesetze logisch folgt, dass S weiter in der Zeitung liest – so die Analyse –, hätte er sich anders verhalten können, weil er die vorliegenden Gesetze hätte falsch machen können.

Der Kontext, in dem die Verteidigung des ursprünglichen Urteils stattfindet, ist also ein Kontext, in dem wir annehmen, dass S die Fähigkeit hat, sich anders zu verhalten, als er sich tatsächlich verhält (und dass wir ihn daher zu Recht dafür tadeln, dass er seinem Sohn nicht hilft). In der Verteidigung dieses moralischen Urteils gegen das Konsequenzargument nimmt die Humeanerin an, dass S die Fähigkeit hat, anders zu handeln. (Welche Gründe sie dafür hat, spielt keine Rolle. Aber ohne die Annahme, dass S die Fähigkeit hat, sich anders zu verhalten, würde die Verteidigung des Urteils, dass S für sein Weiterlesen verantwortlich ist, nicht gelingen). Die Humeanerin weist dann darauf hin, dass diese Fähigkeit nicht durch deterministische Gesetze, die auch die Handlungen von S betreffen, untergraben wird, weil sie davon ausgeht, dass das Gesetz durch das Verhalten der Akteure fundiert ist und nicht durch die Existenz notwendiger

Beziehungen. Der Humeanerin zufolge ist es eben nicht der Fall, dass die Gesetze notwendige Beziehungen auf der fundamentalen Ebene oder fundamentale Zwänge beschreiben, so dass deshalb S die Möglichkeit hat, mit dem Lesen seiner Zeitung aufzuhören, obwohl er tatsächlich weiterliest. Um unsere Praxis, S zu tadeln, zu erklären, kann der humeanische Kompatibilist behaupten, dass S etwas anderes tun kann, weil ja das Gesetz, unter das das Lesen der Zeitung fällt, von S selbst abhängt, es ist „up to him".

Im Gegensatz dazu scheint der Nicht-Humeaner durch das Konsequenzargument gezwungen zu sein, zu schließen, dass S sich nicht anders hätte verhalten können. Daher sollte S keine Verantwortung für das Nicht-Helfen zugeschrieben werden. Der Nicht-Humeaner kann unsere Praxis der Verantwortungszuweisung im Zeitungsfall nicht verständlich machen, während der Humeaner dies kann. Das Beispiel illustriert also, inwiefern das Konsequenzargument ein Problem für den Nicht-Humeaner ist, aber nicht für die Humeanerin.

Betrachten wir nun einen zweiten Fall:

(RUTSCHE) S und sein Sohn besuchen einen Spielplatz. Sie benutzen beide abwechselnd die Rutsche (eine lange und kurvenreiche Rutsche). Während S die Rutsche hinunterrutscht, stolpert sein Sohn über einen Stein und verletzt sich. S rutscht weiter. Da S nicht einfach anhalten kann, würden wir ihm nicht vorwerfen, dass er seinem Sohn nicht (sofort) hilft.

Unter der Annahme, dass die Fähigkeit, sich anders zu verhalten, für die Verantwortungszuschreibung relevant ist, ist es nun der Nicht-Humeaner, der erklären kann, warum wir S entschuldigen. Angesichts der Ausgangsbedingungen und des Gesetzes der Schwerkraft konnte sich S gar nicht dagegen wehren, weiterzurutschen.

Wie stellt sich dieser Fall für eine Humeanerin dar? Sie könnte nun argumentieren, dass wir in diesem Fall nicht davon ausgehen, dass das Antezedens *des Konditionals* wahr ist. Wir haben keine Gründe anzunehmen, dass S die Fähigkeit hat, das Rutschen zu beenden. Deshalb gibt es hier nicht das Problem, S die Fähigkeit zuschreiben zu müssen, das Rutschen sofort beenden und seinem Sohn helfen zu können.

Ist das eine plausible Analyse? Selbst wenn man diese Argumentation akzeptiert, stellt sich eine Anschlussfrage. Wir haben es mit zwei Fällen zu tun, in denen die deterministischen Gesetze das tatsächliche Verhalten von S festlegen. Warum wird dann im ersten Fall (ZEITUNG) behauptet, dass das Weiterlesen (und das relevante Gesetz) von S abhängt, während im zweiten Fall (RUTSCHE) das Rutschen (und damit das relevante Gesetz) nicht von S abhängt? Warum wird in einem Fall unterstellt, dass S etwas anderes tun kann als das, wozu er durch die Naturgesetze bestimmt ist, in dem anderen Fall aber nicht? Die Humeanerin kann sich nicht auf eine Relation von Notwendigkeit$_{\text{fund}}$ berufen, um zu erklären, warum das Rutschen nicht von S abhängt. Es scheint, dass S angesichts der humeanischen Konzeption von Naturgesetzen in der Lage sein sollte, zu tun, was immer S will – ohne Einschränkungen durch Gesetze. Das ist das „Problem der radikalen Freiheit". Das Problem der radikalen Freiheit ist ein Problem für den Humeanismus, aber nicht für den Nicht-Humeanismus.

Es scheint nun, dass es zwischen dem Humeanismus und dem Nicht-Humeanismus eine Pattsituation gibt. Während der Humeanismus das Konsequenzargument vermeiden kann, muss er sich dem ebenso herausfordernden Problem der radikalen Freiheit stellen. Der Nicht-Humeanismus dagegen vermeidet das Problem der radikalen Freiheit, muss sich aber mit dem Konsequenzargument auseinandersetzen.

Im Rest dieses Abschnitts möchte ich noch einen Einwand gegen diese Schlussfolgerung ausräumen. Eine Humeanerin könnte gegen die bisherige Argumentation einwenden, dass diese Einschätzung nicht ganz korrekt ist (siehe Loew und Hüttemann 2022). Humeaner lassen auf ‚höheren' Ebenen durchaus einen gewissen Begriff von Zwang und Notwendigkeit zu und könnten daher versuchen, Fälle wie RUTSCHE zu lösen, indem sie sich auf Zwang$_{\text{nicht-fund}}$ berufen, während sie sich weiterhin auf die Abwesenheit von Zwang$_{\text{fund}}$, also von Notwendigkeitsbeziehungen auf der fundamentalen Ebene, berufen, um das Konsequenzargument zu umgehen.

Dieser Argumentation zufolge gibt es gar keine Spannung zwischen unserer Fähigkeit, die Gesetze falsch zu machen, einerseits und dem Umstand, dass Gesetze uns in unserem

Handeln einschränken, andererseits. Das liegt daran, dass die erste modale Behauptung (über das, was wir tun können oder nicht tun können) Notwendigkeit$_{\text{fund}}$ bzw. Zwang$_{\text{fund}}$ betrifft, während die zweite modale Behauptung (über das, was wir tun können oder nicht tun können) Zwang$_{\text{nicht-fund}}$ betrifft. Die Spannung wird also dadurch aufgelöst, dass hier von Notwendigkeit oder Zwang in zweierlei Sinn die Rede ist.

Im Gegensatz dazu verwendet die Nicht-Humeanerin, wenn sie die Notwendigkeit von Gesetzen oder die Einschränkung unseres Handelns durch Gesetze diskutiert, einen univoken Begriff von Notwendigkeit oder Einschränkung: Zwang$_{\text{fund}}$. Es ist die Univozität des Zwangs- oder Notwendigkeitsbegriffs, die für die Nicht-Humeanerin ein Problem darstellt: Für die Nicht-Humeanerin können die Gesetze nicht sowohl von uns abhängen als auch das, was wir tun können, einschränken. Für Nicht-Humeaner schränken die Gesetze unser Handeln im Sinne eines Zwangs$_{\text{fund}}$ ein und folglich ist unser Handeln nicht „up to us".

Eine solche Unterscheidung zwischen fundamentaler und nicht-fundamentaler Modalität einzuführen, führt zu keiner überzeugenden Lösung des Problems der radikalen Freiheit. Die äquivoke Verwendung von Modalausdrücken wie „Zwang" oder „Notwendigkeit" durch die Humeanerin erzeugt nämlich ein Folgeproblem. Sie führt zu unterschiedlichen Auffassungen von „Fähigkeit". Schauen wir uns ein Argument von Beebee und Mele genauer an, die explizit die Strategie der Unterscheidung verschiedener Fähigkeiten verwenden, um auf das Problem der radikalen Freiheit zu reagieren. Beebee und Mele räumen ein, dass es einen Sinn von Fähigkeiten gibt, der durch den Hume'schen Reduktionismus gestützt wird, demzufolge sich Akteure schneller als mit Lichtgeschwindigkeit bewegen und der Schwerkraft trotzen können. Beebee und Mele (2002, 213) behaupten jedoch,

[d]ie Existenz des bereits identifizierten legitimen (nach humeanischen Maßstäben) Sinns von Fähigkeit bedeutet nicht, dass es keine anderen legitimen Sinne von „Fähigkeit" gibt, die mit dem Humeanismus übereinstimmen, wonach Fred in der Lage ist, Kuchen zu essen [obwohl er durch Naturgesetze dazu bestimmt ist, es nicht zu tun], aber nicht in der Lage ist, seine Hand schneller als mit Lichtgeschwindigkeit zu heben.

Den humeanischen Kompatibilisten steht es natürlich frei, zwischen verschiedenen Bedeutungen von Fähigkeiten zu unterscheiden. Dies, so möchte ich zeigen, erlaubt ihnen jedoch nicht, sowohl die Prämisse der Unabänderlichkeit der Naturgesetze **(UG)** im Konsequenzargument zurückzuweisen als auch das Problem der radikalen Freiheit zu umgehen. Die Kernbehauptung des Hume'schen Kompatibilismus ist, dass es einen Sinn von Fähigkeit gibt, der im Lichte einer Hume'schen Metaphysik motiviert werden kann. Nennen wir diesen Sinn des Könnens „Fähigkeit$_{fund}$". Diesem Sinn von Fähigkeit zufolge können Menschen so ausgefallene Handlungen ausführen, wie sich schneller als mit Lichtgeschwindigkeit zu bewegen und über große Gebäude zu springen. Sie sind radikal frei. Da wir uns als derart radikal frei nicht erfahren, führen Beebee und Mele einen zweiten Sinn von Fähigkeit ein, demzufolge wir zwar anders handeln können, als wozu wir durch Naturgesetze bestimmt sind zu handeln, aber dennoch diese abwegigeren Verstöße gegen die Naturgesetze nicht ausführen können. Nennen wir diesen Sinn von Fähigkeit „Fähigkeit$_{nicht\text{-}fund}$". (Beebee und Mele definieren „Fähigkeit$_{nicht\text{-}fund}$" mit Hilfe kontrafaktischer Konditionalaussagen. Aber die Details der Definition sind irrelevant. Wesentlich ist, dass Fähigkeit$_{nicht\text{-}fund}$ sich nur auf Beziehungen des Zwangs berufen darf, die nicht fundamental sind, ob in Form von Gesetzen, kausaler Struktur, Dispositionen und/oder kontrafaktischen Ereignissen spielt keine Rolle.)

Nehmen wir nun an, dass ich mich in einer Situation befinde, in der ich meine Hand nicht hebe. Der Überlegung von Beebee und Mele zufolge besteht keine Spannung zwischen der Behauptung, dass ich einerseits die Fähigkeit$_{fund}$ habe, mit meiner Hand mit Überlichtgeschwindigkeit zu winken und so ein Gesetz der speziellen Relativitätstheorie falsch zu machen, und andererseits der Behauptung, dass dieses Gesetz einschränkt, was ich tun kann, und dass mir daher die Fähigkeit$_{nicht\text{-}fund}$ fehlt, um mit meiner Hand mit Überlichtgeschwindigkeit zu winken.

Die Unterscheidung zweier Arten von Fähigkeiten führt zu einem Problem. Um dies zu veranschaulichen, kehren wir zu (RUTSCHE) zurück. Es stellt sich die Frage, ob wir uns auf die Fähigkeit$_{fund}$ oder die Fähigkeit$_{nicht\text{-}fund}$ berufen müssen, um zu begründen, dass S in (RUTSCHE) keine Verantwortung für die ausbleibende unmittelbare Hilfe zuzuschreiben ist. S hat die

Fähigkeit$_\text{fund}$, sofort anzuhalten und seinem Sohn zu helfen, aber er hat nicht die Fähigkeit$_\text{nicht-fund}$, sofort anzuhalten und seinem Sohn zu helfen. Da wir S nicht gleichzeitig Verantwortung zuschreiben und ihn entschuldigen können, müssen wir entscheiden, ob Fähigkeit$_\text{fund}$ oder Fähigkeit$_\text{nicht-fund}$ moralisch relevant ist. Wenn Fähigkeit$_\text{fund}$ die moralisch relevante Fähigkeit ist, sollten wir S dafür tadeln, dass er seinem Sohn nicht sofort geholfen hat, weil er dies hätte tun können. Ich gehe davon aus, dass dies in dieser Situation ein unplausibles Urteil ist. Allgemeiner ausgedrückt: Die Annahme, dass Fähigkeit$_\text{fund}$ moralisch relevant ist, führt zum Problem der radikalen Freiheit.

Wie stellt sich die Situation dar, wenn wir uns auf den zweiten Sinn von Fähigkeit stützen? Wenn Fähigkeit$_\text{nicht-fund}$ moralisch relevant ist, erhalten wir das „richtige" Urteil für (RUTSCHE) und vermeiden ganz allgemein das Problem der radikalen Freiheit. Nun stellt sich aber die Frage, warum in (ZEITUNG) die Fähigkeit$_\text{fund}$ als die moralisch relevante Fähigkeit betrachtet wurde und nicht etwa die Fähigkeit$_\text{nicht-fund}$. Die Humeanerin hat ihren speziellen Ausweg aus dem Konsequenzargument nur, wenn sie sich auf die Fähigkeit$_\text{fund}$ beruft. Aber warum sollten in (RUTSCHE) und (ZEITUNG) unterschiedliche Arten von Fähigkeiten moralisch relevant sein? Es ist schwer zu erkennen, dass es einen relevanten Unterschied zwischen (RUTSCHE) und (ZEITUNG) gibt, der motivieren würde, weshalb wir uns in diesen beiden Fällen auf unterschiedliche Auffassungen von Fähigkeit berufen sollten, wenn wir beurteilen, ob wir S Verantwortung für ausbleibende Hilfe zuschreiben sollten oder nicht. Es scheint vielmehr, dass in beiden Fällen derselbe Sinn von Anders-handeln-Können einschlägig sein sollte.

Wenn man diese Überlegung gelten lässt, bleiben der Humeanerin nur zwei Möglichkeiten: Entweder ist die moralisch relevante Fähigkeit in beiden Fällen Fähigkeit$_\text{fund}$. In diesem Fall kann die Humeanerin das Konsequenzargument umgehen, muss sich aber mit dem Problem der radikalen Freiheit auseinandersetzen. Oder die moralisch relevante Fähigkeit ist in beiden Fällen Fähigkeit$_\text{nicht-fund}$. In diesem Fall befindet sich die Humeanerin in der gleichen Position wie der Nicht-Humeaner: Das Problem der radikalen Freiheit stellt sich nicht, aber das Konsequenzargument droht.

Von der Wahl der Naturgesetzkonzeption hängt also ab, wie das Konsequenzargument zu bewerten ist. Wie sich gezeigt hat, kann der Humeanismus das Konsequenzargument zurückweisen, d.h. wenn der Determinismus wahr wäre, hieße dies für den Humeanismus nicht, dass uns die Fähigkeit, anders handeln zu können, abgesprochen werden muss. Dem Nicht-Humeanismus dagegen droht genau dieses Problem. Der Nicht-Humeanismus kann aber erklären, weshalb wir Dinge, die wir tun sollten, in manchen Fällen nicht tun können und deshalb entschuldigt sind. Dem Humeanismus droht hier das Problem der radikalen Freiheit. Da unseren Fähigkeiten keine (fundamentalen) Zwänge auferlegt sind, scheinen wir alles tun zu können, können deshalb dann aber auch nicht dadurch entschuldigt werden, dass uns etwas zu tun nicht möglich ist. Die Dialektik und die zu behandelnden Probleme hängen also entscheidend von der Wahl der Naturgesetzkonzeption ab.

Jenann Ismael ist eine der Autorinnen, die sich auf den Humeanismus stützt, um zu verstehen, weshalb wir auch in einem deterministischen Universum für unser Handeln verantwortlich sein können. Sie fasst das, was hier „Humeanischer Kompatibilismus" genannt wurde, wie folgt zusammen:

Da unsere Aktivitäten teilweise das Muster konstituieren [das Hume'sche Mosaik] und das Muster die Gesetze festlegt, legen unsere Aktivitäten teilweise die Gesetze fest. Aber dann passiert etwas Seltsames. Wir kehren die Festlegungsreihenfolge um und verdinglichen die Gesetze, so dass es nun so aussieht, als seien die Gesetze nicht einfach Beschreibungen eines Musters, das zum Teil durch unsere Handlungen konstituiert wird, sondern stattdessen in die räumliche und zeitliche Landschaft eingebaute eiserne Schienen, die uns nicht in einer Weise handeln lassen, die nicht mit ihnen übereinstimmt. [...] sobald wir Regelmäßigkeiten mit dem Etikett „Gesetz" versehen, besteht eine starke Tendenz, sie zu verdinglichen und sie als etwas zu betrachten, das die Tatsachen einschränkt. (Ismael 2016, 111)

Diese Überlegung übersieht, wie wir gesehen haben, dass, wenn die Gesetze unser Verhalten nicht einschränken, ein Teil unserer Entschuldigungspraxis unerklärlich wird. Wenn nämlich die Gesetze (alle Gesetze!) „up to us" sind und damit erklärt werden kann, weshalb sich S in (ZEITUNG) anders hätte verhalten können, dann kann S sich in genau dem gleichen Sinne auch in

(RUTSCHE) anders verhalten. Und sollte es einen anderen Sinn von „Können" oder „Fähigkeit" geben, gemäß dem sich S in der Rutsche nicht anders verhalten kann, dann kann sich S auch im Zeitungsfall nicht anders verhalten und wäre dann in beiden Fällen entschuldigt.

Kurzum: Obwohl von der Wahl der Naturgesetzkonzeption die Dialektik der Diskussion um das Konsequenzargument entscheidend abhängt, sieht das Rütteln an Prämisse (6) nicht besonders erfolgversprechend aus, wenn es darum geht, in einem deterministischen Universum angesichts des Konsequenzarguments unsere Praxis des Verantwortung Zuschreibens verständlich zu machen.

Im Folgenden werde ich daher Prämisse (6) akzeptieren und davon ausgehen, dass die Gesetze unabänderlich sind.

5.3 Die Unabänderlichkeit der Vergangenheit

Prämisse (4) des Konsequenzarguments lautet, dass sich das Universum in der (fernen) Vergangenheit in einem bestimmten Zustand V befunden hat und dass wir an diesem Zustand jetzt nichts ändern können. Wir haben nicht die Fähigkeit, V (nun aufgefasst als Aussage über diesen Zustand) falsch zu machen. In diesem Sinne ist die Vergangenheit unabänderlich.

Dass wir nichts an der Vergangenheit ändern können, scheint durch die alltägliche Erfahrung hinreichend bestätigt zu sein. Es wäre sehr praktisch, wenn ich jetzt noch darauf Einfluss nehmen könnte, ob ich vor einigen Tagen einen spielentscheidenden Elfmeter gegen meine Mannschaft verursacht habe. Glaubwürdige Berichte über solche Einflussnahmen sind sehr selten. Ob in Zukunft zwei Stühle in einem Raum stehen, kann ich durch mein gegenwärtiges Handeln beeinflussen. Ob in der Vergangenheit zwei Stühle in dem Raum standen, kann ich dagegen durch mein gegenwärtiges Handeln nicht beeinflussen. So viel scheint aus der alltäglichen Erfahrung klar zu sein. Und das spricht für die Plausibilität von Prämisse (4).

Die Sache stellt sich aber anders dar, wenn wir die Perspektive einnehmen, die der Anlass dafür ist, das Konsequenzargument überhaupt zu formulieren. Wenn wir davon ausgehen, dass das

Verhalten aller Systeme, einschließlich des menschlichen Verhaltens, ganz und gar unter fundamentale Naturgesetze fällt (also unter der Annahme, dass das Verhalten, sofern es überhaupt festgelegt ist, durch die fundamentalen Naturgesetze festgelegt ist), und davon ausgehen, dass diese Gesetze deterministisch sind, dann ist keineswegs offensichtlich, weshalb wir Prämisse (4) akzeptieren sollten.

Die Grundlage, auf der man für eine Zurückweisung von Prämisse (4) argumentieren kann, ist die Feststellung, dass die fundamentalen Naturgesetze das Geschehen in die Zukunft und in die Vergangenheit auf genau die gleiche Weise determinieren. Wenn wir z.B. den Zustand des Sonnensystems zum gegenwärtigen Zeitpunkt als Ausgangspunkt wählen, dann determiniert dieser Zustand zusammen mit den Naturgesetzen alle zukünftigen Zustände desselben (externe Störungen einmal ausgenommen). Aber der gegenwärtige Zustand determiniert zusammen mit den Gesetzen auf genau dieselbe Weise die vergangenen Zustände des Sonnensystems. Die Art der Determinationsbeziehung, die sich der Gültigkeit der fundamentalen Naturgesetze verdankt, ist dieselbe, gleichgültig, ob sie in Richtung Zukunft oder in Richtung Vergangenheit gerichtet ist.

Nun scheint uns aber der Umstand, dass unser Verhalten durch zukünftige Zustände der Welt determiniert ist, weniger problematisch zu sein als der Umstand, dass es durch vergangene Zustände determiniert ist. Für diese Asymmetrie scheint es einen guten Grund zu geben. Auf die zukünftigen Zustände (jedenfalls auf einige) haben wir Einfluss, sie sind „up to us", während das für die in der Vergangenheit liegenden Zustände nicht gilt.

Es soll nun gezeigt werden, dass diese Begründung der Asymmetrie nicht haltbar ist, jedenfalls dann nicht, wenn man annimmt, dass unser Verhalten vollständig unter fundamentale Naturgesetze fällt (also unter der Annahme, dass das Verhalten, sofern es überhaupt festgelegt ist, durch die fundamentalen Naturgesetze festgelegt ist). Wenn wir annehmen, dass die Determination durch zukünftige Zustände deshalb unproblematisch ist, weil wir auf diese Einfluss nehmen können, dann sollten wir auch Prämisse (4) in Frage stellen.

Zunächst ist wichtig zu sehen, dass (4) eine unabhängige Prämisse ist, d.h. nicht vom Determinismus und der Unabänderlichkeit der Gesetze (Prämisse (6)) bereits impliziert wird: Die Falschheit von Prämisse (4) ist mit dem Determinismus und der Unabänderlichkeit der Gesetze verträglich.

Unsere Prämissen (Determinismus und Unabänderlichkeit der Gesetze) sagen, dass, wenn sich die Welt zu t im Zustand $Z_1(t)$ befindet, dass sich dann zu einem späteren Zeitpunkt t_Z unabänderlich $Z_1(t_Z)$ einstellt. Unsere Prämissen sagen auch, dass, wenn sich die Welt zu t in $Z_2(t)$ befände, sich dann unabänderlich $Z_2(t_Z)$ einstellte.

Dies erlaubt uns – auch dann, wenn der Determinismus wahr ist und die Gesetze unabänderlich sind –, die Rede vom Andershandeln-Können zu verstehen und damit, was es heißt, auf zukünftige Zustände Einfluss zu nehmen (Aussagen über die Zukunft falsch machen zu können).

Mit einer solchen Behauptung (also der Behauptung, dass eine Person die Fähigkeit besitzt, Aussagen über die Zukunft falsch zu machen, oder dass sie Einfluss hat auf das, was in Zukunft geschieht) ist nicht gemeint, dass die tatsächliche Zukunft eine andere sein wird als diejenige, die sie tatsächlich sein wird. Gemeint ist vielmehr Folgendes: Nehmen wir an, dass eine Person P zu einem Zeitpunkt t etwas anderes täte, als sie zu t tatsächlich tut (diese Annahme ist legitim, ansonsten würden wir das, was das Konsequenzargument zu zeigen beabsichtigt, nämlich, dass P zu t nicht anders handeln kann, schon als Prämisse voraussetzen). Angenommen also, dass P zu einem Zeitpunkt t etwas anderes täte als sie zu t tatsächlich tut – angenommen also, dass der Zustand $Z_1(t)$ ein anderer wäre – etwa $Z_2(t)$ –, dann stellte sich ein anderer zukünftiger Zustand, nämlich $Z_2(t_Z)$ ein, als sich tatsächlich einstellt (vgl. dazu Albert 2000, 125).

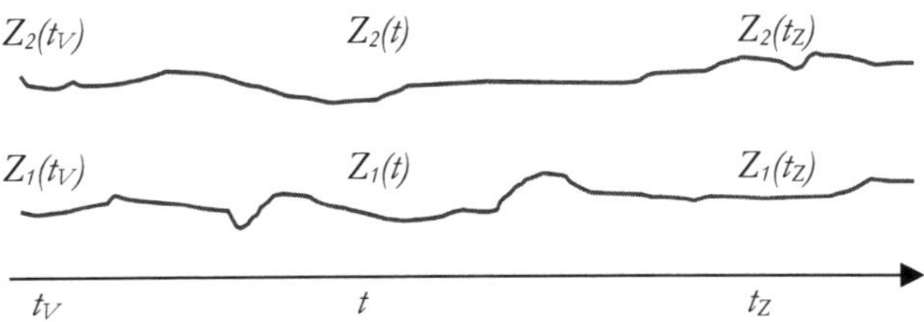

Abbildung 5.1

Abbildung 5.1 illustriert diese Überlegung (die beiden Kurven seien zwei durch die deterministischen Naturgesetze zugelassene Weltverläufe).

Nun ist es aber so, dass in einem Universum mit deterministischen Gesetzen das, was wir über die Zukunft gesagt haben, ebenso für die Vergangenheit gilt. Wenn wir die Fähigkeit haben, auf die Zukunft Einfluss zu nehmen, weil wir die Fähigkeit haben, Aussagen über die Zukunft falsch zu machen, und darüber hinaus annehmen – wie im Kontext des Konsequenzarguments üblich –, dass die Naturgesetze sowohl deterministisch sind (Prämisse (1)) als auch, dass sie unabänderlich sind (Prämisse (6)), dann können wir auch Aussagen über die Vergangenheit falsch machen.

Warum ist das so? Wir hatten den Systemdeterminismus wie folgt definiert:

Eine Welt w ist deterministisch$_S$ genau dann, wenn jede Welt mit den gleichen Gesetzen wie w, die mit w zu irgendeinem Zeitpunkt hinsichtlich ihres Zustands$_S$ übereinstimmt, mit w zu allen Zeitpunkten hinsichtlich ihres Zustands$_S$ übereinstimmt.

Wenn eine Welt deterministisch ist, dann legt ein Zustand zu einem Zeitpunkt t nicht nur alle späteren, sondern auch alle früheren eindeutig fest. Für die dynamischen Gesetze in der klassischen Mechanik und der Quantenmechanik (wenn man sie als deterministisch auffassen will (vgl. Kapitel 3)) gilt, dass sie Welten beschreiben, die in diesem Sinne (d.h. sowohl bezüglich der Zukunft als auch bezüglich der Vergangenheit) deterministisch sind. Wenn ich nun in einem derartigen Universum die Fähigkeit habe, Aussagen über die Zukunft falsch zu machen, weil dann, wenn ich etwas anderes täte, als ich tatsächlich tue, die Zukunft eine andere wäre, als sie tatsächlich ist, dann gilt auch, dass wenn ich jetzt etwas anderes täte, als ich tatsächlich tue (und die Gesetze deterministisch und unabänderlich sind), ich damit eine Aussage über die Vergangenheit falsch gemacht hätte. Wenn ich zum jetzigen Zeitpunkt t etwas anderes getan hätte als ich tatsächlich getan habe, wenn also der Zustand $Z_1(t)$ ein anderer wäre – etwa $Z_2(t)$ –, dann wäre der vergangene Zustand nicht

$Z_1(t_V)$, sondern ein anderer, nämlich $Z_2(t_V)$ gewesen (vgl. dazu auch Abbildung 5.1).[5]

Damit ist zunächst einmal gezeigt, dass Prämisse (4) nicht schon aus den Prämissen (1) und (6) folgt und dass das Konsequenzargument auf Prämisse (4) angewiesen ist, damit geschlossen werden kann, dass ich mich gegenwärtig nicht anders verhalten kann, als ich mich tatsächlich verhalte.

Die Überlegung zeigt damit auch, dass der Determinismus und die Unabänderlichkeit der Gesetze keineswegs zur Folge haben, dass wir Prämisse (4) akzeptieren müssen. Vielmehr legt die von uns untersuchte Perspektive (d.h. die Perspektive, die menschliches Verhalten als vollständig unter Naturgesetze fallend betrachtet) nahe, Prämisse (4) und damit das Konsequenzargument zurückzuweisen, denn die deterministischen Gesetze, um die es hier geht, sind hinsichtlich der Determination in die Zukunft und in die Vergangenheit symmetrisch. Die fundamentalen Naturgesetze allein vermögen Prämisse (4) in keiner Weise zu stützen.

Diese Zurückweisung von Prämisse (4) und damit des Konsequenzarguments ist überzeugend, solange wir allein die fundamentalen Naturgesetze betrachten. Ein Problem für diese Strategie ergibt sich, wenn wir eine Annahme oder Konzeption mit hinzunehmen, die durch etwas anderes, nämlich unsere Alltagserfahrung, bestätigt zu werden scheint. Nach dieser Konzeption gibt es eine Asymmetrie zwischen Vergangenheit und Zukunft, derart, dass die Vergangenheit fix oder unabänderlich, während die Zukunft offen ist. Aus diesem Grund können wir die Zukunft beeinflussen, aber nicht die Vergangenheit. Das Konsequenzargument stützt sich teils auf die wissenschaftliche Perspektive (Prämisse (1) und (6)) und teils auf die alltägliche Perspektive (Prämisse (4)). Darauf hat zuerst Carl Hoefer (2002) hingewiesen.

---

[5] Wir benutzen hier nicht die Semantik kontrafaktischer Konditionale, wie sie von Lewis (1973) entwickelt wurde, oder ähnliche Semantiken. Denn diese zielen darauf ab, verständlich zu machen, weshalb wir *alltägliche* kontrafaktische Konditionalaussagen für wahr halten. Das ist aber hier zunächst nicht unsere Absicht. Wir interessieren uns für ein Universum, über das wir zunächst lediglich annehmen, dass die fundamentalen Gesetze unabänderlich und deterministisch sind.

Wenn wir an der Zurückweisung von Prämisse (4) festhalten wollen, ergibt sich somit folgende Herausforderung: Zwar können wir – gemäß der wissenschaftlichen Perspektive – in einem Universum mit unabänderlichen deterministischen Gesetzen sowohl (manche) Aussagen über die Zukunft falsch machen als auch (manche) Aussagen über die Vergangenheit. Gleichwohl gibt es – wie wir aus der Alltagserfahrung wissen – folgende Asymmetrie: Wir können den Satz, dass übermorgen im Nachbarraum zwei Stühle stehen werden, falsch machen, nicht aber den Satz, dass vorgestern im Nachbarraum zwei Stühle standen.

Dies ist ein Fall eines grundsätzlichen Problems, mit dem sich vor allem die Wissenschaftstheorie der statistischen Mechanik beschäftigt. Es gibt zahlreiche, bezüglich der Zeitrichtung asymmetrische Phänomene, die wir nicht nur aus der Alltagserfahrung, sondern auch aus den Wissenschaften, z.B. aus der Thermodynamik, kennen (vgl. dazu Horwich 1987, Kap.1): Die Entropie von isolierten Systemen nimmt in der Zeit zu. Über die Vergangenheit wissen wir mehr als über die Zukunft. Kausalität ist in die Zukunft gerichtet. Unsere Entscheidungen betreffen zukünftige Ereignisse, nicht vergangene.

Das grundsätzliche Problem besteht darin, wie man verständlich machen kann, dass diese zeitlich asymmetrischen Phänomene in einem Universum mit zeitlich symmetrischen (zeitumkehrinvarianten)[6] Fundamentalgesetzen auftreten können. Die im Alltag erfahrbare Asymmetrie, dass wir Einfluss auf die Zahl der Stühle in einem Raum haben können, wenn es um die Zukunft geht, nicht aber, wenn es um die Vergangenheit geht, ist ein Spezialfall dieser allgemeinen Fragestellung.

Für die Argumentation in diesem Abschnitt bedeutet das Folgendes: Wenn sich die bezüglich der Zeitrichtung asymmetrischen Phänomene durch die fundamentalen Naturgesetze und durch Zusatzannahmen verständlich machen lassen, die nicht ihrerseits Prämisse (4), also die Unabänderlichkeit der Vergangen-

---

6   Grob gesprochen gilt für zeitumkehrinvariante oder bezüglich der Zeitrichtung symmetrische Gesetze Folgendes: Wenn ein Prozess in einer Zeitrichtung unter dieses Gesetz fällt, dann fällt auch der Prozess in die umgekehrte Zeitrichtung unter dieses Gesetz. Genaue Diskussionen sind kontrovers (dazu z. B. Albert 2000, Kap. 1 und Roberts 2022, Kap. 2).

heit, implizieren, dann können wir an der Zurückweisung von (4) und des Konsequenzarguments festhalten, weil wir verständlich machen können, warum wir im Alltag trotz der Falschheit von (4) die Erfahrung machen, an der Vergangenheit nichts ändern zu können.

Es gibt nun unterschiedliche Ansätze, die genannten Asymmetrien zu erklären. Für uns ist insbesondere interessant, dass sie unterschiedliche Implikationen für die Frage haben, ob wir an der Zurückweisung von Prämisse (4) festhalten dürfen. Ich werde einige dieser Ansätze im Folgenden kurz skizzieren.

(A) *Metaphysische Theorien* postulieren einen über die naturwissenschaftliche Beschreibung hinausgehenden Sachverhalt, der die Asymmetrien verständlich machen soll. Als Beispiel kann hier die Growing-Block-Theorie der Zeit genannt werden (vgl. dazu Miller 2013). Die Growing-Block-Theorie postuliert, dass nur vergangene und gegenwärtige Ereignisse existieren. Die Gegenwart ist eine dünne Scheibe dieses Blocks, der anwächst, weil die Gegenwart zur Vergangenheit wird und zukünftige, bislang noch nicht existierende Sachverhalte gegenwärtig, d.h. existierend werden. Die Gegenwart verändert sich also. Die Erklärung der Asymmetrien besteht darin, dass die Asymmetrien in der Zeit sich dem Umstand verdanken, dass die Vergangenheit (und die Gegenwart) existieren, die Zukunft aber nicht. An der Vergangenheit ist nicht mehr zu rütteln, sie existiert schon. Dies erklärt, weshalb wir jetzt Aussagen über die Anzahl der Stühle in Räumen zu Zeitpunkten, die in der Vergangenheit liegen, nicht falsch machen können. Die Vergangenheit ist unabänderlich. Wenn man also aus der wissenschaftlichen Perspektive die unabänderlichen, deterministischen Gesetze übernimmt und die Alltagserfahrung im Lichte der Growing-Block-Theorie interpretiert, dann sind damit alle Prämissen des Konsequenzarguments akzeptiert, insbesondere auch Prämisse (4). Allerdings spricht auch einiges gegen die Growing-Block-Theorie und ähnliche Ansätze: Erstens wird eine absolute Gegenwart vorausgesetzt, was nicht leicht mit den Relativitätstheorien zu vereinbaren ist. Zweitens wird ein über die naturwissenschaftliche Beschreibung hinausgehender Sachverhalt postuliert. Das passt nicht gut zu unserer spinozistischen Ausgangsannahme, dass das menschliche Verhalten, sofern es überhaupt festgelegt ist, durch die fundamentalen Naturgesetze oder zumindest durch naturwissenschaftliche Sachverhalte festgelegt ist, denn hier wird es durch einen metaphysischen Sachverhalt eingeschränkt. Aus methodischen Gründen wird man daher bestenfalls dann metaphysische Sachverhalte postulieren, wenn sich die Phänomene nicht auf andere Weise, z. B. (natur)wissenschaftlich, verständlich machen lassen. Die folgenden Konzeptionen kommen ohne metaphysische Zusatzpostulate aus und sind daher zu bevorzugen.

(B) Ein zweiter Ansatz postuliert nicht einen metaphysischen, sondern einen zusätzlichen *physikalischen* Sachverhalt. So schreibt z. B. Maudlin, an ältere Bemerkungen von Earman (1974) anschließend:

Ich glaube, dass es eine fundamentale, irreduzible Tatsache der raumzeitlichen Struktur der Welt ist, dass die Zeit vergeht. (...) Das Vergehen der Zeit ist eine intrinsische Asymmetrie in der zeitlichen Struktur der Welt, eine Asymmetrie, die keine räumliche Entsprechung hat. Es ist die Asymmetrie, die die Unterscheidung zwischen Abläufen, die von der Vergangenheit in die Zukunft gerichtet sind, und Abläufen, die von der Zukunft in die Vergangenheit gerichtet sind, begründet. (Maudlin 2007, 107/8)

Maudlin motiviert seinen Ansatz unter anderem durch einen Verweis auf Zerfallsprozesse, bei denen die Zeitumkehrinvarianz verletzt ist (Maudlin 2007, 117). Wie auch immer die asymmetrische physikalische Charakterisierung der Zeit genau aussehen mag, klar ist, dass auch ein solcher Ansatz, die Alltagserfahrung zu erklären, impliziert, dass Prämisse (4) wahr ist. Allerdings ist dieser Ansatz bisher eher angedeutet als ausgearbeitet worden.

(C) Der *Perspektivismus* ist die (radikale) These, dass die zeitlichen Asymmetrien keine objektiven Merkmale der Wirklichkeit sind, sondern sich so wie die Farbigkeit der Welt unserer spezifischen Perspektive auf die Welt verdanken. Huw Price, der diesen Ansatz entwickelt hat, veranschaulicht seine These anhand einer Analogie. Sie betrifft eines der zeitlich asymmetrischen Phänomene: Unsere Entscheidungen haben eine Zukunfts- und nicht eine Vergangenheitsorientierung. Price beschreibt Eisenbahnschienen, die zwischen zwei Orten A und B verlaufen, aber *per se* keine der beiden Richtungen auszeichnen. Außerdem gibt es eine Lokomotive, die nur in eine Richtung fahren kann und deshalb eine Asymmetrie ins Spiel bringt:

Gegeben unsere Orientierung in der Zeit, ist die eine Richtung unseren Abwägungen zugänglich, die andere nicht. Da wir die wahre Natur dieser Beschränkung nicht bemerken, verwechseln wir sie mit einer absoluten Beschränkung in der Welt. Hätten wir selbst jedoch die entgegengesetzte zeitliche Ausrichtung, wäre es so, als ob die Lokomotive umgedreht wäre: Andere Teile der Wirklichkeit wären dann scheinbar objektiv zugänglich. Und wenn wir selbst nicht asymmetrisch in der Zeit wären, dann wäre es so, als ob die Lokomotive in beide Richtungen fahren könnte. In diesem Fall gäbe es keine scheinbare Asymmetrie. (Price 1996, 167/8).

Diese Konzeption versucht unseren Eindruck, dass es Phänomene gibt, die zeitlich asymmetrisch sind, durch unsere Perspektive auf die Welt zu erklären und damit letztlich als Projektion zu verstehen. Im Hinblick auf die Frage nach der Unabänderlichkeit gibt es keinen Unterschied zwischen Zukunft und Vergangenheit. Ein solcher Perspektivismus kann die Zurückweisung von (4) motivieren. Allerdings ist auch dieser Ansatz bisher bestenfalls partiell ausgearbeitet worden.

(D) Am vielversprechendsten und am stärksten in der Physik selbst verankert sind Ansätze, die an die Arbeiten von Ludwig Boltzmann anschließen. Hier wird versucht, die zeitlichen Asymmetrien auf (i) die fundamentalen Gesetze, (ii) statistische Annahmen und (iii) Annahmen über die Verteilung der Materie, Energie etc. im Universum zurückzuführen. Solche Ansätze erlauben es, an der Zurückweisung von Prämisse (4) festzuhalten (vgl. dazu auch Loewer 2023). *Boltzmannsche Ansätze* erklären zeitliche Asymmetrien, indem sie entweder die anderen Asymmetrien auf den zweiten Hauptsatz der Thermodynamik, d.h. auf den Anstieg der Entropie, zurückführen, oder aber sie führen die zeitlichen Asymmetrien auf diejenigen Sachverhalte zurück, die diesem Anstieg zugrunde liegen (vgl. Fernandes 2022). In beiden Fällen ist der Ausgangspunkt der physikalische Zusammenhang zwischen der statistischen Mechanik einerseits und den makroskopischen Phänomenen, wie sie in der Thermodynamik beschrieben werden, andererseits.

Diese Art von Projekt wird außer in der Physik selbst auch in der Wissenschaftstheorie ausführlich diskutiert und entwickelt

(Reichenbach 1956; Horwich 1987; Albert 2000, 2015; Loew 2017; Frisch 2010; Kutach 2013; Fernandes 2022; Loewer 2023). Insbesondere gehört dazu auch der Versuch, verständlich zu machen, wie das uns interessierende zeitlich asymmetrische Phänomen (dass wir Aussagen über Stühle in Räumen, wenn sie die Zukunft betreffen, falsch machen können, nicht aber, wenn sie die Vergangenheit betreffen) in einem Universum, in dem die fundamentalen Gesetze zeitsymmetrisch sind, auftreten kann.

Auf die Einzelheiten und Unterschiede dieser Konzeptionen kann hier nicht eingegangen werden. In Bezug auf die uns interessierende Prämisse (4) erlauben diese Konzeptionen folgende argumentative Strategie: Der Konflikt zwischen Alltagserfahrung und der Zurückweisung von Prämisse (4) lässt sich vermeiden, indem gezeigt wird, dass wir zwar einerseits grundsätzlich Aussagen über die Vergangenheit falsch machen können (so dass wir Prämisse (4) zurückweisen können), dass sich dies andererseits aber in der Alltagserfahrung nicht manifestieren kann. Das bedeutet also, dass dieser Ansatz es erlaubt zu zeigen, dass unsere Alltagserfahrung mit der These, dass wir an der Vergangenheit etwas ändern können, kompatibel ist.

Wie soll es aber überhaupt möglich sein, Behauptungen über Zustände falsch machen zu können, ohne dass sich dies in der Erfahrung manifestiert? Eine Möglichkeit, dies verständlich zu machen, beruht auf der Unterscheidung der Makrozustände und der Mikrozustände eines Systems, die für die Zurückführung der Thermodynamik auf die statistische Physik zentral ist. Ein Beispiel: Der Makrozustand eines Gases wird durch Druck, Volumen und Temperatur vollständig charakterisiert. Wenn nun ein Gas durch bestimmte Werte dieser Größen charakterisiert werden kann (p_0, V_0 und T_0), dann sind damit zahlreiche Mikrozustände, d.h. Zustände und Verteilungen von Molekülen, vereinbar. Eine Modifikation des Mikrozustands hat nicht zwingend eine Modifikation des Makrozustands zur Folge. Es könnte also sein, dass ich Aussagen über den Mikrozustand eines Gases falsch machen kann, ohne Aussagen über den Makrozustand des Gases falsch machen zu können, wenn nämlich die Modifikationen der Mikrozustände – aus welchen Gründen auch immer – den Makrozustand invariant lassen.

Warum sollte das der Fall sein? Es hat sich gezeigt, dass die Zurückführung des zweiten Hauptsatzes der Thermodynamik

(Entropiezunahme) auf die statistische Physik nicht allein im Rekurs auf fundamentale Gesetze und statistische Annahmen gelingen kann. Der auf Boltzmann zurückgehende Ansatz besteht darin, einen spezifischen Anfangszustand des Universums zu postulieren, der makroskopisch als Zustand sehr niedriger Entropie charakterisiert ist. Wenn man nun Gründe hat, anzunehmen, dass der anfängliche makroskopische Zustand unabänderlich ist (z. B. – so etwa Loewer (2023) – weil diese Annahme Naturgesetzcharakter besitzt), dann ergibt sich folgendes Bild:

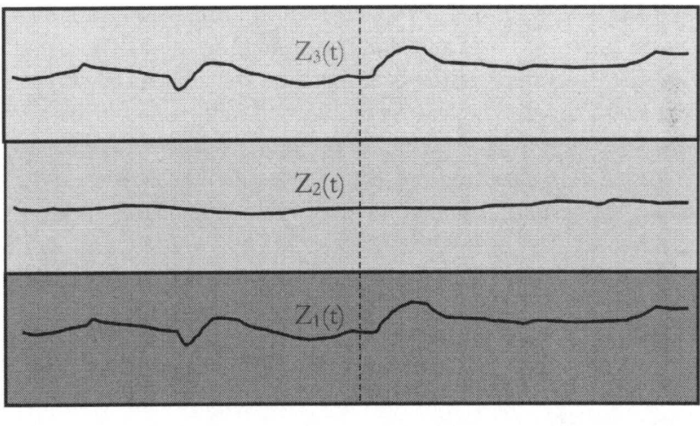

Abbildung 5.2

Wir können zwar sowohl Aussagen über (manche) vergangene als auch über (manche) zukünftige Mikrozustände der Welt falsch machen. Wegen der Unabänderlichkeit des anfänglichen *Makro*zustands (dem weder eine Unabänderlichkeit vergangener Mikrozustände noch zukünftiger Makrozustände entspricht) können wir aber nur Aussagen über zukünftige, nicht aber über vergangene Stuhlkonstellationen falsch machen. Die Zurückweisung der Prämisse (4) ist demnach mit unserer Alltagserfahrung kompatibel.[7]

---

[7] In dem Ansatz von Albert (2000 und 2015) und Loewer (2023) hängt einiges davon ab, ob das Postulat des spezifischen Anfangszustands des Universums Naturgesetzcharakter hat – eine These, die

Diese Überlegungen lassen sich durch Abb. 5.2 und 5.3 illustrieren: Wie in Abb. 5.1 stehen die verschiedenen Kurven für unterschiedliche, von den deterministischen Gesetzen zugelassene Weltverläufe. Die x-Achse repräsentiere die Zeit, die y-Achse unterschiedliche Zustände der Welt. Seien nun der dunkelgraue Bereich Zustände mit keinem Stuhl in einem uns interessierenden Raum, der mittelgraue solche mit einem Stuhl im Raum und der hellgraue solche mit zwei Stühlen im Raum. Dann gilt für Abb. 5.2: Nehmen wir an, Person P tut zur Zeit t $Z_2(t)$, d.h. sie sorgt dafür, dass es bei einem Stuhl bleibt. P kann aber auch dafür sorgen, dass in Zukunft zwei Stühle im Raum sein werden, wenn sie statt $Z_2(t)$ $Z_3(t)$ tut. Allerdings würde sie damit auch die Vergangenheit so ändern, dass statt einem Stuhl (tatsächliche Vergangenheit) zwei Stühle im Raum gestanden haben. Wenn wir also P zugestehen, gegenwärtig durch ihr Tun statt $Z_2(t)$ auch $Z_3(t)$ zu realisieren, dann kann sie auch die Anzahl der Stühle, die früher im Raum standen, verändern. Das ist unplausibel.

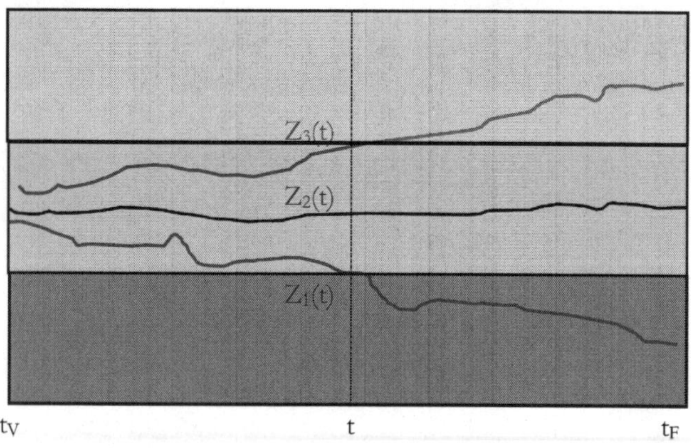

Abbildung 5.3

allerdings begründungsbedürftig ist. Einige der anderen Boltzmannschen Ansätze versuchen, ohne diese These auszukommen (z. B. Loew 2017 oder Fernandes 2022).

Boltzmannsche Ansätze laufen nun darauf hinaus, zu postulieren, dass es einen Zustand in der Vergangenheit gibt, der zwar mikroskopisch veränderbar ist, aber nicht makroskopisch. Das lässt sich durch Abb. 5.3 illustrieren. Person P kann hier wiederum dafür sorgen, dass in Zukunft zwei Stühle im Raum sein werden, wenn sie statt $Z_2(t)$ $Z_3(t)$ tut. Allerdings könnte sie in diesem Modell nicht dafür sorgen, dass in der Vergangenheit zwei Stühle im Raum standen. Sie kann im Blick auf die Anzahl der Stühle auf die Zukunft Einfluss nehmen, auf die Vergangenheit aber nicht, weil P nur die durch die Naturgesetze (und die Anfangsbedingungen) zugelassenen Zustände herbeiführen kann. Die Konstellation von Anfangsbedingungen und Naturgesetzen ist aber so, dass auch wenn P grundsätzlich im Einklang mit den deterministischen Gesetzen die Vergangenheit ändern kann, dies nichts an der Anzahl der Stühle in der Vergangenheit ändern wird.

Zusammenfassend gilt: Die an Boltzmann anknüpfenden Ansätze erlauben es, der Alltagserfahrung gerecht zu werden, ohne auf die Wahrheit von Prämisse (4) angewiesen zu sein. Die Vergangenheit ist veränderlich, allerdings manifestiert sich dies nicht makroskopisch. Mit anderen Worten: Auf der Grundlage dieser Ansätze können wir an den weiter oben geschilderten Ausführungen, die uns eine Zurückweisung von Prämisse (4) erlauben, festhalten, ohne in einen Konflikt mit der Alltagserfahrung zu geraten. Das hat dann zur Folge, dass wir, indem wir Prämisse (4) zurückweisen, auch das Konsequenzargument zurückweisen können: Wir können uns auch in einer deterministischen Welt anders verhalten, als wir es tatsächlich tun.

5.4 Fazit

Im Zentrum dieses Kapitels stand die Frage, wie zwei Prämissen des Konsequenzarguments – die Unabänderlichkeit der Naturgesetze (Prämisse (6)) und die Unabänderlichkeit der Vergangenheit (Prämisse (4)) – von wissenschaftstheoretischen Vorannahmen abhängen. Es hatte sich gezeigt (Abschnitt 5.2), dass sich die Unabänderlichkeit der Naturgesetze vor dem Hintergrund humeanischer Naturgesetzkonzeptionen als *petitio principii* zurückweisen lässt. Das Konsequenzargument ist dann dialektisch unwirksam, weil schon angenommen wird, was eigentlich erst zu zeigen ist: dass zukünftiges Verhalten unabänderlich ist. Allerdings hat sich auch gezeigt, dass sich auf der Grundlage dieser Gesetzeskonzeption unsere Entschuldigungspraxis nicht leicht verständlich machen lässt. Das gilt zumindest dann, wenn unterstellt wird, dass in Fällen, in denen Personen Verantwortung zugeschrieben wird, wie auch in Fällen, in denen diese entschuldigt werden, im gleichen Sinne von Fähigkeiten oder von Anders-handeln-Können die Rede ist. Trotz des Ausweges aus dem Konsequenzargument, den eine humeanische Gesetzeskonzeption bieten würde, scheint es mir deshalb sinnvoll, an der Unabänderlichkeit von Naturgesetzen (also an Prämisse (6)) festzuhalten.

In Abschnitt 5.3 hat sich gezeigt, dass, wenn wir diejenige Perspektive einnehmen, die der Anlass dafür ist, das Konsequenzargument überhaupt zu formulieren, d.h. wenn wir davon ausgehen, dass das Verhalten aller Systeme, einschließlich des menschlichen Verhaltens, unter Naturgesetze fällt, und davon ausgehen, dass diese Gesetze deterministisch sind, dass dann keineswegs offensichtlich ist, weshalb wir Prämisse (4) akzeptieren sollten. Fundamentale Naturgesetze wie das zweite Newtonsche Gesetz oder die Schrödingergleichung determinieren die Vergangenheit nicht anders als die Zukunft. Wenn wir auf zukünftige Zustände Einfluss nehmen können, dann *prima facie* auch auf vergangene. Ein Problem ergibt sich erst, wenn wir die Alltagserfahrung, die uns zu lehren scheint, dass wir die Vergangenheit nicht ändern können, mit hinzunehmen. Die Diskussion hat gezeigt, dass Untersuchungen zum Verhältnis von zweitem Hauptsatz der Thermodynamik zur statistischen Physik Optionen bereithalten, der Alltagserfahrung gerecht zu werden und zugleich Prämisse (4) zurückzuweisen.

6 Wenn der Indeterminismus wahr wäre

Die Frage, die im Zentrum dieses Buches steht, ist, ob wir, wenn wir annehmen, dass menschliches Verhalten vollständig unter Naturgesetze fällt, unsere Praxis des Zuschreibens von Verantwortung (einschließlich unserer Entschuldigungspraxis) revidieren müssen. Dabei haben wir in den beiden vorangegangenen Kapiteln angenommen, dass der Determinismus wahr ist. Es hat sich gezeigt (Kapitel 4), dass es keine guten Gründe gibt anzunehmen, dass der Determinismus das Nichterfülltsein der Urheberschaftsbedingung zur Folge hat. Dagegen ist die in Kapitel 5 besprochene Herausforderung des Determinismus für die Bedingung des Anders-handeln-Könnens deutlich größer. Aber auch hier hat sich gezeigt, dass der Determinismus allein nicht zur Folge hat, dass diese Bedingung nicht erfüllt ist. Dazu muss vielmehr sowohl die Unabänderlichkeit der Gesetze als auch die Unabänderlichkeit der Vergangenheit vorausgesetzt werden. Ich habe für die These argumentiert, dass die Unabänderlichkeit der Gesetze auf der Grundlage einer humeanischen Naturgesetzkonzeption zwar in Frage gestellt werden kann, dass dies aber dazu führt, dass wir unsere Entschuldigungspraxis revidieren müssen.

Als erfolgversprechender hat sich die Strategie herausgestellt, genauer nach der Natur des Determinismus bzw. der Determination zu fragen. In der aktualen Welt wird unser gegenwärtiges Verhalten sowohl durch vergangene wie auch durch zukünftige Zustände determiniert. Die Determination durch zukünftige Zustände scheint dabei zunächst unproblematisch zu sein, weil zukünftige Zustände insofern „up to us" sind, als sie von gegenwärtigen Zuständen abhängen. Da aber die fundamentalen Gesetze der Welt in beide Richtungen der Zeit auf gleiche Weise determinieren, sollte dasselbe auch für die Vergangenheit gelten. In Kapitel 5 wurden verschiedene Ansätze vorgestellt, die zu erläutern vermögen, wie dies mit einer makroskopischen Unveränderlichkeit der Vergangenheit, wie sie uns die Alltagserfahrung nahelegt, kompatibel ist. Auf dieser Grundlage lässt sich dann die Prämisse der (mikroskopischen) Unveränderlichkeit der Vergangenheit und damit das Konsequenzargument zurückweisen: Wir können uns auch in einer deterministischen Welt anders verhalten, als wir es tatsächlich tun. Gleichwohl hatte sich aber gezeigt, dass selbst dann, wenn man sich dieses Argument zu eigen macht, die intuitive Einschätzung, dass unser Verhalten, wenn es unter deterministische Naturgesetze fällt, nicht „up to us" ist, beharrlich verbleibt. Darauf werde ich in Kapitel 7 zurückkommen.

In diesem Kapitel soll es nun um die Frage gehen, welche Konsequenzen es für unsere Zuschreibungs- und Entschuldigungspraxis hätte, wenn der Determinismus falsch wäre, also der Indeterminismus wahr wäre. Wenn wir nicht – wie bisher – annehmen, die Welt sei deterministisch, sondern sie sei indeterministisch. Was ändert sich dann mit Blick auf unsere Praxis, Personen Verantwortung für ihr Verhalten zuzuschreiben oder sie zu entschuldigen?

Charakteristisch für einige Autoren, die in Kapitel 2 zitiert wurden (Boussinesq, Du Bois-Reymond, Eisler), ist, dass sie den Begriff Determinismus so verstanden haben, dass er die Unmöglichkeit des freien Willens bereits impliziert, während der Begriff des Indeterminismus umgekehrt auf unproblematische Weise den freien Willen ermöglicht. Im Hintergrund steht bei diesen älteren Autoren die Vorstellung, dass, wenn die Naturgesetze indeterministisch sind, es etwas anderes geben wird, das den Verlauf der Welt und insbesondere mein Verhalten festlegt. Boussinesq beispielsweise postulierte ein „principe directeur", das den Verlauf von Systemen, die in mechanischer Hinsicht indeterministisch sind, festlegt (vgl. dazu van Strien 2014 und Müller 2015). In diese Tradition gehört auch der Versuch von Eccles und Popper, den Einfluss eines emergenten Geistes auf eine in physikalischer Hinsicht indeterministische Welt zu spezifizieren (vgl. dazu Eccles und Popper 1977, Popper 1978).

Derartige Auffassungen mögen eine gewisse Attraktivität haben, aber ihnen ist gemeinsam, dass sie den hier gewählten spinozistischen Ausgangspunkt, wonach menschliches Verhalten vollständig unter Naturgesetze fällt, nicht teilen. Indeterministische fundamentale Naturgesetze sind für solche Autoren gerade deshalb attraktiv, weil diese es zulassen, dass es etwas gibt, was den Lauf der Welt festlegt, aber nicht unter die fundamentalen Naturgesetze fällt (ein Akteur, ein emergenter Geist, ein *principe directeur*). Wenn man einen spinozistischen Ausgangspunkt wählt, ist weniger offensichtlich, weshalb indeterministische Gesetze dem Verständnis unserer Praxis des Verantwortungszuschreibens und Entschuldigens zuträglich sein können.

In diesem Kapitel werde ich für zweierlei argumentieren. Erstens möchte ich zeigen, dass der Indeterminismus für die Zurückweisung der inkompatibilistischen Überlegungen und als Fundament unserer Praxis des Verantwortungszuschreibens nur dann relevant sein kann, wenn bestimmte sehr spezifische empirische Bedingungen erfüllt sind. Einige dieser Bedingungen werde ich kurz charakterisieren. In indeterministischen Welten, in denen diese Bedingungen nicht erfüllt sind, ist die Verantwortung von Personen auf die gleiche Weise gefährdet wie in deterministischen Welten. Anders formuliert: Wenn eine Libertarierin annimmt, dass es (i) einen freien Willen gibt (d.h. dass die Bedingungen, die erfüllt sein müssen, damit wir einer Person Verantwortung für ihr Verhalten zuschreiben können, tatsächlich erfüllt sind) und sie (ii) inkompatibilistische Argumente, wie das Konsequenzargument, für überzeugend hält, dann muss sie postulieren, dass unsere Welt auf eine sehr spezifische Weise indeterministisch ist, um Argumenten zu entgehen, die dem Konsequenzargument analog sind. Sie muss also eine sehr spezifische empirische These vertreten, die über das Postulieren eines bloßen Indeterminismus deutlich hinausgeht (vgl. dazu auch Rosenthal 2017, Kap. 17).

Als zweites möchte ich einen kurzen Blick auf Argumente werfen, die darauf abzielen zu zeigen, dass der Indeterminismus seinerseits – selbst, wenn er die zuvor diskutierten empirischen Zusatzanforderungen erfüllt – unverträglich mit den Bedingungen ist, die erfüllt sein müssen, damit wir einer Person Verantwortung für ihr Verhalten zuschreiben können. Hier werden verschiedene Formulierungen des Zufallseinwands zur Sprache kommen. Bis auf eine Formulierung dieses Einwands, die in Kapitel 7 weiterverfolgt wird, lassen sich alle anderen zurückweisen.

Das bedeutet dann also, dass auch für den Fall, dass unser Verhalten vollständig unter indeterministische Fundamentalgesetze fällt, kein Anlass besteht, unsere Praxis des Verantwortungszuschreibens grundsätzlich zu revidieren.

6.1 Relevanter und Irrelevanter Indeterminismus

Es könnte sich herausstellen, dass unsere Welt indeterministisch ist. Aber nicht jede Art einer indeterministischen Welt wäre für Fragen der Verantwortungszuschreibung interessant, denn auch in indeterministischen Welten kann – wie in deterministischen Welten – unser Verhalten eindeutig durch Faktoren festgelegt sein, auf die wir keinen Einfluss haben. Zur Diskussion dieses Punktes ist es hilfreich, den Begriff des Verzweigungszustandes einzuführen. Dazu knüpfe ich an die Definition des Systemdeterminismus an:

Systemdeterminismus: Eine Welt w ist deterministisch$_S$ genau dann, wenn jede Welt mit den gleichen Gesetzen wie w, die mit w zu irgendeinem Zeitpunkt hinsichtlich ihres Zustands$_S$ übereinstimmt, mit w zu allen Zeitpunkten hinsichtlich ihres Zustands$_S$ übereinstimmt.

Indeterministisch ist die aktuale Welt genau dann, wenn der Zustand einer möglichen Welt, in der die gleichen Gesetze gelten wie in der aktualen Welt, zu einem Zeitpunkt mit dem der aktualen Welt übereinstimmt, zu einem anderen aber nicht.

Das lässt sich an einem einfachen Fall illustrieren (vgl. Abbildung 6.1). Die Z_i sind hier aktuale oder mögliche Zustände der Welt. Die aktuale Welt durchlaufe die Zustände Z_1 bis Z_4. Diese Welt ist indeterministisch, denn eine Welt, in der dieselben Gesetze gelten und die mit der aktualen Welt zu Z_1 übereinstimmt, hätte auch die Zustände Z_2, Z_5 und Z_6 durchlaufen können. Z_2 ist ein Verzweigungszustand der Welt.

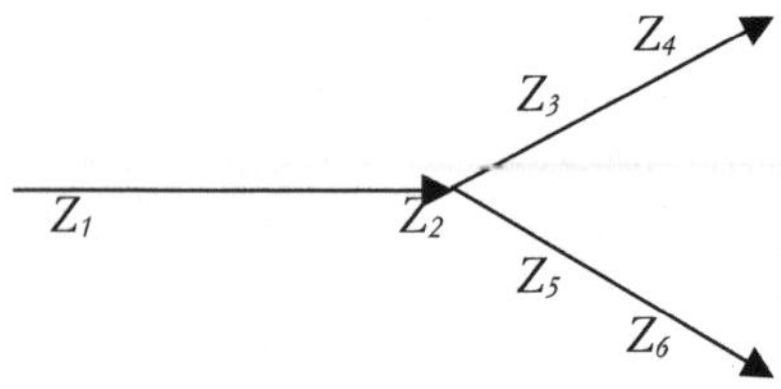

Abbildung 6.1

Durch die früheren Zustände bis einschließlich Z_2 ist nicht festgelegt, wie sich die Welt nach Z_2 entwickelt. (In Zeitrichtung umgekehrte Verzweigungszustände lassen sich ebenfalls definieren, das übergehe ich hier aber der Einfachheit halber). Eine Welt ist indeterministisch genau dann, wenn sie wenigstens einen Verzweigungszustand hat.

Physikalische Beispiele sind typischerweise selbst in einfachen, idealisierten Fällen etwas komplexer als in der Abbildung dargestellt. Stellen wir uns ein Universum vor, das allein aus einem Uran^{238}-Atom besteht. Es hat eine Halbwertszeit von mehr als vier Milliarden Jahren. Nehmen wir an, es zerfällt zu einem Zeitpunkt t_0. Jeder Zustand, den das Atom (die Welt) bis zu t_0 durchläuft, ist ein Verzweigungszustand, denn für jeden dieser Zustände gilt, dass es für das Atom jedes Mal zwei Möglichkeiten gab, sich weiterzuentwickeln (Zerfallen oder nicht-Zerfallen). Ist es dann aber zerfallen, verläuft die Entwicklung ab diesem Zeitpunkt ohne weitere Verzweigungszustände (es sei denn, auch die Zerfallsprodukte sind wiederum instabil). Ein weiteres (immer noch einfaches) Beispiel ist der Ort eines Punktteilchens in der Quantenmechanik. Wenn sich dieses Teilchen zum Zeitpunkt t_1 am Ort x_1 befindet, ist die Wahrscheinlichkeit, sich zu einem späteren Zeitpunkt t_2 an einem Ort x_2 zu befinden, für jedes x_2 nicht-verschwindend. Das heißt, dass an t_1 ein Verzweigungszustand mit unendlich vielen Zweigen vorliegt.

Mithilfe des Begriffs des Verzweigungszustandes möchte ich nun erläutern, weshalb der Umstand, dass eine Welt indeterministisch ist, für die Frage, wie man mit den Schwierigkeiten umgeht, die das Konsequenzargument beschreibt, irrelevant sein kann. Dazu kehren wir noch einmal zu Abbildung 6.1 zurück. Angenommen, zum Zeitpunkt t_4, der durch den Zustand Z_4 charakterisiert wird, habe ich mich dazu entschieden, eine Handlung H auszuführen. Diese Entscheidung ist durch den Zustand Z_1 und die Naturgesetze nicht determiniert, die Welt hätte sich nach Z_2 ja auch in Richtung Z_5 etc. weiterentwickeln können. In diesem Fall (Z_6) hätte ich mich für etwas anderes entschieden. Mit diesem Nichtdeterminiertsein der Handlung H durch den Zustand Z_1 (und die Naturgesetze) ist aber vereinbar, dass H durch Z_3 (ebenfalls ein Zustand der Welt lange vor meiner Geburt) und die Naturgesetze eindeutig festgelegt ist. Obwohl wir uns also in einer indeterministischen Welt befinden, ist meine Entscheidung, *H* zu tun, durch Faktoren, auf die ich keinen Einfluss habe (Naturgesetze und wie die Welt zu t_3 beschaffen ist (Z_3)), determiniert. Auch in dieser indeterministischen Welt gilt, dass unsere Handlungen und Entscheidungen (zumindest jene zu t_4) die Folge von Naturgesetzen und Ereignissen in der Vergangenheit sind, die nicht unter unserer Kontrolle stehen, so dass auch in Bezug auf die Handlungen und Entscheidungen zu t_4 die Bedingung des Anders-handeln-Könnens nicht erfüllt ist (wenn wir an dieser Stelle – anders als in Kapitel 5 – die Überlegungen des Konsequenzarguments als überzeugend voraussetzen).

In der in Kapitel 5 diskutierten Formulierung des Konsequenzarguments spielt der Determinismus die Rolle einer Prämisse bzw. Bedingung dafür, dass wir uns nicht anders verhalten können, als wir es tatsächlich tun. Diese Bedingung lässt sich – wie wir gerade gesehen haben – durch eine schwächere Bedingung ersetzen: Solange unser Verhalten durch Naturgesetze einerseits und weitere Faktoren andererseits, auf die wir keinen Einfluss nehmen können, eindeutig festgelegt ist, und die weiteren Annahmen des Konsequenzarguments als unproblematisch angesehen werden, können wir schließen, dass wir uns nicht anders verhalten können, als wir uns tatsächlich verhalten. Obwohl also der Determinismus in Bezug auf manche dieser Welten falsch ist, ist die Situation für Akteure in dieser Welt nicht anders als diejenige, die im Konsequenzargument beschrieben wird. (Ich werde im Folgenden auf diese Überlegung durch die Formulierung „ein zum Konsequenzargument analoges Argument" Bezug nehmen.) Dass die Welt indeterministisch ist, ist in solchen Welten für die Frage, ob wir uns anders verhalten können, irrelevant.

Auch wenn es also formal richtig ist, dass der Inkompatibilismus von Determinismus und Anders-handeln-Können, auf den das Konsequenzargument abzielt, für indeterministische Welten keine Bedeutung hat, unterscheidet sich die Situation für Personen in manchen indeterministischen Welten nicht von derjenigen in deterministischen Welten. Das wäre zum Beispiel der Fall, wenn in der fernen Vergangenheit oder in der fernen Zukunft eine Nortonkuppel realisiert wäre und dies die einzigen Verzweigungszustände der Welt sind. Wenn sich der Indeterminismus unserer Welt allein derartigen Verzweigungszuständen verdankte (und die Überlegungen des Konsequenzarguments

überzeugend wären), könnte sich niemand anders verhalten, als
er sich tatsächlich verhält.

Wenn wir also nicht nur verständlich machen wollen, weshalb
das Konsequenzargument nicht schlüssig ist (dazu reicht es zu
zeigen, dass die Determinismusprämisse falsch ist), sondern aufgrund des Indeterminismus plausibel machen wollen, dass Personen sich auch anders hätten verhalten können, als sie es tatsächlich taten, dann müssen in der indeterministischen Welt weitere empirische Bedingungen erfüllt sein.

Es sollen hier nun einige Bedingungen genannt werden, die erfüllt sein müssen, damit eine Person in einer indeterministischen
Welt für ihr Verhalten verantwortlich ist. So soll deutlich werden, dass eine sehr spezifische empirische These erforderlich ist,
wenn der Indeterminismus für die Erklärung unserer Praxis des
Verantwortung Zuschreibens relevant sein soll.

Die erste Bedingung ist eine *zeitliche Lokalitätsbedingung*. Wenn
die Welt, in der ich lebe, nur Verzweigungszustände besitzt, die
nach meinem Tod eintreten, trägt der Umstand, dass die Welt
indeterministisch ist, nichts dazu bei, dass ich mich anders hätte
verhalten können, als ich mich tatsächlich verhalten habe. Um
für mein Mich-anders-verhalten-Können relevant zu sein, müssen die Verzweigungszustände zumindest in der Nähe der Zeit-
punkte stattfinden, an denen ich mich entscheide oder mich irgendwie verhalte.

Eine zweite Bedingung ist eine *räumliche Lokalitätsbedingung*.
Während unsere Definition des Systemdeterminismus impliziert, dass es, falls die Welt indeterministisch ist, bestimmte Zeit-
punkte gibt, an denen Verzweigungszustände vorliegen, muss es
keine räumlich lokalisierten indeterministischen Vorkommnisse
geben. Das in Kapitel 3 diskutierte Beispiel der *space invaders*
macht deutlich, dass sich nicht alle Verzweigungszustände auf
räumlich lokalisierbare Verzweigungspunkte zurückführen lassen. Angenommen, unsere Welt sei eine, die durch solche Naturgesetze angemessen beschrieben wird, die *space invaders* zulassen (z.B. weil auf sie nur eine lokale, aber keine globale Form des
Energie- und Impulserhaltungsgesetzes zutrifft (vgl. dazu Abschnitt 3.2.2)). Dann ist vermutlich jeder Zustand dieser Welt ein
Verzweigungszustand, weil zu jedem Zeitpunkt eine solche In-
vasion stattfinden könnte. Allerdings ergibt es wenig Sinn, diese

Möglichkeit mit einem spezifischen Ort in der Welt zu verknüpfen. Wir haben es also mit Verzweigungszuständen zu tun, die sich nicht auf Verzweigungspunkte zurückführen lassen. Die Frage nach Verzweigungspunkten oder -ereignissen ergibt in diesem Fall keinen Sinn. In anderen Fällen lassen sich aber die Verzweigungszustände auf Verzweigungspunkte zurückführen. Ein Beispiel für Verzweigungszustände, die sich Verzweigungspunkten verdanken, sind die schon erwähnten Zustände einer Welt, in der es nur ein Uran^{238}-Atom gibt. Bis das Atom zerfallen ist, ist jeder Zustand dieser Welt ein Verzweigungszustand. Da sich das Atom zu jedem Zeitpunkt räumlich lokalisieren lässt, lässt sich hier auch der Begriff des Verzweigungspunktes anwenden: Jeder Punkt auf der Weltlinie des Atoms bis hin zum Zerfall ist ein Verzweigungspunkt, denn an jedem dieser Raumzeitpunkte kann (gegeben die Naturgesetze und z.B. den Anfangszustand der Welt) das Atom dort zerfallen oder aber bestehen bleiben.

Nun endlich zur räumlichen Lokalitätsbedingung: Deliberations- und Entscheidungsprozesse sind vermutlich räumlich lokalisierbare Prozesse. Damit der Umstand, dass die Welt indeterministisch ist, etwas dazu beiträgt, dass ich mich anders verhalten kann, als ich mich tatsächlich verhalte, müssen die Verzweigungszustände solche sein, die sich (i) auf Verzweigungspunkte zurückführen lassen, und die (ii) nicht nur in der richtigen zeitlichen, sondern auch in der richtigen räumlichen Beziehung zu unseren Verhaltens- bzw. Entscheidungsprozessen stehen. Verzweigungspunkte, wie z. B. eine Nortonkuppel, die in einer anderen Galaxie realisiert sind, sind irrelevant, denn es soll ja um *mein* Verhalten und *meine* Entscheidungen gehen. Dieser Punkt lässt sich folgendermaßen illustrieren: Es ließe sich in einem solchen Fall eine Raumkugel um die betrachtete Person denken, derart, dass die Zustände auf dieser Raumkugel, zusammen mit den Naturgesetzen, eindeutig festlegen, wie sich die Person verhält. Ein Verzweigungsereignis, das räumlich hinreichend weit entfernt ist, würde nichts daran ändern, dass das Verhalten durch Faktoren, auf die die Person keinen Einfluss hat, festgelegt wäre (vorausgesetzt wieder, dass ein zum Konsequenzargument analoges Argument überzeugend ist). Vermutlich müssen Verzweigungspunkte, um zum Beispiel für Entscheidungsprozesse relevant zu sein, im menschlichen Gehirn stattfinden, aber letztlich ist dies eine empirische Frage. Es ist eine Aufgabe der Kognitionswissenschaften herauszufinden, wie die Lokalitätsbedingung genau ausbuchstabiert werden muss.

Eine dritte, mit der Lokalitätsbedingung zusammenhängende Bedingung ist die Forderung nach der Existenz eines Mechanismus, der verständlich macht, wie spezifische Verzweigungsereignisse für z. B. Entscheidungsfindungsprozesse relevant sein können (*Mechanismusbedingung*). Es geht nicht darum, dass überhaupt ein Modell gefunden werden sollte, um Deliberations- und Entscheidungsprozesse beschreiben zu können. Diese Aufgabe stellt sich Deterministen und Indeterministen gleichermaßen. Es geht vielmehr darum, wie Verzweigungsereignisse, die ja entscheidend dafür sein sollen, dass sich die Herausforderung, die durch das Konsequenzargument artikuliert wird, für Indeterministen anders darstellt als für Deterministen, auf solche Entscheidungsfindungsprozesse Einfluss nehmen können. Ein früher Versuch im Rahmen der klassischen Mechanik findet sich bei dem schon erwähnten Boussinesq (dazu van Strien 2014, Abschnitt 5). Wenn angenommen wird, dass quantenmechanische Zufallsprozesse relevant sind, dann muss gezeigt werden, wie sich Quantenereignisse auf Entscheidungsfindungsprozesse auswirken können. (In jüngerer Zeit wurde ein derartiger quantenmechanischer Mechanismus von Penrose und Hameroff postuliert (dazu z.B. Hameroff 2012, für eine kritische Diskussion dieses Ansatzes Tegmark 2000; auf die Details solcher Vorschläge kann ich hier nicht eingehen)).

Eine weitere, vierte Bedingung dafür, dass Verzweigungspunkte für die Zuschreibung von Verantwortlichkeit für das Verhalten einer Person relevant sind, besteht darin, dass die Naturgesetze Verzweigungen zulassen, die für Verantwortungszuschreibung relevant sind (*Verantwortungsrelevanz*). Betrachten wir den Fall einer Person X, die augenscheinlich einer Person Y, die sich in Not befindet, helfen könnte. Angenommen, X helfe Y nicht. Inkompatibilisten werden argumentieren, dass in einem deterministischen Universum X nicht für ihr Verhalten verantwortlich gemacht werden kann, weil sich X nicht anders verhalten konnte, als sie es tatsächlich tat. Wenn nun aber X in einem indeterministischen Universum lebt und außerdem die Lokalitätsbedingung und die Mechanismusbedingung erfüllt sind, das heißt, ein Verzweigungspunkt auf die richtige Art und Weise mit

Xs Entscheidungsprozess verknüpft ist, dann hängt es immer noch von der Art der Verzweigungsalternativen ab, ob man X für ihr Verhalten, Y nicht zu helfen, verantwortlich machen sollte. Denn wenn es sich um einen Verzweigungspunkt handelt, bei dem es lediglich zwei Zweige gibt, die auf je unterschiedliche Art dazu führen, dass X Y nicht hilft, dann wird man immer noch sagen wollen, dass X gar nicht anders konnte als Y nicht zu helfen, obwohl es verschiedene Verhaltensoptionen gab. Die vierte Bedingung fordert also, dass die Verzweigungen für die Frage der Verantwortungszuschreibung relevant sind.

Die bisher vorgestellten vier Bedingungen müssen erfüllt sein, damit es überhaupt irgendeine Person geben kann, die für ihr Verhalten verantwortlich ist (wenn man die Überlegungen des Konsequenzarguments für überzeugend hält und die Sache aus der Perspektive einer Inkompatibilistin betrachtet). Wenn man nicht nur die Möglichkeit von Verantwortlichsein erklären möchte, sondern die faktische Praxis des Verantwortung Zuschreibens und Entschuldigens verständlich machen möchte, dann ist zu berücksichtigen, dass in der aktualen Welt viele Menschen bei vielen Gelegenheiten für ihr Verhalten verantwortlich gemacht werden. Deshalb müssen Verzweigungspunkte entsprechend häufig auftreten. Es muss also auch eine *Häufigkeitsbedingung* erfüllt sein. Es reicht nicht aus, dass an wenigen Stellen Kraftfunktionen realisiert sind, die sich als Nortonkuppeln darstellen lassen. Es müsste gezeigt werden, dass sie häufig genug auftreten, damit man plausibel behaupten kann, dass die Verzweigungspunkte typischerweise an Entscheidungsprozessen und anderen relevanten Prozessen beteiligt sind. (Auch diese Anforderung wurde schon im 19. Jahrhundert diskutiert, vgl. dazu van Strien 2014, 178/9). Indeterministischen Interpretationen der Quantenmechanik zufolge könnten quantenmechanische Ereignisse diese Bedingung erfüllen.

Wenn wir nun umgekehrt nicht nur erklären wollen (weiterhin aus inkompatibilistischer Perspektive), weshalb Personen manchmal für ihr Verhalten verantwortlich sind, sondern auch, weshalb sie manchmal *nicht* verantwortlich gemacht werden können, etwa weil die Umstände es nicht zuließen, zur Hilfe zu eilen, so wird deutlich, dass hier eine weitere Bedingung für Verzweigungspunkte formuliert werden muss. Es darf nicht so sein, dass *jeder* Raumzeitpunkt ein Verzweigungspunkt ist, der für Verantwortungszuschreibung relevante Verzweigungen zulässt, denn ansonsten könnte niemals das Verhalten von Personen auf die genannte Weise entschuldigt werden.

Schließlich sei noch erwähnt, dass das Erfülltsein der hier aufgezählten Bedingungen mit den probabilistischen Naturgesetzen zusammenpassen muss, unter die die Verzweigungspunkte fallen.

Was sich zeigt ist also Folgendes: Wenn man nicht nur das Konsequenzargument als irrelevant für die aktuale Welt zurückweisen will, indem man behauptet, unsere Welt sei indeterministisch, sondern darüber hinaus auch behaupten möchte, dass in unserer Welt zahlreiche Personen sich so verhalten, dass sie für ihr Verhalten verantwortlich gemacht werden können, andere hingegen zu entschuldigen sind, dann reicht es nicht, bloß einen Indeterminismus zu postulieren. Vielmehr muss man eine sehr viel spezifischere empirische These aufstellen, nämlich dass unsere Welt eine indeterministische Welt ist, in der (mindestens) die oben aufgezählten Bedingungen erfüllt sind. Nur sehr spezifische Formen indeterministischer Welten können für die Erklärung, warum einzelne Personen für ihr Verhalten verantwortlich sind, oder für die gesamte Zuschreibungspraxis von Verantwortung überhaupt relevant sein. In indeterministischen Welten, in denen die diskutierten Bedingungen nicht erfüllt sind, ist die Praxis der Verantwortungszuschreibung von Personen auf die gleiche Weise gefährdet wie in deterministischen Welten.[1]

6.2 Indeterministischer Inkompatibilismus und der Zufallseinwand

Bisher habe ich argumentiert, dass der Indeterminismus gegen das Konsequenzargument und die dazu analogen Überlegungen nur unter sehr spezifischen empirischen Bedingungen eine Hilfe sein kann. In diesem Abschnitt werde ich der Frage nachgehen, ob nicht der Indeterminismus seinerseits eine Prämisse in einem

---

[1] Für ähnliche Überlegungen siehe Rosenthal 2017, 310–312.

Inkompatibilitätsargument sein kann, das zeigt, dass die Praxis der Verantwortungszuschreibung revidiert werden muss.[2]

Dieser Überlegung zufolge ist gerade der Indeterminismus mit dem freien Willen oder den Bedingungen, die erfüllt sein müssen, damit jemand für sein Verhalten verantwortlich ist, unverträglich. van Inwagen hat versucht, diese Spannung zwischen dem Indeterminismus und dem freien Willen wie folgt auf den Punkt zu bringen:

Wenn der Indeterminismus für die Frage relevant sein soll, ob ein bestimmter Akteur einen freien Willen hat, dann deshalb, weil die Handlungen dieses Akteurs nur dann frei sein können, wenn sie (oder vielleicht ihre unmittelbaren kausalen Vorläufer) unbestimmt sind. Wenn aber die Handlungen eines Akteurs unbestimmt sind, dann ist es eine Frage des Zufalls, wie der Akteur bei einer bestimmten Gelegenheit handelt. Und wenn die Art und Weise, wie ein Akteur handelt, eine Frage des Zufalls ist, kann man kaum sagen, dass der Akteur einen freien Willen hat. (van Inwagen 2000, 10)

Zunächst einmal ist festzuhalten, dass van Inwagens abschließende Feststellung wörtlich verstanden sicherlich unzutreffend ist, wie der folgende einfache Fall illustriert: Wenn eine Person X beschließt, in Abhängigkeit von den Ergebnissen eines Zufallsgerätes (Würfel, Geigerzähler) entweder das eine oder das andere zu tun, so ist das Verhalten von X sicherlich eine Sache des Zufalls, stellt aber gleichwohl nicht infrage, dass X aus freien Stücken gehandelt hat und deshalb für ihr Verhalten verantwortlich ist. Allerdings beruht dieser Fall darauf, dass der Beschluss, sich an den entsprechenden Ergebnissen zu orientieren, von den Ergebnissen der Geräte unabhängig ist. Dieser Spezialfall sei daher außen vorgelassen.

Trifft es zu, dass dann, wenn die Naturgesetze unbestimmt lassen, welchen weiteren Verlauf ein System oder eine Welt

<hr>

   Der Ausdruck „Inkompatibilismus" wird meistens als Bezeichnung der These, dass der Determinismus und die Willensfreiheit miteinander unverträglich sind, verwendet. So wurde er bisher auch hier verwendet. Allerdings gibt es auch die These, dass auch oder insbesondere der Indeterminismus mit der Willensfreiheit unverträglich ist. In diesem erweiterten Sinne wird im Folgenden von inkompatibilistischen Argumenten die Rede sein.

nimmt (und wenn die unter 6.1 diskutierten Bedingungen erfüllt sind), die Praxis des Verantwortungszuschreibens untergraben wird?

Diese Frage ist in der Literatur schon ausgiebig diskutiert worden, ich referiere daher relativ kurz einige wesentliche Punkte, um am Schluss eine offene Fragestellung hervorzuheben, die dann in Kapitel 7 behandelt werden soll. Insgesamt sollte deutlich werden, dass der Verweis auf den Zufall keinen Inkompatibilismus von Willensfreiheit und Indeterminismus begründen kann.

Zunächst einmal hängt van Inwagens Argument davon ab, was unter „zufällig" verstanden wird. Laura Ekstrom (2003, 2011), deren Überlegungen ich hier folge, hat van Inwagens Argument wie folgt rekonstruiert:

(1) Wenn Naturgesetze ein Ereignis nicht vollständig bestimmen, dann ist das Auftreten des Ereignisses eine Sache des Zufalls – es passiert zufällig.

(2) Wenn das, was passiert, zufällig passiert, und wie ich mich verhalte davon abhängt, dann kann ich nicht für dieses Verhalten verantwortlich sein. (Es kann keine freie Handlung, keine freie Entscheidung sein.)

Ekstrom unterscheidet verschiedene Lesarten von „zufällig". Keine dieser Lesarten, so Ekstrom, hat zur Folge, dass sowohl (1) als auch (2) wahr sind.

Erstens kann man den Zufall als einen Faktor verstehen, der festlegt, welches Ereignis eintrifft („der Zufall hat es so gewollt"), falls die Naturgesetze dies nicht eindeutig bestimmen. Wenn man „zufällig" in diesem Sinne versteht, dann mag (2) zutreffen, weil nicht ich, sondern der Zufall festlegt, ob ich zum Beispiel die Hand hebe. Aber unter dieser Lesart ist (1) falsch. Denn daraus, dass Naturgesetze unbestimmt lassen, welches Ereignis eintritt, folgt nicht, dass es einen Faktor namens Zufall gibt, der eine solche Festlegung vornimmt.

Zweitens kann man unter „zufällig" auch verstehen, dass das Ereignis nicht beabsichtigt war oder dass darauf nicht abgezielt wurde. Möglicherweise sind solche Merkmale Voraussetzungen dafür, dass man für ein Verhalten verantwortlich ist. Möglicherweise ist also (2) unter dieser Lesart wahr. Aber, wie zuvor, ist (1) unter dieser Lesart falsch. Warum sollte aus dem Umstand, dass ein Naturgesetz unbestimmt lässt, welches Ereignis eintritt, folgen, dass es ungeplant, unbeabsichtigt oder Ähnliches ist? Ein Elfmeterschuss in die obere rechte Ecke des Tores kann auch dann, wenn die Wahrscheinlichkeit dafür, dass der Ball tatsächlich in Richtung der rechten oberen Ecke geschossen wird, nur bei 85 % liegt, beabsichtigt oder geplant worden sein.

Wenn in einer dritten Lesart unter „zufällig" verstanden wird, dass das Ereignis mit einer Wahrscheinlichkeit kleiner Eins eintritt, dann ist Prämisse (1) wahr, aber es sei unklar, so Ekstrom, weshalb (2) wahr sein sollte.

An dieser Stelle könnte eine Inkompatibilistin (die der Meinung ist, dass der Indeterminismus und das Verantwortlichsein unverträglich sind) allerdings weitere Argumente anführen. Ich werde einige dieser Überlegungen skizzieren und andeuten, weshalb ich sie nicht für plausibel halte (ausführlichere Darstellungen finden sich z. B. bei Franklin 2018, dem ich hier im Wesentlichen folge).

Warum sollte, wenn man die vorangegangenen Zustände, also auch die Wünsche, Überlegungen etc. einer Person voraussetzt, der Umstand, dass das Verhalten dieser Person mit einer Wahrscheinlichkeit kleiner Eins auftritt, zur Folge haben, dass diese Person für ihr Verhalten nicht verantwortlich sein kann?

Ein erster Versuch, diese These zu untermauern, stützt sich auf die Annahme, dass ich nur für Verhalten verantwortlich sein kann, das von mir (d.h. in diesem Fall: durch meine Überzeugungen) verursacht wurde. Das Argument könnte dann so formuliert werden:

> (A1) Wenn das Verhalten einer Person mit einer Wahrscheinlichkeit kleiner 1 auftritt, dann ist es unverursacht.
>
> (A2) Wenn das Verhalten einer Person unverursacht ist, dann kann die Person für dasselbe nicht verantwortlich sein.

Problematisch ist hier (A1). Wie durch probabilistische Konzeptionen der Kausalität deutlich geworden ist, setzt das Bestehen einer Kausalrelation zwischen zwei Ereignissen nicht voraus, dass das verursachte Ereignis mit einer Wahrscheinlichkeit gleich 1 auftritt. Prämisse (A1) ist daher zurückzuweisen.
Ein zweiter Versuch stützt sich auf den Begriff des Sicherstellens („ensurance" (vgl. dazu Franklin 2018, 125)):

> (B1) Wenn das Verhalten einer Person mit einer Wahrscheinlichkeit kleiner 1 auftritt, dann stellen die vorangegangenen Zustände nicht sicher, dass das Verhalten auftritt.
>
> (B2) Wenn die vorangegangenen Zustände einer Person nicht sicherstellen, dass ein bestimmtes Verhalten einer Person auftritt, dann ist sie für dieses Verhalten nicht verantwortlich.

Prämisse (B1) ist unproblematisch. (B2) ist folgendermaßen zu verstehen: Wenn die vorangegangenen Zustände einer Akteurin oder Person nicht sicherstellen, dass sie sich auf eine bestimmte Weise verhält, dann bedeutet das, dass die Akteurin nicht sicherstellen kann, dass sie sich auf eine bestimmte Weise verhält. Wenn aber die Akteurin nicht sicherstellen kann, dass sie sich auf eine bestimmte Weise verhält, dann kann sie für ihr Verhalten nicht verantwortlich sein.

Mittels eines Beispiels lässt sich illustrieren, dass die Forderung, dass eine Akteurin sicherstellen muss, dass das Verhalten, das sie intendiert, auch eintritt, eine unplausibel hohe Anforderung ist. Angenommen, eine Autofahrerin lenke ihr Auto absichtlich in einen Gemüsestand auf dem Wochenmarkt. Wenn man (B2) unterstellt, könnte man sie nicht für ihr Verhalten verantwortlich machen, denn es gibt (kontrafaktische) Szenarien, in denen jemand ins Lenkrad hätte greifen können oder andere Störfaktoren aufgetreten wären. Selbst in einem deterministischen Universum kann ein Akteur niemals sicherstellen, dass ein bestimmtes Verhalten auftritt, weil eine solche Sicherstellung die Kontrolle über alle möglichen Störfaktoren erfordert. (B2) ist daher als unplausibel zurückzuweisen.

Ein dritter Versuch stützt sich auf den Begriff der Erklärung, um zu zeigen, dass, wenn die vorangegangenen Zustände – also die Wünsche, Überlegungen etc. einer Person – das Verhalten dieser Person mit einer Wahrscheinlichkeit kleiner Eins festlegen, diese Person für ihr Verhalten nicht verantwortlich sein kann. Während bei dem soeben diskutierten Versuch (Sicherstellung (*ensurance*)) indeterministische Ereignisse, die zwischen Entscheidung und Verhalten auftreten, entscheidend waren, werden nun indeterministische Ereignisse bei der Entscheidung selbst betrachtet. Die Idee ist, dass dann, wenn bei der Entscheidung indeterministische Ereignisse eine Rolle spielen, das Verhalten der Person nicht erklärt werden kann. Das hätte die Konsequenz, dass nur dann, wenn das Verhalten unerklärlich oder gar irrational ist, die Person für dieses Verhalten verantwortlich sein könnte (der so genannte *Intelligibilitätseinwand*). Aber diese Überlegung ist zunächst nicht sehr plausibel. Das lässt sich wiederum anhand eines Beispiels illustrieren:

Betrachten wir eine Person wie die in Kapitel 1 erwähnte Diplomkauffrau. Sie hat einerseits moralische Gründe, sich auf eine bestimmte Weise zu verhalten, z.B. angesichts der Umstände, die Polizei zu informieren. Sie hat aber auch Klugheitsgründe, die es angeraten erscheinen lassen, pünktlich zu ihrer Besprechung zu kommen. In der betrachteten Situation ruft sie die Polizei, aber sie hätte sich auch anders verhalten können, denn ihr tatsächliches Verhalten hatte ja eine Wahrscheinlichkeit kleiner 1 (gegeben ihre Gründe und Absichten). In einer solchen Situation können wir erklären, weshalb die Diplomkauffrau die Polizei gerufen hat: Sie hat sich von den moralischen Gründen leiten lassen. Aber auch, wenn sie sich anders verhalten hätte, gäbe es eine Erklärung. Sie wäre aufgrund von Klugheitserwägungen pünktlich zur Besprechung gekommen. Was sich zeigt, ist: Solange es für die verschiedenen Verhaltensoptionen gute Gründe gibt, lässt sich jede dieser Optionen erklären, falls sie gewählt wird (vgl. dazu: Clarke 2003, 36–39 und Franklin 2018, 142).

Ein vierter Ansatz erkennt an, dass es Erklärungen im oben genannten Sinne geben kann, insistiert aber darauf, dass dennoch etwas unerklärt bleibt: Warum hat sich die Diplomkauffrau für das Telefonieren, aber nicht für das pünktliche Erscheinen bei der Besprechung entschieden? Hier wird der Begriff einer *kontrastiven* Erklärung bemüht. Eine kontrastive Erklärung eines Ereignisses erklärt, warum dieses Ereignis und nicht ein anderes eingetreten ist. Das Argument könnte nun folgendermaßen aussehen:

> (C1) Wenn das Verhalten einer Person mit einer Wahrscheinlichkeit kleiner 1 auftritt, dann gibt es keine kontrastive Erklärung dafür, warum sich die Person so und nicht anders verhält.
>
> (C2) Wenn es keine kontrastive Erklärung dafür gibt, warum sich eine Person so und nicht anders verhält, dann kann die Person für dieses Verhalten nicht verantwortlich sein.

Prämisse (C1) ist unproblematisch. Was ist mit (C2)? Prämisse (C2) unterstellt, dass es etwas geben müsse, was eindeutig festlegt, ob die eine oder die andere Verhaltensoption gewählt wird, damit die Akteurin für ihr Verhalten verantwortlich ist (und dieses Etwas sollte sich auf die Akteurin selbst zurückführen lassen, wenn es um die Frage ihrer Verantwortung geht). Neil Levy hat das Problem wie folgt zusammengefasst:

Was ist es nun, das dafür sorgt, dass sie die Handlung φ oder die Handlung Ψ ausführt? Nichts an ihr sorgt dafür, weder ihre Gründe, Wünsche, Absichten, noch ihre Versuche. Sie hat keine Kontrolle darüber, welche Alternative eintritt. Es ist der indeterministische Kausalprozess, der dies bewerkstelligt. (Levy 2011, 51)

Die Möglichkeit einer kontrastiven Erklärung des Verhaltens, die in (C2) als notwendige Bedingung dafür angeführt wird, dass eine Akteurin für ihr Verhalten verantwortlich sein kann, beruht auf der Annahme, dass es etwas geben müsse, was die Entscheidung festlegt. Dieser festlegende Faktor darf aber nicht etwas von der Akteurin Verschiedenes sein. Ein indeterministischer Prozess, der sich in der Akteurin vollziehe, könne diese Funktion aber nicht ausfüllen, da ein solcher Prozess gewissermaßen in Konkurrenz zur Kontrolle durch die Akteurin steht. Die Akteurin verschwindet hinter dem indeterministischen Prozess. Die Frage, die hier am Ende offenbleibt, lautet also: Wie kann eine Akteurin für ein Verhalten verantwortlich sein, das sich nicht ihr, sondern letztlich einem indeterministischen Prozess oder Geschehen verdankt (auch wenn es in ihr sich vollzieht)? Die Akteurin scheint hier aus dem Spiel genommen worden zu sein.[3]

---

[3]   Ähnlich formulieren Almeida und Bernstein: „Denn sobald der Indeterminismus einsetzt – sei es als Produkt von Motiven und Charakter oder durch das Drehen eines Roulettekreisels – verschwindet der Akteur von der Bildfläche. Nach dem Moment, in dem der Indeterminismus im Akteur erzeugt wird, verliert der Akteur jeden Einfluss, den er vielleicht hatte." (Almeida und Bernstein 2003, 100)

6.3 Fazit

In Kapitel 5 hatten wir das Konsequenzargument diskutiert, das zu zeigen beabsichtigt, dass wir, wenn wir an früheren Zuständen der Welt und den Naturgesetzen nichts zu ändern vermögen und außerdem der Determinismus wahr ist, nichts daran ändern können, wie wir uns verhalten. Abschnitt 6.1 hat gezeigt, dass man für diese Art der Argumentation nicht auf den Determinismus angewiesen ist. Auch auf viele indeterministische Welten lässt sich die gleiche Argumentation anwenden. Nur dann, wenn eine Reihe empirischer Bedingungen erfüllt ist, ist es plausibel, dass der Indeterminismus eine Hilfe ist, um den Fängen des Konsequenzarguments zu entgehen.

Es stellt sich dann aber die Frage, ob zufällige Ereignisse, die Entscheidungen und dem sich anschließenden Verhalten vorausgehen, das Verantwortlichsein der Akteure untergraben. In den meisten Lesarten lässt sich diese Überlegung leicht zurückweisen. Allerdings bleibt die Frage, ob wir es wirklich einem Akteur zurechnen können, sich auf eine bestimmte Weise verhalten zu haben, wenn es ein indeterministischer Prozess ist, der es bewerkstelligt, dass es zu diesem Verhalten kommt. Wird damit der Akteur aus dem Spiel genommen?

Im nächsten Kapitel werde ich argumentieren, dass die Konkurrenz von (indeterministischen) Prozessen einerseits und Akteur andererseits auf einem Missverständnis beruht, das die Erklärungsleistung reduktiver Erklärungen betrifft.

7 Bin ich das? – Über verschwindende Tische und verschwindende Akteure

7.1 Einleitung

In den vorangegangenen Kapiteln haben wir verschiedene inkompatibilistische Argumente diskutiert. Es waren dies Argumente, die darauf abzielten zu zeigen, dass die Bedingungen für unsere Praxis des Verantwortung Zuschreibens in deterministischen Welten (Kapitel 4 und 5) oder in indeterministischen Welten (Kapitel 6) nicht erfüllt sein können. Keines dieser Argumente war überzeugend. Dennoch bleibt in den betrachteten Szenarien der Eindruck zurück, dass unser Verhalten, wenn es vollständig durch deterministische oder durch indeterministische Gesetze charakterisiert wird, nicht uns selbst zuschreibbar ist. Es scheint in solchen Welten nicht „up to us" zu sein, wie wir uns verhalten. Da sich dieser Eindruck sowohl im Falle deterministischer wie auch im Falle indeterministischer Gesetze einstellt, scheint der Eindruck von dieser Unterscheidung gar nicht abzuhängen. Die These, die ich in diesem abschließenden Kapitel vertreten möchte, ist, dass der Eindruck, dass unser Verhalten nicht „up to us" ist, letztlich daher rührt, dass wir falsche Erwartungen daran haben, was reduktive Erklärungen leisten.

Falls wir genauso wie andere Gegenstände mit unserem Verhalten vollständig unter fundamentale Naturgesetze fallen, bedeutet das insbesondere, dass sich dieses Verhalten – so wie das anderer makroskopischer Gegenstände – auf die fundamentalen Naturgesetze zurückführen lässt. Es bedeutet, dass es reduktive Erklärungen der Eigenschaften makroskopischer Gegenstände wie zum Beispiel der Eigenschaften von Gasen gibt, aber auch reduktive Erklärungen dessen, was wir tun oder wie wir uns verhalten. Konsequent zu Ende gedacht, impliziert also die Annahme, dass unser Verhalten vollständig unter fundamentale Naturgesetze fällt, dass unsere Entscheidungsfindungsprozesse sich auf Prozesse zurückführen lassen, die durch fundamentale deterministische oder indeterministische Naturgesetze charakterisiert werden können.

In der Diskussion, die in diesem Kapitel geführt wird, geht es aber nicht um diese fundamentale Charakterisierung dessen, was passiert, wenn ich mich für etwas entscheide. In der Debatte um die Willensfreiheit spielt eine explanatorische Zwischenebene eine wichtige Rolle: die Annahme, dass sich das Verhalten von Akteuren zumindest partiell im Rückgriff auf kausale Prozesse, die Wünsche und Überzeugungen involvieren, erklären lässt. Ohne mich darauf festzulegen, wie genau Wünsche und Überzeugungen an dieser Stelle relevant werden, gehe ich davon aus, dass eine (reduktive) Analyse, z. B. von Entscheidungsprozessen, auf der Grundlage von Wünschen und Überzeugungen sinnvoll ist.

Die ontologischen Konsequenzen derartiger reduktiver Erklärungen makroskopischer Gegenstände und ihres Verhaltens, so möchte ich zeigen, werden häufig missverstanden. Das Vorliegen solcher Erklärungen wird oft eliminativistisch gedeutet. In unserem Fall heißt das, dass reduktive Erklärungen zu einem Verständnis von Verhalten führen, das die Akteurin aus dem Spiel nimmt. Wenn aber die Akteurin aus dem Spiel genommen wurde, dann kann ihr auch kein Verhalten zugerechnet werden. Das bloße Vorliegen reduktiver Erklärungen für unser Verhalten (in Begriffen von Wünschen und Überzeugungen) hätte zur Folge, dass wir unsere Praxis des Verantwortung Zuschreibens aufgeben müssten.

Im Folgenden werde ich zunächst kurz das „*It Ain't Me*-Argument", das diese Überlegungen artikuliert, vorstellen und dann zeigen, wie es von einem eliminativistischen Verständnis reduktiver Erklärungen abhängt, für das es aber keine guten Gründe gibt. Sollten diese Überlegungen überzeugen, wäre damit gezeigt, dass das „*It Ain't Me*-Argument" keinen Grund gibt, unsere Praxis des Verantwortung Zuschreibens in Frage zu stellen.

7.2 Verschwindende Akteure: Das *It Ain't Me*-Argument

Schon vor einigen Jahrzehnten formulierte Roderick Chisholm als Problem, dass dann, wenn man den Entscheidungsprozess eines Akteurs auf kausale, Wünsche und Überzeugungen betreffende Prozesse zurückführt, der Akteur selbst nichts mehr zu tun scheint:

Denn wenn das, von dem wir sagen, dass er es getan hat, in Wirklichkeit etwas war, was durch seine eigenen Überzeugungen und Wünsche hervorgerufen wurde; wenn diese Überzeugungen und Wünsche in der besonderen Situation, in der er sich zufällig befand, ihn dazu brachten, genau das zu tun, von dem wir sagen, dass er es getan hat, dann konnte *er*, da *sie* es verursachten, nichts anderes tun als das, was er getan hat. (Chisholm 1964, 4).

Chisholm beschreibt eine Konkurrenzsituation zwischen bestimmten Zuständen eines Akteurs (seinen Wünschen und Überzeugungen), die ein Verhalten verursachen auf der einen Seite, und dem Akteur als solchem auf der anderen Seite, der, so Chisholm, als Verursacher des Verhaltens aus dem Spiel genommen worden ist.

Auch Christopher Franklin, der dieser Überlegung den Namen „*It Ain't Me*-Argument" gegeben hat, beschreibt diese Konkurrenz:

das *It Ain't Me*-Argument, […] behauptet, dass, wenn nur Zustände und Ereignisse meine Entscheidungen verursachen, dann „bin nicht ich es", der meine Entscheidung verursacht, und daher bestimme ich nicht selbst, was ich tue. (Franklin 2018, 183)

Wesentlich ist, dass wir es hier mit zwei Beschreibungsebenen zu tun haben, die zu einer Konkurrenz führen: Einerseits verdankt sich die Entscheidung dem Akteur selbst, andererseits seinen Wünschen, Überzeugungen etc., also den Zuständen, Ereignissen und Prozessen, die sich in ihm abspielen. Die Entscheidung wird aber nicht doppelt gefällt, sondern nur einmal. Wenn nun die Kausalprozesse, die im Akteur ablaufen, auf irgendeine Weise fundamentaler sind, dann sollte man diese, so scheint es, für die eigentlichen Ursachen halten. Der Akteur wäre damit aus dem Spiel.

Die hier beschriebene Situation ist ein Spezialfall derjenigen Konkurrenz, die ganz grundsätzlich bei reduktiven Erklärungen aufzutreten scheint. Um das *It Ain't Me*-Argument zu bewerten, werde ich daher zunächst ganz allgemein reduktive Erklärungen und ihre ontologischen Implikationen diskutieren.

7.3 Verschwindende Tische: Reduktive Erklärungen

Arthur Eddington war der Meinung, dass die Erklärungen, die uns die Physik zur Struktur der Materie gibt, zu einer Konkurrenz von Tischen führt:

> Ich habe mich an die Aufgabe gemacht, diese Vorlesungen zu schreiben, und habe meine Stühle an meine beiden Tische gestellt. Zwei Tische! Ja, es gibt Duplikate von jedem Gegenstand um mich herum – zwei Tische, zwei Stühle, zwei Stifte. [...]
> Einer von ihnen ist mir seit frühesten Jahren vertraut. Es ist ein alltäglicher Gegenstand aus der Umgebung, die ich die Welt nenne. Wie soll ich ihn beschreiben? Er hat Ausdehnung; er ist relativ beständig; er ist farbig; vor allem ist er massiv. [...]
> Der Tisch Nr. 2 ist mein wissenschaftlicher Tisch. Er ist eine neuere Bekanntschaft und ich fühle mich nicht so vertraut mit ihm. [...] Mein wissenschaftlicher Tisch besteht hauptsächlich aus Leere. In dieser Leere sind zahlreiche elektrische Ladungen spärlich verstreut, die mit großer Geschwindigkeit umhereilen; aber ihre Gesamtmasse beträgt weniger als ein Milliardstel der Masse des Tisches selbst. (Eddington 1964, 5/6)

Eddington argumentiert dann weiter, dass nur einer dieser Tische real sei:

> Ich brauche Ihnen nicht zu sagen, dass die moderne Physik mir durch genaue experimentelle Überprüfungen und unerbittliche Logik versichert hat, dass mein zweiter wissenschaftlicher Tisch der einzige ist, der wirklich da ist – wo immer „da" auch sein mag. (Eddington 1964, 8)

Ganz ähnlich schreibt Steven French über die Festigkeit von alltäglichen Gegenständen wie Tischen:

> Wie bereits erwähnt, gilt dies aufgrund der einschlägigen Physik, wie sie im Pauli-Prinzip zum Ausdruck kommt, und, noch grundlegender, aufgrund der Antisymmetrisierung der entsprechenden Gesamt-Wellenfunktion. In diesem Fall könnte man darauf bestehen, dass dieses Merkmal der Quantenmechanik die Festigkeit von Alltagsgegenständen vollständig erklärt und damit das Prädikat aus dem Geltungsbereich unserer fundamentalen Ontologie eliminiert. (French 2014, 170)

Nach Eddington und French impliziert der Umstand, dass wir das Verhalten makroskopischer Gegenstände reduktiv erklären können, eine bestimmte ontologische These – den Eliminativismus: Nur der wissenschaftliche Tisch existiert, nicht aber der Alltagstisch oder seine Festigkeit.

Ein solches Verständnis reduktiver Erklärungen ist aber keinesfalls zwingend. Andernorts (Hüttemann 2021, Kap. 7) habe ich ausführlich für ein anderes Verständnis reduktiver Erklärungen und ihrer ontologischen Implikationen argumentiert. Diese Argumentation werde ich hier nicht wiederholen, sondern lediglich kurz eine, wie mir scheint, plausible Alternative zu der Auffassung von Eddington und French skizzieren.

Eddington hat sicherlich Recht, dass es in dem betrachteten Fall keine zwei Tische gibt. Aber es gibt keine „erbarmungslose Logik", die uns zu dem Schluss zwingt, dass die fundamentale Physik uns die einzig wahre Geschichte der Welt liefert. Dazu muss man sich Klarheit darüber verschaffen, was der Sinn und die Funktion reduktiver Erklärungen ist (vgl. dazu Hüttemann 2021, Kap. 5).

Wir sind an reduktiven Erklärungen interessiert, weil wir verstehen wollen, wie verschiedene Beschreibungen entweder eines Systems (im Falle von Teil-Ganzes-Erklärungen) oder von Klassen von Systemen (im Falle von Theoriereduktionen) miteinander zusammenhängen.

Die Theoriereduktion ist durch die Anforderung motiviert, dass der empirische Erfolg der alten Theorie sowie deren weitere Anwendung aus der Sicht der neuen Theorie erklärt werden muss. Eine Möglichkeit, dies zu erreichen, besteht darin, die alte Theorie als Spezialfall der neuen auszuweisen. Eine zweite Möglichkeit ist die so genannte Grenzfallreduktion, die zeigt, dass die quantitativen Vorhersagen der alten und der neuen Theorie in bestimmten Bereichen konvergieren.

Eine andere Art von reduktiven Erklärungen sind reduktive Teil-Ganzes-Erklärungen. Sie liegen vor, wenn wir zwei Beschreibungen eines Systems haben, von denen typischerweise die eine eine (eher) makroskopische Beschreibung ist, während die andere eine (eher) mikroskopische Beschreibung ist. So können wir ein Gas makroskopisch durch das ideale Gasgesetz charakterisieren, das einen Zusammenhang von Druck p, Temperatur T und Volumen V herstellt (wobei μ und R Konstanten sind):

$$pV = \mu RT$$

Andererseits wissen wir, dass Gase aus Molekülen bestehen. Wir erwarten, dass die makroskopische Charakterisierung des idealen Gases und die Charakterisierung der Moleküle und ihrer Wechselwirkungen auf (ungefähr) dieselben Vorhersagen in Bezug auf das Verhalten des fraglichen Systems führen.

Es ist nützlich, an dieser Stelle drei Arten von Erklärungen zu unterscheiden:

(1) Makroskopische Erklärung: Diese Erklärung stützt sich auf makroskopische Merkmale des interessierenden Systems. Mithilfe des idealen Gasgesetzes können wir z.B. erklären, weshalb bei einer Temperaturerhöhung der Druck steigt.

(2) Mikroskopische oder reduktive Erklärung: Diese Erklärung stützt sich auf Merkmale des Systems, die seine Bestandteile o.Ä. betreffen. Mithilfe des Anstiegs der mittleren kinetischen Energie der Moleküle des Gases können wir z.B. erklären, weshalb der Druck des Gases steigt.

(3) Erklärung der Reduktion: Diese Erklärung macht verständlich, weshalb das Verhalten des Gases (Anstieg des Druckes) sowohl durch eine makroskopische wie auch durch eine mikroskopische Erklärung verständlich gemacht werden kann. Hier wird auf sogenannte „Brückengesetze" Bezug genommen, die einen Zusammenhang von mittlerer kinetischer Energie der Moleküle eines Gases und der Temperatur des Gases herstellen.

Erfolgreiche reduktive Erklärungen im Sinne von (2) setzen die Existenz von Erklärungen im Sinne von (3) typischerweise voraus, denn Erklärungen im Sinne von (2) müssen z. B. einen Zusammenhang von Druck (makroskopischer Begriff) und dem Auftreffen von Molekülen auf die Behälteroberfläche (und damit ein Brückengesetz) voraussetzen. Dennoch ist es nützlich, für unsere Belange reduktive Erklärungen im Sinne von (2) und Erklärungen der Reduktion im Sinne von (3) zu unterscheiden, denn reduktive Erklärungen setzen Erklärungen der Reduktion oft nur implizit voraus (das wird weiter unten noch eine Rolle spielen).

Weil erfolgreiche reduktive Erklärungen Erklärungen der Reduktion explizit oder implizit voraussetzen, gibt es Erklärungen dafür, warum die makroskopische Erklärung und die mikroskopische oder reduktive Erklärung dieselben Vorhersagen liefern. (In unserem Beispiel: Die Temperatur des Gases und die mittlere kinetische Energie der Moleküle sind identisch.) Für ein solches Verständnis brauchen wir eine detaillierte allgemeine Erklärung, wie das, was wir über die Teile wissen, mit dem zusammenhängt, was wir über das makroskopische System wissen. Was wir benötigen, sind die schon erwähnten Brückengesetze, die z.B. einen Zusammenhang zwischen der Temperatur des makroskopischen Gases und der mittleren kinetischen Energie der Moleküle herstellen. Erklärungen von Reduktionen machen also deutlich, weshalb (unter bestimmten Bedingungen) unterschiedliche Charakterisierungen ein und desselben Systems möglich sind. Die jeweils beschriebenen Vorgänge (durch das ideale Gasgesetz für das Gas einerseits und die klassische statistische Mechanik für die Moleküle des Gases andererseits) konkurrieren nicht miteinander, sondern sind kompatibel. Das zu zeigen ist gerade der Witz einer Erklärung der Reduktion.

Also: Gerade weil wir eine reduktive Erklärung der Festigkeit des Tisches im Sinne der Quantenmechanik haben (die eine Erklärung der Reduktion impliziert), erlaubt das den Schluss, dass wir zwei angemessene und wahre Charakterisierungen *eines* Tisches haben. Was als Festigkeit des Tisches charakterisiert wird, kann zugleich mit den Begriffen der Quantenmechanik beschrieben werden. Wir könnten in bestimmten Kontexten die eine oder die andere Darstellung bevorzugen, aber nichts verpflichtet uns grundsätzlich zu einer Bevorzugung einer der beiden Charakterisierungen (eine ausführliche Diskussion findet sich in Hüttemann 2021, Kap. 5 bis 7).

Fassen wir zusammen: Reduktive Praktiken machen verständlich, dass unterschiedliche Theorien/Beschreibungen ein und desselben Verhaltens von Gegenständen zugleich wahr oder zumindest näherungsweise wahr sein können. Keine dieser Charakterisierungen, auch nicht die der Mikroebene, ist die einzig wahre Charakterisierung.

Was hier über den Zusammenhang unterschiedlicher Charakterisierungen eines Systems für den Fall, dass es reduktive Erklärungen gibt, gesagt wurde, gilt insbesondere auch für die Beschreibung kausaler Prozesse. Das soll hier durch ein sehr einfaches Beispiel illustriert werden. Wenn eine Billardkugel A auf eine ruhende Billardkugel B trifft und dieser Energie und Impuls überträgt, dann können wir diese Situation kausal charakterisieren, indem wir z.B. gestützt auf die Theorie, wonach Kausalverhältnisse in der Übertragung von Erhaltungsgrößen wie Energie und Impuls bestehen, das Verhalten der Kugel A als Ursache des sich in Bewegung Setzens der Kugel B identifizieren. Wir können aber die Kausalverhältnisse auch auf der Ebene der Teile der Billardkugeln beschreiben. Auch diesen Teilen können wir Energie und Impuls zuschreiben; auch diese Energie und diese Impulse der Teile werden (teils) übertragen. Aber die Energien und Impulse und damit die Kausalverhältnisse der Teile stehen nicht in Konkurrenz zu jenen der Billardkugeln. Auch wenn diese Position in der Debatte um das *Causal-Exclusion*-Argument manchmal vertreten wird, wäre es einigermaßen absurd zu behaupten, die Billardkugel A könne keine Energie auf die Billardkugel B übertragen, weil ja die Teile dies schon tun. Die Physik lässt beide Charakterisierungen zu. Vielmehr ist es so, dass dank der reduktiven Erklärungen klar ist, wie die Gesamtenergie der Kugel mit den Energien der Teile zusammenhängt. Die reduktive Erklärung macht klar, dass keine kausale Konkurrenz vorliegt (vgl. Hüttemann 2021, 188–193).[1] Es ist sowohl wahr, dass die Energie und Impulse der Teile der Kugel A Ursachen des sich in Bewegung Setzens der Kugel B sind, als auch, dass Energie und Impuls der Kugel A als Ganzer eine Ursache desselben Phänomens sind. Reduktive Erklärungen machen verständlich, warum das so ist.

7.4 Zurückweisung des *It Ain't Me*-Arguments

Wie sind diese Überlegungen für das *It Ain't Me*-Argument relevant? Im *It Ain't Me*-Argument haben wir es mit zwei Beschreibungen kausaler Prozesse zu tun. Einerseits geht es um eine Person oder Akteurin, die z. B. beschließt, pünktlich zu einer Besprechung zu kommen, andererseits geht es um Zustände, Ereignisse, kausale Prozesse, in die die Wünsche und Überzeugungen der Akteurin auf irgendeine Weise involviert sind, so dass der Entschluss entsteht, pünktlich zur Besprechung zu kommen.

Ganz grundsätzlich gilt: In manchen Fällen, in denen wir es mit voneinander verschiedenen Beschreibungen kausalen

---

[1] Das gilt auch, wenn andere Kausaltheorien, wie z. B. Regularitätstheorien oder kontrafaktische Theorien, vorausgesetzt werden.

Geschehens zu tun haben, handelt es sich um alternative potenzielle Erklärungen, warum etwas geschehen ist. So kann die Zerstörung eines Hauses sich einer Brandstiftung oder einer Gasexplosion verdanken. In solchen Fällen sind üblicherweise die beschriebenen Kausalprozesse konkurrierend. Entweder ist eine Gasexplosion oder eine Brandstiftung die Ursache der Zerstörung des Hauses, aber typischerweise nicht beides. Für eines der beschriebenen Ereignisse gilt, dass es keine Ursache ist und insofern *als Ursache* eliminiert wird. Das *It Ain't Me*-Argument rekonstruiert die Beschreibung auf der Akteursebene und die Beschreibung mithilfe von Wünschen, Überzeugungen usw. als eine solche konkurrierende Kausalsituation. Damit eine solche Konkurrenz und die daran anschließende Elimination plausibel sind, müssen die unterschiedlichen Kausalfaktoren aber voneinander unabhängig sein. Eine Brandstiftung kann ohne Gasexplosion auftreten und umgekehrt. Wenn dagegen Brandstiftungen ohne Gasexplosionen nicht stattfinden könnten, dann hätten wir es gar nicht mit der Beschreibung zweier miteinander konkurrierender Kausalprozesse zu tun gehabt.

Diese Unabhängigkeitsbedingung, die für die Konkurrenzsituation entscheidend ist, ist im Falle einer Akteurin und ihrer Wünsche, Überzeugungen usw. aber nicht gegeben. Um dies erläutern zu können, wäre es hilfreich, auf eine allgemein akzeptierte Theorie zurückgreifen zu können, die beschreibt, wie das Verhältnis eines Akteurs, der sich für etwas entscheidet, zu seinen Wünschen, Überzeugungen usw., die daran beteiligt sind, beschaffen ist. Eine solche allgemein akzeptierte Theorie gibt es aber nicht. Was ich hier voraussetze, ist lediglich, dass es irgendwelche Tatsachen gibt, dank derer die Wünsche, Überzeugungen etc. eines Akteurs *seine* Wünsche, Überzeugungen etc. sind. Wünsche und Überzeugungen sind nicht einfach Teil von mir wie ein verschluckter Kieselstein, sondern konstituieren dasjenige mit, was den Akteur ausmacht.[2] Für die Diskussion hier sind die Details solcher Modelle aber nicht relevant. Entscheidend ist, dass das Verhältnis von Akteur einerseits und den Prozessen, die seine Wünsche, Überzeugungen etc. involvieren, andererseits, ein enges Abhängigkeitsverhältnis ist — so wie auch

---

[2]   In der Literatur sind verschiedene Modelle diskutiert worden, wie dies genau aussehen könnte. Einige interessante Vorschläge findet man bei Frankfurt (1988), Bratman (2007) oder Stemmer (2021).

das Verhältnis der Moleküle und des Gases in einer engen, konstitutiven Abhängigkeitsbeziehung besteht. In dieser Hinsicht entspricht es also eher dem Verhältnis von Gas und Molekülen, und weniger dem Verhältnis von Gasexplosion und Brandstiftung, die unabhängig voneinander sind. Unter der Voraussetzung, dass zumindest einige dieser Wünsche und Überzeugungen konstitutiv für die Akteurin sind, lässt sich im Blick auf diese Wünsche und Überzeugungen schließen, dass es keine kausale Konkurrenz zwischen Akteurin einerseits und den Wünschen und Überzeugungen involvierenden Prozessen andererseits gibt.

Fassen wir zusammen: Das *It Ain't Me*-Argument setzt insofern ein problematisches Verständnis reduktiver Erklärungen voraus, als es annimmt, dass die verschiedenen Beschreibungen kausalen Geschehens zueinander in Konkurrenz stehen. Das zu erklärende Phänomen, hier die Entscheidung, wird aber nur einmal verursacht. Deshalb wird aus der Konkurrenzsituation geschlossen, dass die Akteurin kausal überflüssig ist, wenn es die einschlägigen Kausalprozesse gibt, die die Wünsche und Überzeugungen involvieren. Demgegenüber wurde hier gezeigt, dass reduktive Erklärungen nicht eliminativistisch gelesen werden sollten. Weder Akteur noch Akteurin sind aus dem Spiel genommen.

7.5 Diagnose

Warum, so möchte ich abschließend fragen, gibt es die beharrlichen Intuitionen, dass nicht wir für unser Verhalten verantwortlich sind, wenn dieses Verhalten vollständig unter fundamentale Naturgesetze fällt? Wir haben gesehen, dass inkompatibilistische Argumente, wie sie in den Kapiteln 4 bis 6 diskutiert wurden, solche Intuitionen nicht verständlich zu machen vermögen. Das gleiche gilt für das in diesem Kapitel diskutierte *It Ain't Me*-Argument.

Ich möchte hier im Rahmen einer Diagnose eine zugegebenermaßen etwas spekulative Ätiologie inkompatibilistischer Intuitionen vorstellen, die verständlich machen kann, weshalb wir viele Szenarien intuitiv im Sinne eines Inkompatibilismus einschätzen – auch wenn, wie wir gesehen haben, argumentativ nicht viel für diese intuitiven Einschätzungen spricht.

Woran liegt es, dass, wenn wir überlegen, was es heißen könnte, dass unser Verhalten vollständig unter fundamentale Naturgesetze fällt, sich unweigerlich die intuitive Einschätzung ergibt, dass nicht wir selbst es sind, die für unser Verhalten verantwortlich sind? Meine Vermutung ist, dass, ganz gleich ob diese Gesetze nun deterministisch oder indeterministisch sind, es uns schwer fällt, uns selbst oder jemand anderen in einer durch Kausalprozesse beschriebenen Natur als Handelnde zu verorten. Wenn wir uns vorstellen, in uns hineinblicken zu können und dort irgendwelche Kausalprozesse zu entdecken, dann stellt sich die Frage, wie es sein kann, dass meine Entscheidung, pünktlich zur Besprechung zu kommen, darin bestehen kann, dass diese Prozesse ablaufen. Wie kann man erklären, dass meine Entscheidung mit diesen Prozessen zusammenfällt? Solange eine solche Erklärung nicht vorliegt, scheine ich an der Entscheidung gar nicht beteiligt zu sein. Wir haben es hier mit einem Phänomen zu tun, das in der Philosophie des Geistes als *Erklärungslücke* bezeichnet wird.

Dieses Phänomen der Erklärungslücke scheint mir letztlich die Quelle aller Intuitionen zu sein, die zu der (unzutreffenden) Bewertung führen, dass unser Verhalten, wenn es vollständig unter Naturgesetze fällt, nicht „up to us" ist, nicht uns selbst zuschreibbar. Deshalb werde ich kurz den Begriff der Erklärungslücke erläutern und der Frage nachgehen, was aus dem Vorliegen einer solchen Erklärungslücke folgt.[3]

Auf eine Erklärungslücke im Falle mentaler und mechanischer Eigenschaften hat schon Leibniz verwiesen, um dafür zu argumentieren, dass Maschinen nicht denken können. In der Monadologie (§17) schreibt er:

Man muß übrigens notwendig zugestehen, daß die Perzeption und das, was von ihr abhängt, aus mechanischen Gründen, d. h. aus Figuren und Bewegungen, nicht erklärbar ist. Denkt man sich etwa eine Maschine, die so beschaffen wäre, daß sie denken, empfinden und perzipieren könnte, so kann man sie sich derart proportional vergrößert vorstellen, daß man in sie wie in eine Mühle eintreten könnte. Dies vorausgesetzt, wird man bei der Besichtigung ihres Inneren nichts weiter als einzelne

---

3   Der Begriff der Erklärungslücke (*explanatory gap*) wurde von Joseph Levine als eine Schwierigkeit für den Physikalismus in der Philosophie des Geistes eingeführt (siehe Levine 1993; Diskussion in Hüttemann 2004, 65–70).

Teile finden, die einander stoßen, niemals aber etwas, woraus eine Perzeption zu erklären wäre. Also muss man diese in der einfachen Substanz suchen, nicht im Zusammengesetzten oder der Maschine. (Leibniz 1982, 33)

Leibniz mag völlig Recht haben, dass sich mentale Eigenschaften nicht auf mechanische zurückführen lassen – um diese These geht es mir nicht. Mir geht es darum, dass Leibniz aus dem Vorliegen einer Erklärungslücke, d.h. aus dem Umstand, dass sich nicht *vorstellen* lässt, dass Perzeptionen mit einem mechanischen Geschehen identisch sind, darauf schließt, dass es offensichtlich keine reduktive Erklärung geben kann und deshalb Perzeptionen nicht mechanischer Natur sind, sondern Tätigkeiten einfacher Substanzen (Monaden).

Im Folgenden geht es mir nicht um das Körper-Geist-Problem, sondern lediglich um die Frage, ob der Schluss von der Erklärungslücke darauf, dass es keine reduktive Erklärung geben kann, plausibel ist.

Dass Leibniz' Argument problematisch ist, sieht man daran, dass auch in Fällen, in denen wir ohne Frage eine reduktive Erklärung haben, sich eine Erklärungslücke auftut. So haben wir gute Gründe dafür, die Temperatur eines Gases mit der mittleren kinetischen Energie der Teilchen zu identifizieren. (Auf die Gründe gehe ich weiter unten noch ein.) Gleichwohl lässt sich im Anschluss an Leibniz die folgende Überlegung durchführen:

Man muß übrigens notwendig zugestehen, daß die Temperatur und das, was von ihr abhängt, aus mechanischen Gründen, d. h. aus Figuren und Bewegungen, nicht erklärbar ist. Denkt man sich etwa ein Gas, das so beschaffen wäre, daß es eine Temperatur hätte, so kann man sich das Gas derart proportional vergrößert vorstellen, daß man in es wie in eine Mühle eintreten könnte. Dies vorausgesetzt, wird man bei der Besichtigung ihres Inneren nichts weiter als einzelne Teile finden, die einander stoßen, niemals aber etwas, woraus eine Temperatur zu erklären wäre.

Die Erklärungslücke wird dadurch manifest, dass man sich vorstellen kann, das eine ohne das andere zu haben: (i) die Mühle mahlt, aber es wird nicht perzipiert, (ii) die kausalen, Wünsche und Überzeugungen involvierenden Prozesse finden statt, aber ich hätte mich auch gegen das Pünktlichkommen zur Besprechung entscheiden können, oder (iii) bestimmte Bewegungen der Moleküle finden statt, aber das Gas hat nicht die Temperatur 72°, sondern 73°.

Auch im Falle erfolgreicher reduktiver Erklärungen kann es also eine Erklärungslücke geben. Das Vorliegen einer Erklärungslücke kann daher kein Argument dafür sein, dass eine zu erklärende Eigenschaft nicht reduktiv erklärt werden kann.

Wieso aber kann es bei erfolgreichen reduktiven Erklärungen eine Erklärungslücke geben? Für eine erfolgreiche reduktive Erklärung reicht es nicht aus (im Falle der Eigenschaften eines Gases), nur die Eigenschaften der Teile desselben zu betrachten. Allein durch die Betrachtung der mittleren kinetischen Energie eines Gases erschließt sich nicht, dass diese einer bestimmten Temperatur entspricht (das ist eben die Erklärungslücke). Vielmehr ist (empirisch) zu zeigen, dass die funktionale Rolle beider Eigenschaften identisch ist. Im Falle des Gases heißt das Folgendes: Wir stellen empirisch fest, dass sich Temperatur und mittlere kinetische Energie auf dieselbe Weise ändern, wenn wir z.B. den Druck des Gases variieren. Es liegt dieselbe funktionale Abhängigkeit von anderen Variablen vor. Ohne die empirische Information darüber, dass die mittlere kinetische Energie und die Temperatur eines Gases dieselbe funktionale Rolle spielen, d.h. auf identische Weise ins Netz der Naturgesetze integriert sind, ist die Erklärungslücke nicht zu schließen. Der Umstand, dass Temperatur und mittlere kinetische Energie auf dieselbe Art und Weise von bestimmten anderen Variablen abhängen, legitimiert den Schluss, dass Temperatur und mittlere kinetische Energie identisch sind. Genau diese Information wird in Brückengesetzen kodifiziert.

Wenn aber die Temperatur eines Gases zur Introspektion fähig wäre, würde sie auf diese Weise nicht erkennen können, dass sie mit der mittleren kinetischen Energie des Gases identisch ist. Das sieht man den beiden Eigenschaften gewissermaßen nicht an. Die Identität würde sich ihr nur dann zeigen, wenn sie Informationen über ihre eigene funktionale Rolle und die der mittleren kinetischen Energie hätte – also das Brückengesetz kennt.

Ob es reduktive Erklärungen und Erklärungen von Reduktionen geben kann, hängt also davon ab, ob es Brückengesetze gibt. Im Falle des idealen Gases gibt es die, im Falle von Leibniz' Mühle vielleicht nicht. Wenn es um eine Akteurin und die Wünsche und Überzeugungen involvierenden Prozesse geht, sollten Brückengesetze beschreiben, weshalb die Entscheidungen der

Akteurin und die fraglichen Prozesse zum selben Ergebnis führen. Es ist die Aufgabe der Handlungstheorie, solche Brückengesetze ausfindig zu machen. Wir kennen solche Brückengesetze gegenwärtig nicht und können sie, wenn wir erwägen, ob unser Entscheiden mit bestimmten Prozessen identisch ist, nicht berücksichtigen. Es ist deshalb nicht erstaunlich, dass wir uns vorstellen können, dass bestimmte Prozesse in uns ablaufen, wir als Akteur aber nicht beteiligt sind.

Was sich damit zeigt, ist Folgendes: Der Umstand, dass es uns schwerfällt, unser Überlegen, Entscheiden etc. in den Kontext bestimmter deterministischer oder indeterministischer Prozesse zu verorten, ist einerseits kein Argument gegen die Möglichkeit einer reduktiven Erklärung. Der spinozistische Ausgangspunkt impliziert, wie wir gesehen haben, dass es solche Erklärungen gibt – entweder auf der hier ins Auge gefassten Zwischenebene, zumindest aber auf der Ebene fundamentaler Naturgesetze.

Andererseits sind wir hier aber auf eine mögliche Quelle unserer inkompatibilistischen Intuitionen gestoßen: Was auch immer uns an deterministischen oder indeterministischen Prozessen als Grundlage unseres Überlegens, Entscheidens etc. präsentiert wird, wir können uns immer vorstellen, dass diese Prozesse ablaufen, wir uns aber anders entscheiden, gar nicht entscheiden usw. Es gibt hier eine Erklärungslücke, weil die Prozesse selbst keinen Aufkleber tragen, auf dem steht: „Ich bin eine Entscheidung“. (Wie diese Lücke zu schließen ist, haben wir oben besprochen: durch Brückengesetze, die auf empirischen Informationen über die funktionalen Rollen beruhen.) Die Erklärungslücke, die wir hier sehen, so meine Diagnose, lässt uns dann aber an eine Konkurrenz der kausalen Prozesse, die Wünsche und Überzeugengen involvieren, einerseits und der Akteurin selbst andererseits glauben, so dass sich dann letztlich der Eindruck einstellt, dass nicht die Akteurin die Entscheidung trifft. Wie ich mich verhalte, so der Eindruck, ist nicht „up to me“.

Dies scheint mir letztlich die Quelle der inkompatibilistischen Intuitionen zu sein, die nicht nur dem *It Ain't Me*-Argument, sondern auch dem Konsequenzargument und dem Zufallsargument zugrunde liegen. Auch dort wird die gleiche Art von Konkurrenzsituation imaginiert: Wenn mein Verhalten durch deterministische Gesetze festgelegt wird, dann kann ich nicht der Urheber sein. Ich bin dann nicht für das Verhalten verantwortlich. Wenn mein Verhalten von einem zufällig auftretenden Ereignis abhängt, dann bin ich ebenfalls nicht der Urheber. Wenn die hier vorgestellte spekulative Ätiologie der inkompatibilistischen Intuitionen korrekt ist, dann verdanken sich diese Intuitionen fehlgeleiteten Annahmen darüber, was reduktive Erklärungen leisten und wie Erklärungslücken verstanden werden sollten.

Damit haben wir nun nicht nur gezeigt, dass man die in der Willensfreiheitsdebatte zentralen inkompatibilistischen Argumente zurückweisen kann. Wir haben auch eine Hypothese vorgestellt, die zu erklären vermag, weshalb wir gleichwohl immerzu geneigt sind, diesen Argumenten Plausibilität zuzuschreiben.

Literaturverzeichnis

Albert, D. (2000) *Time and Chance*, Cambridge, Mass.: Harvard University Press.

Albert, D. (2015) *After Physics,* Cambridge, Mass.: Harvard University Press.

Almeida, M. und Bernstein, M. (2003) Lucky Libertarianism, in: *Philosophical Studies*, 113: 93–119.

Armstrong, D. (1983) *What is a Law of Nature?*, Cambridge: Cambridge University Press.

Arnold, V. I. (2001) *Gewöhnliche Differentialgleichungen*, 2. Auflage, Heidelberg: Springer.

Ayer, A. J. (1954) Freedom and Necessity, in: ders. *Philosophical Essays*, London: Palgrave Macmillan, 271–284.

Beebee, H. (2000) The Non-Governing Conception of Laws of Nature, in: *Philosophy and Phenomenological Research* 61: 571–593.

Beebee, H. und Mele, A. (2002) Humean Compatibilism, in: *Mind* 111: 201–223.

Bieri, P. (2001) *Das Handwerk der Freiheit*, München: Hanser.

Bird, A. (2007) *Nature's Metaphysics: Laws and Properties*, Oxford: Oxford University Press.

Bohm, A. (1986) *Quantum Mechanics: Foundations and Applications*, New York: Springer.

Boussinesq, J. (1879) Conciliation du véritable déterminisme mécanique avec l'existence de la vie et de la liberté morale, in: *Mémoires de la société des sciences, de l'agriculture et des arts de Lille*, 6(4): 1–257.

Bratman, M. (2007) *Structures of Agency – Essays*, Oxford: Oxford University Press.

Butterfield, J. (2005) Determinism and Indeterminism, in: *Routledge Encyclopedia of Philosophy* https://www.rep.routledge.com/articles/thematic/determinism-and-indeterminism/v-2 (8.9.2023).

Carnap, R. (1950) *Logical Foundations of Probability,* Chicago: The University of Chicago Press.

Cartwright, N. (1994) Fundamentalism vs. the Patchwork of Laws, in: *Proceedings of the Aristotelian Society* 94: 279–292

Cassirer, E. (2004) *Determinismus und Indeterminismus in der modernen Physik – Historische und systematische Studien zum Kausalproblem*, Hamburg: Felix Meiner Verlag.

Chisholm, R. (1964) *Human Freedom and the Self*, Lawrence: University of Kansas Press.

Clarke, R. (2003) *Libertarian Accounts of Free Will*, New York: Oxford University Press.

Cohen, J. und Callender, C. (2009) A better best system account of lawhood, in: *Philosophical Studies* 145: 1–34.

Curiel, Erik (2014) Classical Mechanics is Lagrangian; it is not Hamiltonian, in *The British Journal for the Philosophy of Science* 65: 269–321.

Deery, O. und E. Nahmias (2017) Defeating Manipulation Arguments: Interventionist causation and compatibilist sourcehood, in: *Philosophical Studies* 174, 1255–1276.

Doboszewski, J. (2019) Relativistic Spacetimes and Definitions of Determinism, in: *European Journal for Philosophy of Science* 9:24.

Dorst, C. (2019) Toward a Best Predictive System Account of Laws of Nature, in: *British Journal for the Philosophy of Science* 70, 877–900.

Du Bois-Reymond, E. (1872) Über die Grenzen des Naturerkennens, in: ders. *Vorträge über Philosophie und Gesellschaft*, Hamburg: Felix Meiner Verlag 1974, 54–77.

Du Bois-Reymond, E. (1880) Die sieben Welträtsel, in: ders. *Vorträge über Philosophie und Gesellschaft*, Hamburg: Felix Mciner Verlag 1974, 159–187.

Earman, J. (1974) An Attempt to Add a Little Direction to "The Problem of the Direction of Time", in: *Philosophy of Science*, 41: 15–47.

Earman, J. (1986) *A Primer on Determinism*, Dordrecht: Reidel.

Earman, J. (2007) Aspects of Determinism in Modern Physics, in: Jeremy Butterfield, John Earman (Hrsg.): *Philosophy of Physics*. Amsterdam: North-Holland, 1369–1434.

Earman, J. (2008) How Determinism Can Fail in Physics and How Quantum Physics Can (Sometimes) Provide a Cure, in: *Philosophy of Science* 75, 817–829.

Earman, J. und J. Roberts (1999) Ceteris Paribus, There is no Problem of Provisos, in: *Synthese*, 118: 439–78.

Eisler, R. (1904) Determinismus, in: *Wörterbuch der philosophischen Begriffe*; online: https://www.textlog.de/3861.html, (4.8.2023).

Eccles, J. und K. Popper (1977) *Das Ich und sein Gehirn*, München: Pieper.

Eddington, A. (1964) *The Nature of the Physical World* (Everyman's Library), London: Dent.

Ekstrom, L. (2011) Free Will is not a Mystery, in: R. Kane (Hrsg.) The *Oxford handbook of free will*. 2. Auflage, Oxford: Oxford University Press, 366–380.

Ekstrom, L. (2003) Free Will, Chance and Mystery, in: *Philosophical Studies* 113: 153–180.

Esfeld, M. (2019) *Wissenschaft und Freiheit*, Berlin: Suhrkamp.

Falkenburg, B. (2012) *Mythos Determinismus*, Berlin: Springer.

Fernandes, A. (2022) How to Explain the Direction of Time, in: *Synthese* 200.

Fine, K. (2012) Guide to Ground, in: F. Correia und B. Schnieder (Hrsg.) *Metaphysical Grounding*. Cambridge: Cambridge University Press, 37–80.

Fischer J.M. (2011) The zygote argument remixed, in: *Analysis* 71: 267–272.

Fischer J. M. (2016) How Do Manipulation Arguments Work?, in: *Journal of Ethics* 20: 47–67.

Fischer, J. M. (2021) Initial Design, Manipulation, and Moral Responsibility, in: *Criminal Law and Philosophy* 15: 255–270.

Fischer, J. M. und M. Ravizza (1998) Respo*nsibility and Control*, Cambridge: Cambridge University Press.

Fletcher, S. (2012) What Counts as a Newtonian System? The View from Norton's Dome. In: *European Journal for Philosophy of Science* 2: 275–297.

Frankfurt, H. (1969) Alternative Possibilities and Moral Responsibility, in: *Journal of Philosophy* 66: 829–839.

Frankfurt, H. (1988) The Importance of What We Care About, Cambridge: Cambridge University Press.

Franklin, C (2018) *A Minimal Libertarianism*, Oxford: Oxford University Press.

Freire Jr, O.; G. Bacciagaluppi; O. Darrigol; T. Hartz; C. Joas; A. Kojevnikov und O. Pessoa Jr (Hrsg.) (2022) *The Oxford Handbook of the History of Quantum Interpretations*, Oxford: Oxford University Press.

French, S. (2014) *The Structure of the World*, Oxford: Oxford University Press.

Friebe, C.; M. Kuhlmann, H. Lyre; P. Näger; O. Passon und M. Stöckler (Hrsg.) (2015) *Philosophie der Quantenphysik*, Heidelberg: Springer.

Frisch, M. (2010) Does a low-entropy constraint prevent us from influencing the past?, in: G. Ernst und A. Hüttemann (Hrsg.) *Time, Chance and Reduction*, Cambridge: Cambridge University Press, 13–33.

Frisch, M. (2014) *Causal Reasoning in Physics*, Cambridge: Cambridge University Press.

Galilei, G. (1987) *Schriften, Briefe, Dokumente*, Band 1 München: Verlag C.H. Beck.

Ghirardi, G.; A. Rimini und T. Weber (1986) Unified Dynamics for Microscopic and Macroscopic Systems, in: *Physical Review D* 34: 470–491.

Hacking, I. (1983) Nineteenth Century Cracks in the Concept of Determinism, in: *Journal of the History of Ideas* 44, 455–475.

Hall, N. (Manuskript) Humean Reductionism about Laws of Nature, in: https://philpapers.org/archive/HALHRA.pdf (zuletzt abgerufen am 22.9.2023).

Hameroff, S. (2012) How quantum brain biology can rescue conscious free will, in: *Frontiers of Integrated Neuroscience* 6: 93.

Hicks, M. T. (2018) Dynamic Humeanism, in: *British Journal for the Philosophy of Science* 69: 983–1007.

Hoefer, C. (2002) Freedom From the Inside Out, in: *Royal Institute of Philosophy Supplement* 50: 201–222.

Hoefer, C. (2016) Causal Determinism, in: E. N. Zalta (Hrsg.) *The Stanford Encyclopedia of Philosophy* (Spring 2016 Edition). Stanford. https://plato.stanford.edu/archives/spr2016/entries/determinism -causal/ (8.12.2020).

Horwich, P. (1987) *Asymmetries in Time*, Cambridge MA: MIT Press.

Hossenfelder, S.: Free will is dead, let's bury it, im Blog *Backreaction*: http://backreaction.blogspot.com/2016/01/free-will-is-dead-lets-bury-it.html (zuletzt abgerufen am 4.8.2023).

Howard, D. (2004) Who Invented the "Copenhagen Interpretation"? A Study in Mythology, in: *Philosophy of Science* 71: 669–682.

Hüttemann, A. (1997) *Idealisierungen und das Ziel der Physik*, Berlin: de Gruyter.

Hüttemann, A. (2004) *What's Wrong with Microphyscalism?*, London: Routledge.

Hüttemann, A. (2014) Ceteris paribus laws in Physics, in: *Erkenntnis* 79: 1715–1728.

Hüttemann, A. (2018) *Ursachen*, 2. Auflage, Berlin: de Gruyter.

Hüttemann, A. (2021) *A Minimal Metaphysics for Scientific Practice*, Cambridge: Cambridge University Press.

Hüttemann, A. (2022a) The Problem of Radical Freedom – How Different Conceptions of Laws Affect our Accounts of Moral Practice, in: A. Marmodoro, C. Austin and A. Roselli (Hrsg.) *Time, Law and Free Will*, Dordrecht: Springer, 185–198.

Hüttemann, A. (2022b) Determinismus – eine empirische These, in: *Zeitschrift für philosophische Forschung* (76): 479–509.

Hüttemann, A und C. Loew (2022) Are we Free to Make the Laws?, in: *Synthese* (200/1).

Ismael, J. (2016) *How Physics Makes Us Free*, New York: Oxford University Press.

Jaag, S. und C. Loew (2020) Making best systems best for us, in: *Synthese* 197: 2525–2550

James, W. (2004) The Dilemma of Determinism, in: ders. *The Will to Believe And Other Essays in Popular Philosophy*, Cambridge: Cambridge University Press, 145–183.

Jones, R. (1991) Realism about what?, in: *Philosophy of Science* 58: 185–202.

Kane, R. (1996) *The Significance of Free Will*, New York: Oxford University Press.

Kant, I. (1983a) *Die Religion innerhalb der Grenzen der bloßen Vernunft*, in: ders., *Werke Band IV*, Darmstadt: Wissenschaftliche Buchgesellschaft 1983.

Kant, I. (1983b) *Kritik der reinen Vernunft*, in: *Werke Band II*, Darmstadt: Wissenschaftliche Buchgesellschaft 1983.

Kapitan, T. (2005) A Master Argument for Incompatibilism?, in: Robert Kane (Hg.), T*he Oxford Handbook of Free Will*, Oxford, 127–155.

Keil, G. (2018) *Willensfreiheit und Determinismus*, Ditzingen: Reclam.

Kicker (2022) (https://www.kicker.de/arroganz-schlotterbeck-das-war-einfach-schlecht-895740/artikel; abgerufen am 4.8.2023)

Kiefer, C. (2001) Determinism in Classical and Quantum Gravity, in: Hüttemann, A. (Hrsg.) *Determinism in Physics and Biology*, Paderborn: mentis, 38–49.

Kline, M. (1972) *Mathematical Thought from Ancient to Modern Times*, Band 2, Oxford University Press,.

Korolev, A. (2007) Indeterminism, Asymptotic Reasoning, and Time Irreversibility in Classical Physics, in: *Philosophy of Science* 74: 943–956.

Krämer, S. und S. Roski (2017) Difference-making grounds, in: *Philosophical Studies* 174: 1191–1215.

Kuhn, T. (1996) *The Structure of Scientific Revolutions*, 3. Auflage, Chicago: Chicago University Press.

Kutach, D. (2013) *Causation and Its Basis in Fundamental Physics*, Oxford: Oxford University Press.

Laplace, P.S. de (1932) *Philosophischer Versuch über die Wahrscheinlichkeit*, hrsg. von R. Mises in der Reihe *Ostwalds Klassiker der exakten Wissenschaften*, Leipzig: Akademische Verlagsgesellschaft.

Leibniz, G. W. (1968) *Die Theodizee,* Hamburg: Felix Meiner Verlag.

Leibniz, G. W. (1982) *Vernunftprinzipien der Natur und der Gnade, Monadologie,* 2. Auflage Hamburg: Felix Meiner Verlag.

Levine, J. (1993) On leaving out what it's like, in M. Davies and G. Humphreys (Hrsg.) *Consciousness: Psychological and Philosophical Essays.* Oxford: Blackwell, 543–557.

Levy, N. (2011) *Hard Luck: How Luck Undermines Free Will and Moral Responsibility*, Oxford: Oxford University Press.

Lewis, D. (1973) *Counterfactuals*, Oxford: Oxford University Press.

Lewis, D. (1986) Causation, in: *Philosophical Papers*, Band 2, Oxford: Oxford University Press, 159–213.

List, C. (2014) Free will, determinism, and the possibility of doing otherwise, in: *Noûs*, 48, 156–178

Locke, J. (1975) *An Essay Concerning Human Understanding*, hrsg. von Peter Nidditch, Oxford: Oxford University Press.

Loew, C. (2017) The Asymmetry of Counterfactual Dependence, in: *Philosophy of Science*, 84: 436–455.

Loew, C. und A. Hüttemann (2022) Are we Free to Make the Laws?, in: *Synthese* 200/1.

Loew, C. und A. Hüttemann (2024) Determinismus, in: V. Hoffmann-Kolss und N. Rathgeb (Hrsg.) *Handbuch Philosophie des Geistes*, Stuttgart: Metzler.

Loewer, B. (1996) Humean Supervenience, in: *Philosophical Topics* 24: 101–127

Loewer, B. (2023) The Mentaculus: A Probability Map of the Universe, in: B. Loewer; B. Weslake und E. Winsberg (Hrsg.) *The Probability Map of the Universe – Essays on David Albert's Time and Chance*, Cambridge M.A.: Harvard University Press, 13–53.

McKenna, M. (2008) A Hard-line Reply to Pereboom's Four-case Argument, in: *Philosophy and Phenomenological Research* 77: 142–159.

McKenna, M. und D. Pereboom (2016) *Free Will – A Contemporary Introduction*, New York: Routledge.

Malament, D. (2008) Norton's Slippery Slope, in: *Philosophy of Science* 75: 799–816.

Maudlin, T. (1995) Three Measurement Problems, in: *Topoi* 14: 7–15.

Maudlin, T. (2007) *The Metaphysics within Physics*, Oxford: Oxford University Press.

Maudlin, T. (2019) *Philosophy of Physics – Quantum Theory*, Princeton: Princeton University Press.

Mele, A. (2006) *Free Will and Luck*, Oxford: Oxford University Press.

Miller, K. (2013) Presentism, Eternalism and the Growing Block, in: H. Dyke und A. Bardon (Hrsg.) *A Companion to the Philosophy of Time*, Oxford: Blackwell, 345–364.

Mittelstaedt, P. (1981) *Philosophische Probleme der modernen Physik*, 6. Auflage, Mannheim: Bibliographisches Institut.

Moore, M. (2009) *Causation and Responsibility: An Essay in Law, Morals, and Metaphysics*, Oxford: Oxford University Press.

Müller, T. und T. Placek (2018) Defining Determinism, in: *British Journal for Philosophy of Science*, 69: 215–252.

Müller, T.M. (2015) The Boussinesq Debate: Reversibility, Instability, and Free Will, in: *Science in Context* 28(4), 613–635.

Mumford, S. und R. L. Anjum (2011) *Getting Causes from Powers*. Oxford: Oxford University Press.

Nagel, E. (1961) *The Structure of Science*, London: Routledge.

Näger, P. und M. Stöckler (2015) Verschränkung und Nichtlokalität: EPR, Bell und die Folgen, in C. Friebe et al.: *Philosophie der Quantenmechanik*, Berlin: Springer, 113–176.

Newton, I. (1988) *Philosophiae naturalis Principia mathematica. Mathematische Grundlagen der Naturphilosophie*, übers. und herausgegeben von Ed Dellian, Hamburg: Felix Meiner Verlag.

Norton, J. (2008) The Dome: An Unexpectedly Simple Failure of Determinism, in: *Philosophy of Science* 75: 786–798.

Ornstein, D.S. und B. Weiss (1991) Statistical Properties of Chaotic Systems, in: *Bulletin (New Series) of the Americal Mathematical Society* 24: 11–116.

Passon, O. (2015) Nicht-Kollaps Interpretationen der Quantentheorie, in C. Friebe et al. (Hrsg.) *Philosophie der Quantenphysik*, Heidelberg: Springer, 177–-224.

Pereboom, D. (2001) *Living without free will*, Cambridge: Cambridge University Press.

Pereboom, D. and M. McKenna (2022) Manipulation Arguments against Compatibilism, in: D. Nelkin und D. Pereboom (Hrsg.) *The Oxford Handbook of Moral Responsibility*, Oxford: Oxford University Press, 179–200.

Perry, J. (2004) Compatibilist Options, in: J. K. Campbell; M. O'Rourke und D. Shier (Hrsg.) *Freedom and Determinism*, MIT Press, 231–254.

Popper, K. (1978) Natural Selection and the Emergence of Mind, in: *Dialectica* 32: 339–355.

Popper, K. (1982) *The Open Universe,* London: Hutchinson.

Price, H. (1996) *Time's Arrow and Archimedes' Point*, Oxford: Oxford University Press.

Reichenbach, H. (1956) *The Direction of Time*, hrsg. von M. Reichenbach, Berkeley: University of California Press.

Roberts, B. (2022) *Reversing the Arrow of Time*, Cambridge: Cambridge University Press.

Rosenthal, J. (2017) *Entscheidung, Rationalität und Determinismus*, Berlin: de Gruyter.

Saari, D. und Z. Xia (1995) Off to Infinity in Finite Time, in: *Notices of the American Mathematical Society*: 538–546.

Sandkühler, H. J (2010) *Enzyklopädie Philosophie*, Hamburg: Felix Meiner Verlag.

Sartorio, C. (2016) *Causation and Free Will*, Oxford: Oxford University Press.

Sartorio, C. (2021) Free Will and Determinism, in R. Kane und C. Sartorio *Do we have Free Will? – A Debate*, 68–118.

Schlick. M. (1920) Naturphilosophische Betrachtungen über das Kausalprinzip, in: *Die Naturwissenschaften* 8: 461–474.

Schmaltz, T. (Hrsg.) (2014) *Efficient Causation – A History*, Oxford: Oxford University Press.

Schmid, S. (2011) *Finalursachen in der frühen Neuzeit*, Berlin: de Gruyter.

Schnepf, R. (2006) *Die Frage nach der Ursache: Systematische und problemgeschichtliche Untersuchungen zum Kausalitäts- und zum Schöpfungsbegriff*, Göttingen: Vandenhoeck & Ruprecht.

Schurz, G. (2002) Ceteris Paribus Laws: Classification and Deconstruction, in *Erkenntnis* 52: 351–372.

Singer, W. (2004) Verschaltungen legen uns fest – Wir sollten aufhören von Freiheit zu sprechen, in: C. Geyer (Hrsg.): *Hirnforschung und Willensfreiheit*, Frankfurt: Suhrkamp, 30-65.

Smeenk, C. und C. Wüthrich (2021) Determinism and General Relativity, in: *Philosophy of Science* 88: 638–664.

Snell, C. (1789) *Über Determinismus und moralische Freiheit*, Offenbach: Verlag Weiß und Brede.

Spinoza, B. (2007) *Ethik*, Hamburg: Felix Meiner Verlag.

Stemmer, P. (2021) *Etwas geschieht durch mich*, Frankfurt: Klostermann.

Steward, H. (2021) What is Determinism? Why we Should Ditch the Entailment Definition, in: M. Hausmann und J. Noller (Hrsg.) *Free Will – Historical and Analytical Perspectives*, Cham: Palgrave-MacMillan/Springer, 17–43.

Steward, H. (2022) Laws Loosened, in: A. Marmodoro; C. Austin und A. Roselli (Hrsg.) *Time, Law and Free Will*, Dordrecht: Springer, 161–183.

Strawson, G. (1994) The impossibility of ultimate responsibility, *Philosophical Studies* 75: 5–24.

Suárez, F. (1866): *Disputationes Metaphysicae*, in: Francisco Suárez, *Opera Omnia*, Bd. 25 und 26, hrsg. von Michel André/Charles Berton, Paris, Nachdruck von 1998, Hildesheim: Olms.

Suppes, P. (1993) The Transcendental Character of Determinism, in: *Midwest Studies in Philosophy* 18: 242–257.

Swartz, N. (2003) *The Concept of a Physical Law*, 2. Auflage, Cambridge: Cambridge University Press.

Taylor, R. (1974) *Metaphysics*, Englewood Cliffs, NJ.: Prentice Hall.

Tegmark, Max (2000) Importance of Quantum Decoherence in Brain Processes, in: *Physical Review* E 61: 4194–4206.

Thorne, K. (1992) Closed Timelike Curves, in: *Proceedings, 13th International. Conference on General Relativity and Gravitation: Cordoba, Argentina, June 28-July 4, 1992,* 295–315.

Todd, P. (2013) Defending a modified version of) the Zygote Argument, *Philosophical Studies* 164:189–203.

van Inwagen, P. (2015) Some Thoughts on an Essay on Free Will, in: *The Harvard Review of Philosophy* 22: 16–30.

van Inwagen, P. (2000) Free Will Remains a Mystery, in: *Philosophical Perspectives* 14: *Action and Freedom,* 1–19.

van Inwagen, P. (1983) *An Essay on Free Will,* Oxford: Oxford University Press.

van Strien, M. (2014) The Norton-Dome and the 19th-Century Foundations of Determinism, in: *Journal for General Philosophy of Science* 45: 167–185.

Vihvelin, K. (2022) Arguments for Incompatibilism, in: E. N. Zalta und U. Nodelman (Hrsg.)*The Stanford Encyclopedia of Philosophy,* https://plato.stanford.edu/archives/fall2022/entries/incompatibilism-arguments/

Wald, R. (1984) *General Relativity,* Chicago: The University of Chicago Press.

Wallace, D. (2012) *The Emergent Multiverse: Quantum Theory According to the Everett Interpretation.* Oxford: Oxford University Press.

Werndl, C. (2009) Are Deterministic Descriptions and Indeterministic Descriptions Observationally Equivalent?, in: *Studies in History and Philosophy of Modern Physics* 40: 232–242.

Werndl, C. (2013) On Choosing between Deterministic and Indeterministic Models: Underdetermination and Indirect Evidence, in: *Synthese* 190: 2243–2265.

Werndl, C. (2016) Determinism and Indeterminism, in: Paul Humphreys (Hrsg.): *Oxford Handbook of Philosophy of Science.* Oxford: Oxford University Press, 210–232.

Winnie, J. (1997) Deterministic Chaos and the Nature of Chance, in: J. Earman und J. Norton (Hrsg.) *The Cosmos of Science – Essays of Exploration.* Pittsburgh: University of Pittsburgh Press, 299–324.

Woodward, J. (2018) Laws: An Invariance-based Account, in: W. Ott und L. Patton (Hrsg.) *Laws of Nature,* Oxford: Oxford University Press, 158–180.

Wüthrich, C. (2011) Can the World be Shown to be Indeterministic After All?, in: C. Beisbart und S. Hartmann (Hrsg.) *Probabilities in Physics.* Oxford: Oxford University Press, 365–389.

Zinkernagel, H. (2010) Causal Fundamentalism in Physics, in: M. Suárez; M. Dorato und M. Rédei (Hrsg.) *EPSA Philosophical Issues in the Sciences: Launch of the European Philosophy of Science Association.* Dordrecht: Springer, 311–322.

Register